OEUVRES COMPLÈTES

D'EDGAR QUINET

LES RÉVOLUTIONS

D'ITALIE

TOME I

SIXIÈME ÉDITION

PARIS

LIBRAIRIE HACHETTE ET Cⁱᵉ

79, BOULEVARD SAINT-GERMAIN, 79

ŒUVRES COMPLÈTES

D'EDGAR QUINET

ŒUVRES COMPLÈTES

D'EDGAR QUINET

LES RÉVOLUTIONS

D'ITALIE

TOME I

SIXIÈME ÉDITION

PARIS

LIBRAIRIE HACHETTE ET Cⁱᵉ

79, BOULEVARD SAINT-GERMAIN, 79

1904

EN QUOI L'EXPÉRIENCE DES RÉVOLUTIONS D'ITALIE PEUT
PROFITER A LA FRANCE ET A D'AUTRES PEUPLES.

Cette histoire des révolutions d'Italie a une rare
fortune. Je l'ai écrite, lorsqu'il n'y avait pas encore une Italie, mais seulement des vœux, des
désirs, des membres dispersés et rompus par l'occupation étrangère, et point de nation.

Aujourd'hui je réimprime cet ouvrage pour la
cinquième fois. Et dans l'intervalle, ce qui n'était
qu'une ruine est devenu une renaissance. Je fai-
sais l'anatomie d'une chose morte, et le mort est
ressuscité sous mes yeux. L'Italie ne vivait pas;
elle gisait étendue sur les dalles. La voilà qui vit et
respire des Alpes à l'Etna.

Cette merveille qu'ont appelée vainement, de
générations en générations, tant de grands hommes,
depuis Dante, Pétrarque, Machiavel, jusqu'à Al-
fieri, il nous est donné de la voir et de la toucher

                    a

du doigt. Malheur à qui n'éprouverait aucune joie de la renaissance d'un peuple !

J'ai dédié ce livre aux exilés italiens, en 1851, parce qu'il n'y avait alors que des exilés. Je puis aujourd'hui le dédier à l'Italie ressuscitée... *Italiam ! Italiam redivivam !*

Dans cette histoire, j'ai montré les causes qui l'avaient perdue. Il se trouve que ces causes sont aussi celles qui menacent de nous détruire nous-mêmes, si nous laissions à ces germes de mort le temps de croître sans mesure. Les voici renfermées en quelques mots :

Premièrement le principe Byzantin et Césarien, qui ouvrit l'Italie aux perpétuelles invasions de l'Étranger.

Secondement, la domination catholique, qui, par la papauté, empêcha la nation de se former, en sorte qu'elle naquit démembrée par sa religion même.

Troisièmement, l'illusion des partis qui cherchaient l'autorité dans un passé incapable de renaître.

Quatrièmement, la guerre des classes ; la haine implacable des factions d'enrichis, gros bourgeois, *popolani grassi*, contre le peuple maigre. Non contentes d'extirper la population plébéienne et les petits métiers, avec le travail, l'industrie, la vie publique, ces factions ne s'arrêtèrent dans leur aveuglement que lorsqu'elles eurent tout livré à un prince absolu, sous l'apparence de la pacification des classes.

Alors, il n'y eut plus ni riches, ni pauvres, ni gros bourgeois, ni peuple maigre, ni grands ni petits, mais seulement une populace d'abbés et de mendiants à la merci du prince et du pape. « Les riches, les nobles, dit le bon Muratori, n'avaient plus de quoi se couvrir. »

Avertissement à qui est capable de l'entendre.

Après ces principes de dégénération, j'en constate un autre qui s'en déduit nécessairement : la peur de la pensée, le tremblement des esprits. Pendant les trois siècles où l'Italie, depuis 1530, a été effacée du monde, vous pouvez vous convaincre à loisir que les classes éclairées, une fois déchues et converties à la réaction religieuse, sont prises d'une folle terreur de toute pensée féconde, de toute force d'âme, de toute énergie vitale. Avénement de la pusillanimité, sous le nom de sagesse. C'est pendant ce règne de la peur que la nationalité tombe en poussière.

S'il y a des Italiens patriotes qui veulent disputer le sol de la patrie à l'étranger, ce sont des *obs-*

tinés, des *téméraires*, des *fous furieux*, des *enragés, arrabiati*, qu'il s'agit de déshonorer ; l'injure répétée et grossie par les honnêtes gens, les hommes sensés, dure trois cents ans.

S'il reste des écrivains, les Giordano Bruno, les Vanini, les Campanella, les Mario Pagano, qui s'obstinent à entretenir la vie morale, à sauver une étincelle de génie national, sous la cendre, voilà les hommes dangereux. Voilà les malfaiteurs qu'il faut extirper par le fer, par le feu, par la corde, par la fosse, sans qu'ils trouvent grâce devant ces mêmes classes éclairées, autrefois si passionnées pour les arts, les sciences, les lettres, la philosophie.

Guerre à l'esprit humain, sous la bannière de la réaction catholique et romaine. Tortures, geôles de fous, oubliettes, basses fosses, décapitations, bûchers, potences, langues coupées ; c'est au bourreau à écrire l'histoire littéraire et philosophique de l'Italie devenue enfin sage et modérée dans son *in pace*. Les supplices ne suffisent pas ; il faut encore anéantir les œuvres et la mémoire de quiconque commet le crime de penser. Alors la paix, avec le bon sens, le bon goût, la modération, régnera dans les esprits anéantis ; l'Italie sera tranquille quand elle ne sera plus.

Dernière phase de l'agonie d'un peuple. Le signe suprême consiste en ceci : Hébété d'esclavage, le peuple, à l'exemple des *grands*, a pris goût à l'esclavage, devenu comme une partie de lui-même. Si quelqu'un veut l'affranchir, il le tue. (Pâques de Vérone, 1797.)

Tels sont les principes de ruine et de mort que j'ai constatés dans les phases diverses de cette histoire, même sous la splendeur des lettres et des arts ; et il me semble qu'il n'en est aucune qui puisse fournir des avertissements plus utiles à ceux qui souffrent de symptômes semblables dans leur constitution. Qu'ils regardent avec sincérité dans ce miroir : ils y verront à nu leur plaie vive. Premier moyen de la guérir.

C'est pour cela que je replace sous vos yeux cette autopsie du corps d'une nation moderne, afin que l'exemple profite à ceux qui voudront en user, pour guérir les maux dont ils sont atteints, ou pour se défendre de la contagion.

Car, je ne voudrais pas que cette mort de l'Italie pendant trois siècles fût perdue pour la France et pour l'expérience humaine.

N'oubliez pas ce long deuil, sous prétexte que le mort a fini par renaître. Tant de légèreté ne profiterait à personne.

Vous, qui rentrez dans ce même chemin, ne dites pas que vous pouvez bien aussi traverser impunément la mort politique, sociale, intellectuelle, morale, puisque les Italiens l'ont traversée avant vous. Ne dites pas qu'il vous plaît, à votre tour, de jouer avec le néant, qu'il y a là peut-être quelque chose à gagner, que cela ne fait point de mal, puisque l'on en revient.

Si vous comptez tout ce qu'il a fallu d'efforts, de désespoir, de génie, de sacrifices, de conjurations, de prisons, de supplices, de martyrs, de vies étouffées, de misère universelle, de membres torturés, non dans une classe, mais dans toutes, d'héroïsmes privés chez les hommes et chez les femmes, pour réchauffer le cadavre de l'Italie du dix-huitième siècle, et la remettre sur pied, vous jugerez comme moi qu'il n'est pas bon de tenter encore une fois pareille épreuve et de goûter les douceurs de l'anéantissement, sous les couleurs de l'ordre moral et social.

Dans ce jeu, toutes les classes périssent avec la nation; et les classes dirigeantes ont le seul avantage de mieux sentir le coup, parce qu'elles tombent les premières et de plus haut.

Remarquez aussi, je vous prie, la différence qui saute aux yeux entre l'histoire d'Italie et l'histoire de France. Il me suffit de l'indiquer ici. En Italie, les classes enrichies, *popolani grassi*, ont eu six siècles de domination pour étouffer le peuple et l'empêcher d'arriver à la vie. Chez nous, au contraire, la grosse bourgeoisie, enrichie d'hier, parvenue d'hier, ayant passé sa vie à genoux dans la domesticité royale, a vécu du même esclavage que le peuple. Voulût-elle aujourd'hui l'empêcher de naître, elle arriverait trop tard.

Ne croyez pas, non plus, que si l'Italie se relève, c'est à la France de baisser. Concluez en plutôt que, dans ces oscillations de peuples, l'équilibre se fait entre les deux plateaux de la balance.

Si l'un des membres de la race latine s'est retrouvé, c'est au profit, et non au détriment du corps entier. Rome libre appelle la France libre.

EDGAR QUINET.

Paris, 11 mars 1874.

AUX EXILÉS ITALIENS

EDGAR QUINET.

Paris, 15 octobre 1851.

AVERTISSEMENT

La première chose qu'un peuple perd avec l'indépendance et la liberté, c'est son histoire. Je m'en suis convaincu, dès que j'ai commencé à m'occuper de l'histoire d'Italie ; je n'ai trouvé aucun ouvrage moderne qui ait pu me guider dans ce labyrinthe.

Quelques écrivains altéraient volontairement les faits, pour forger de nouveaux titres à l'oppression. D'autres appliquaient à l'Italie les vues qu'ils avaient puisées dans l'école des historiens anglais ou allemands ; et ces opinions étrangères, transportées à des objets de nature si différente, ne servaient qu'à augmenter la confusion dans laquelle ils m'apparaissaient. La servitude présente et la liberté à peine entrevue de loin cachaient encore a vérité.

Longtemps je restai perdu dans ce dédale. Pour essayer d'en sortir, je parcourus l'Italie. Les monuments d'architecture religieuse et politique, les vieilles fresques commencèrent à m'ouvrir les yeux. Les murailles m'éblouirent ; il me sembla toucher la vie réelle de l'Italie au moyen âge.

De retour en France, je pris plus tard, pour sujet de mon enseignement, les choses que j'avais vues de mes yeux. Les phases principales de l'Italie depuis la chute de l'empire romain firent la matière de mon cours, au Collège de France, pendant plusieurs années.

Après avoir ainsi disposé les masses principales de mon sujet, je crus pouvoir commencer d'écrire. Mais dès que je voulus réunir ces parties, je m'aperçus que le lien n'existait pas entre elles. Le corps de l'histoire générale m'échappait, quelque effort que je fisse pour le saisir. Je trouvais des municipalités, des républiques, des seigneuries, et point d'ensemble. C'était un fil qui se rompait à chaque pas. Il ne s'agissait pas seulement de raconter le passé ; il fallait découvrir le principe vital et le nœud des affaires d'Italie.

Je pris alors une autre voie ; et laissant de côté tous les ouvrages modernes, je me décidai à entrer plus profondément dans l'étude unique des chroniqueurs lombards, vénitiens, florentins, pisans, etc... jusqu'à ce que j'eusse trouvé le fil que je cherchais ; car je ne mettais pas en doute qu'il existât. Je dévorai ainsi, avec une curiosité insatiable, l'immense recueil de Muratori et ses Antiquités, bien décidé à ne pas avancer un seul principe historique, à moins que je ne l'eusse vu sortir avec évidence, du témoignage universel de ces historiens ingénus.

C'est seulement après cette lente préparation que je mis la main à mon ouvrage. Je venais de me convaincre que c'est à l'origine même du moyen âge que se trouve le nœud des choses modernes. J'avais vu, dans l'enthousiasme des chroniqueurs, un instinct précoce de restauration antique animer les Italiens encore barbares. Ce même esprit leur était commun à tous. C'était donc l'âme de leur histoire, ou du moins le point vital auquel il fallait s'attacher. On pouvait y voir l'esprit de la nation comme en germe.

Je suivis cette première lueur : elle m'éclaira pour faire les premiers pas. Je compris dès lors ce que c'était que le parti de l'empire ; quelle était la fascination de l'antiquité et son rayonnement lointain au milieu même de la barbarie ; pourquoi les républiques victorieuses étaient restées volontairement vassales. A cette observation, je joignis l'analyse du caractère historique de la papauté ; je vis comment l'Italie en avait pris le tempérament, d'où venait l'esprit de cosmopolitisme dans l'enceinte d'étroites municipalités.

Les événements commençaient à se débrouiller ; ils s'enchaînaient entre eux. Une certaine forme générale se dessinait déjà au milieu du chaos de tant de petits États semblables et divers, aux prises les uns avec les autres.

Dès lors, je pus rendre raison des anomalies étranges, propres à l'Italie, qui semblaient des monstres dans l'histoire ; par exemple, pourquoi le droit n'a pu se fonder, pourquoi l'invasion est restée le fait permanent.

A la place du libéralisme que l'on attribuait aux républiques du moyen âge, je retrouvai la terreur comme principe continu de gouvernement.

Les arts qui paraissaient ne se rattacher par aucun lien à la constitution réelle de l'Italie, s'y rattachèrent étroitement, aussi bien que la poésie et la philosophie.

Ce qui m'était apparu comme un corps mutilé,

un pêle-mêle de membres épars, sans raison d'être, sans relation entre eux, m'apparut comme un ensemble dont la vie latente se dévoilait d'elle-même.

Si l'on pouvait permettre cette ambition à un homme qui s'est épris longtemps de son sujet, je dirais que j'eus alors, pour récompense, le sentiment d'avoir aidé, en quelque chose, un peuple asservi à retrouver son histoire ; premier degré de son affranchissement.

N'ayant pu suivre aucun livre récent, j'ai dû tout puiser dans les sources ; il en résulte que j'aurais doublé le nombre de ces pages, si j'y avais joint une faible partie des extraits originaux et des pièces de tous genres que j'ai rassemblés avant d'écrire. Je ne crois pas être aveugle en disant qu'aucune matière n'est plus neuve encore et plus féconde.

De nos jours, les principes de l'histoire d'Angleterre ont été, il est vrai, l'objet de recherches profondes ; les esprits les plus éminents se sont tournés de ce côté.

Il ne serait pas bon néanmoins que toute l'attention se concentrât sur ce sujet. Car, s'il a été à propos de montrer comment un peuple s'est élevé à la liberté, il n'est pas, j'imagine, moins nécessaire de considérer comment un autre l'a perdue.

L'histoire d'Angleterre ne présente qu'une seule analogie avec celle des peuples latins ; la révolution politique rapproche, un moment, ces deux mondes ; mais, dans tout le reste, la religion les sépare ; différence immense sur laquelle on ferme trop aisément les yeux.

Au contraire, l'histoire d'Italie, par la communauté de religion, semble renfermer le fond même de l'histoire des peuples latins.

En entrant dans l'époque contemporaine, on trouvera des chapitres écrits plusieurs années avant les événements auxquels nous avons assisté. Ces événements ont été décrits à l'avance, avec une exactitude dont quelques personnes ont bien voulu s'étonner. Elles avaient peine à croire que l'on pût voir, à distance, dans l'histoire, certaines choses avant leur accomplissement. Rien pourtant n'est plus simple et plus fréquent dans le monde. Une première vérité, si petite qu'elle soit, en a toujours fait jaillir mille autres.

EDGAR QUINET.

Bâle-Campagne, 27 septembre 1857.

AVERTISSEMENT

DE LA PREMIÈRE ÉDITION

———

Paris, 16 juillet 1848.

La partie de cet ouvrage que je livre au public était imprimée avant la révolution de Février. Il était alors aisé d'être prophète ; tout le monde voyait que le divorce établi entre la haute bourgeoisie et le peuple, conduisait la France à une révolution. Je croyais du moins avoir le temps d'achever l'impression de ce volume ; le tocsin du 24 Février m'a interrompu à la fin du chapitre sur la *Guerre sociale*.

———

b

INTRODUCTION

Paris, 20 février 1848.

Quiconque veut apprendre comment une nation chrétienne peut mourir et renaitre plusieurs fois, qu'il regarde du côté de l'Italie : c'est le vase brisé que le prophète jette sur le chemin des peuples modernes.

Ceux qui, en sondant leurs reins, commencent à découvrir chez eux quelques secrètes plaies, verront ici leur histoire ; car l'Italie porte en soi toutes les blessures. Les maux que nous souffrons, elle les a épuisés ; les questions qui nous agitent, elles les a traversées : révolutions politiques et sociales, guerres de classes, combats séculaires des bourgeois et des ouvriers, proscriptions du peuple par la noblesse, de la noblesse par le peuple, des riches par les pauvres, des pauvres par les riches, invasions de l'étranger, dynasties imposées, tour à tour renversées et rétablies.

Lorsque les hommes du Nord veulent porter à la France le dernier coup, ils nous montrent fatalement enchaînés aux destinées de la race romane, et de l'Italie en particulier. Aussi n'est-ce pas un odieux plaisir de l'intelligence que je me donne en mesurant les lois de la chute d'un peuple contemporain. Ses plaies sont nos plaies. Il ne peut achever de renaître ou de mourir, que nous ne nous sentions nous-mêmes, ou revivre de sa vie ou mourir de sa mort.

Autant l'Italie romaine avait le génie pratique, autant l'Italie moderne a le génie idéal. Les événements qui ont marqué son empire sur le monde ne sont pas des conquêtes, des entreprises extérieures; ils se sont passés dans les esprits, sans se réaliser dans les actions. Ce que je voudrais raconter, ce ne sont pas tant les agitations de petites communes que le mouvement non interrompu de l'âme italienne. Dans aucun pays on ne vit si fréquemment la vie générale s'arrêter, se glacer, la patrie disparaître, et à sa place surgir quelques grands individus qui semblent hériter de l'existence d'un monde détruit. Quand je rencontrerai de tels hommes, je m'attacherai moins à leurs œuvres qu'à la disposition intérieure où ils étaient en les créant. Je montrerai dans le fond de leur cœur le travail continu d'une nation qui se cherche. Ce que je me propose d'écrire, c'est l'histoire de l'âme d'un peuple.

L'Italie chrétienne est à la fois une chose morte et une chose vivante; son histoire est un tout achevé, à la manière de celle d'une nation antique; en sorte que l'on peut suivre chez elle toutes les formes de l'existence moderne, comme si ses révolutions étaient d'aujourd'hui, tous les progrès du dépérissement social, comme si elle avait depuis longtemps disparu du monde.

Quand on voit, dans les histoires de l'antiquité, une nation décliner et disparaître, il semble que ce soient là des exemples et des symptômes qui ne soient pas faits pour nous toucher, que la bonne et la mauvaise fortune, la grandeur et la décadence aient tout un autre visage, dans le monde païen et dans le monde chrétien, tant la différence des époques, des croyances, des idées met d'intervalle entre eux. Mais ici tout se passe près de nous; la maladie de ce grand corps, étendu sur notre seuil depuis les Alpes jusqu'à la

Calabre, nous avertit qu'il s'agit d'un des nôtres.
C'est, pour ainsi dire, un de nos membres que
nous voyons se dessécher depuis trois siècles. C'est
sur nous-mêmes que nous étudions ici les lois de la
vie et de la mort sociale dans le monde chrétien;
et les choses se tiennent, en effet, de si près,
que peut-être j'eusse été découragé avant d'avoir
achevé ma tâche, si le sépulcre ne se remuait
aujourd'hui dans le travail de la résurrection.

Paris, 23 août 1848.

L'Italie encore une fois a tenté pour renaître de
s'appuyer sur la papauté, oubliant encore une
fois que les morts ensevelissent leurs morts et
ne les ressuscitent pas. La papauté, comme
toujours, a livré la nationalité, et il lui est impossible, sans s'abolir elle-même, de faire autrement. Le vieux roseau a percé la main qui s'y
est appuyée ; l'Italie est de nouveau retombée dans
l'abîme. Cette expérience, toujours la même,
tentée après mille autres, sera-t-elle enfin com-
prise? ou les peuples au delà des Alpes auront-ils
des yeux pour ne point voir?

Osons dire la vérité. Il ne s'agit pas seulement
d'affranchir l'Italie, mais bien de faire ce qui n'a

jamais existé un seul jour ; creer une Italie, voilà le problème. Pour le résoudre, deux conditions sont d'abord nécessaires : abolir le domaine temporel et chasser l'étranger. Ces deux faits sont solidaires l'un de l'autre ; et il est insensé d'espérer que le second s'accomplisse jamais, si l'on ne se décide à consentir au premier ; car la raison se refuse à concevoir comment l'Italie peut être affranchie de l'étranger en gardant à Rome, pour souverain, le pape, c'est-à-dire l'éternel Étranger, qui, s'il est quelque chose, est la négation même de l'idée de patrie. Vous voulez guérir un blessé en péril de mort ; ne lui laissez pas du moins ce fer sacré dans la plaie.

LES RÉVOLUTIONS D'ITALIE

LIVRE PREMIER

CHAPITRE PREMIER

CONSTITUTION DE L'ITALIE BARBARE

Fin du monde antique. L'Italie esclave. Ses Révolutions sont des Restaurations. Pourquoi elle a une destinée unique entre les peuples chrétiens ? Qui empêche la nation de se former ? Renaissance barbare.

Le jour où finit le monde romain fut celui où Cassiodore écrivit ces lignes dans les fastes consulaires :

« Dans cette année, le roi des Goths, Théodoric, « *appelé par les vœux de tous,* envahit Rome ; il « traita le sénat avec douceur et fit des largesses « au peuple. »

Tant que les Barbares n'occupaient que les campagnes et les villes, on pouvait dire que la cité romaine vivait encore au moins dans les esprits. Mais à ce moment l'âme romaine court au-devant du joug ; par cet assentiment donné à l'invasion, la société s'abandonne dans son dernier refuge. Elle abdique pour toujours ; vaincu jusque dans le cœur, l'État romain confesse sa propre mort.

Au nom de cette société qui se livre, Cassiodore rédige pour les rois goths les formules par lesquelles Rome commandait au monde ; il lègue aux Barbares le testament politique du monde païen. Il leur apprend les paroles auxquelles la terre a coutume d'obéir ; après quoi le dernier des personnages antiques se retire dans le fond d'un monastère. Ce sénateur-moine est placé ainsi sur la limite de deux mondes. Figure à deux visages, d'une main il ferme la Rome des Césars, de l'autre il ouvre la Rome des papes.

La nation italienne semble entrer avec lui dans le cloître, tant le silence devient profond sur elle. Pendant des siècles, un peuple entier s'évanouit sans laisser de traces. Dans le reste de l'Europe, on entend sous les pieds des envahisseurs le murmure d'une société envahie. Sous les Mérovingiens, je sens un reste de Gaule ; l'Espagne crie sous les Vandales ; l'Italie se tait sous les Hérules, sous les Goths, sous les Lombards, comme sous les Francs ; les derniers Barbares sont acceptés comme des alliés qui apportent enfin la paix à une terre épuisée de batailles. Un monde d'esclaves met son industrie à se faire oublier et à s'ensevelir vivants (1) ; ils ont une langue et ils ne parlent pas ; ils ont un droit, ils ne le revendiquent pas. A la place du monde romain surgit l'église solitaire, au milieu d'un cimetière immense dont les villes antiques ruinées forment les tombes. Du sommet de cette église, le pape regarde autour de lui, et il s'écrie épouvanté : « Toute la terre est dans la solitude, *in solitudine vacat terra* (2). » Le premier peuple qui doit renaître est celui qui s'enracine le plus profondément dans la mort.

Dès le commencement, il est visible que l'Italie aura une destinée unique dans le monde moderne. Elle est conquise comme les autres. Mais ses conquérants ne peuvent saisir l'autorité, et la force victorieuse ne crée pas de droits pour eux. Ils ne recueillent que servitude ; ils ne font qu'ajouter le servage des vainqueurs au servage des vaincus, en sorte que l'ancienne nationalité périt sans que

(1) Provinciales Romani usque ad nihilum redacti sunt. (Agnelli.) Dans les Chartes du dixième et du onzième siècles, les noms des officiers, des juges impériaux et des témoins des actes, sont presque tous germaniques. — Muratori, *Antiq. ital.*, t. IV.

(2) Grégoire Ier.

la nouvelle puisse se fonder. Pendant que la Gaule, renouvelée par ses envahisseurs mêmes, s'appelle France, la Bretagne Angleterre, l'Ibérie Espagne, il n'y a plus d'Italie ; et ce qui reste ne peut s'appeler ni Gothie ni Lombardie. Ses maîtres nouveaux ne parviennent pas même à lui donner un nom ; elle souffre de tous les maux des invasions, sans qu'ils soient rachetés par la création d'aucune force nouvelle. Dès qu'un centre d'autorité nationale commence à paraître, ou une tête de peuple à se former, un homme fait un signe du milieu des ruines de Rome. A ce signe, l'étranger, ou Pépin, ou Charlemagne, descend des Alpes et rejette les vainqueurs et les vaincus dans le même néant. Au lieu d'enter une nation nouvelle sur le tronc de l'ancienne, il coupe l'arbre par le pied. Partout ailleurs, en Europe, vous trouvez, dans une hiérarchie vivante, des serfs, des vassaux, puis au-dessus des uns et des autres, le maître, en qui se résume la loi, l'autorité, la nationalité. En Italie, vous voyez une nation tout entière vassale, dans laquelle ne se rencontre personne qui possède la souveraineté ; peuple vraiment décapité, qui à travers mille mouvements désordonnés se relève et se cherche lui-même, sans pouvoir se trouver, dans toute l'histoire du moyen âge.

On accuse les papes Grégoire, Zacharie, Léon, Étienne, Adrien, d'avoir montré aux étrangers le chemin de l'Italie, en appelant sans relâche les rois francs contre les Lombards. Le dommage fut plus grand : ils empêchèrent la nation de naître en faisant avorter l'Italie. Pour que celle-ci produisît une nation, il aurait fallu l'une de ces trois choses : ou que la population indigène s'affranchît elle-même de ses conquérants, ou que les Lombards pussent durer et former une nouvelle tête de peuple, ou, ceux-ci renversés, que Charlemagne et ses Francs se fussent assis en Italie, et eussent occupé leurs places. Or, aucune de ces choses ne s'accomplit. Les Italiens furent esclaves : les Goths et les Lombards le furent comme eux. De l'autre côté des Alpes, les Francs régnèrent sur les uns et sur les autres. Personne ne possédant la souveraineté, ce fut un vide que rien ne combla; une terre dépossédée d'elle-même ne put enfanter un peuple indépendant : et ainsi fut étouffée avant de naître la nationalité que l'Italie portait dans ses flancs. Je soupçonne même qu'en appelant l'étranger, la papauté ne heurta pas trop violemment les instincts de la population indigène ; car je ne trouve, à cet égard, presque aucune trace de plainte chez les contemporains. Les Lombards furent arrachés de l'Italie sans qu'elle sentît le déchirement : ils n'avaient pas su prendre racine (1).

(1) Deux cents ans après, un chroniqueur de race lombarde

Les Barbares qui avaient passé les Alpes avaient beaucoup de petites vertus; la haute ambition leur manqua. Ils ne surent ni prendre l'Italie par son faible, la superstition de l'antiquité, ni frapper les esprits par quelque chose d'extraordinaire. Ils furent sages, économes, prudents; mais la grandeur apparente ou réelle avait seule des chances auprès des imaginations italiennes. Ni les Goths ni les Lombards n'eurent la hardiesse de se donner pour les successeurs légitimes de l'empire romain et cela les perdit; ils montrèrent des princes modestes, tempérants, qui n'exercèrent jamais aucun prestige. Le premier homme qui eut l'audace de s'appeler César eut toujours bon marché de ces rois débonnaires. Ce qui restait de l'ancien monde ne put résister à cette fascination. Charlemagne n'eut qu'à se dire l'héritier de l'empire, toute l'Italie fut à ses pieds; il n'eut guère plus de peine à la soumettre que Napoléon la France, en revenant de l'île d'Elbe. Dès qu'il descendit des Alpes, tout le vieux monde crut revoir César sortir de l'île des morts.

Privée de la conscience de son droit comme de celle de sa force, on voit d'avance sur quelle base incertaine s'élève la fortune de l'Italie moderne,

pleure sur leur chute. — Ex intimo corde ducens suspiria. (*Heremperti epitome.*) Je trouve aussi quelques mots dans Malvecius, au commencement du quinzième siècle.

et par là s'explique clairement ce que l'on découvre de chancelant dans son histoire. Il n'est
pas un moment où vous ne sentiez ce bel édifice
branler, comme s'il n'avait point de fondements.
Les autres peuples se développent, ils grandissent; et dans celte lente croissance, la force, la
confiance s'augmentent avec le temps; au lieu que
le trait particulier de l'Italie, c'est la crainte que
ce monde brillant ne s'écroule subitement à chaque
instant de sa durée. Dans les époques les mieux
assises en apparence, ce sentiment remplit l'âme
des chroniqueurs (1). Rien de plus saisissant que
celte terreur qui se mêle à leurs récits ; ils s'éton-
nent que le fantôme éclatant dure encore ; ils ne
comprennent pas d'où vient le péril ; mais ils sentent, dès le premier pas, que le terrain est ruiné,
que l'Italie chancelle ; ils s'interrompent au milieu
des fêtes d'une civilisation précoce, pour jeter des
cris et sonner le beffroi d'alarme.

Celui qui veut avoir le spectacle de la renaissance dans la mort doit regarder l'éclosion des républiques italiennes dès qu'elles se montrent, elles
réclament leurs franchises comme de vieilles cou-

___

(1) Il perchè tal città fu quasi morta. (Dino Compagni.) —
Onde mi fa temer forte del giudicio d'Iddio. (Giov. Villani, p. 906.)
— E più non e senza pensiero di grande ammirazione come il
nostro commune spesso non cadde in gravi pericoli di suo dis-
facimento. (Matteo Villani, p. 286.) — Post mortem Frederici et
ante, semper Lombardia in malo statu fuit. (*Chronica Astensia*,
Ventura.) — Non diù stabit stolida Florentia Florum.

tumes. La liberté, chez elle, ne tient en rien de l'innovation. Ce n'est point, dans leur opinion, une conquête ; c'est le maintien de ce qu'elles ont toujours possédé. Ces jeunes républiques, à peine sorties du berceau, invoquent l'antiquité, non l'avenir. Ce qu'elles veulent, c'est l'ancien droit de ces époques obscures, comprises entre les temps barbares et les temps modernes, sorte de crépuscule qui échappe à l'histoire, bon vieux temps du marquis Hugues (1), qui déjà forme pour elles une sorte d'âge d'or ; en un mot, elles se lèvent la tête tournée vers le passé. Cette révolution communale, qui partout ailleurs en Europe s'appelle affranchissement, innovation, s'appelle en Italie restauration, coutumes (2) ; et rien ne marque mieux le caractère catholique que cette dépendance volontaire, cette complaisance sous le joug de l'histoire, au milieu même de la colère des révolutions.

Le premier germe de renaissance sociale apparaît sur la mer. Amalfi, Pise, Naples forment des communautés libres quand le reste de l'Europe est courbé sur la glèbe. Au milieu des tempêtes italiennes, *italiane tempeste* (3), l'alcyon a bâti

---

(1) Nisi quomodo fuit consuetudo tempore Ugonis marchionis. (Muratori, *Antiq. ital.*, t. IV.)

(2) Bonæ consuetudines. (Muratori, *Antiq. ital.*, t. IV.)

(3) Matteo Villani.

son nid sur les flots. Ces heureuses communes fuient, sur leurs barques, l'ombre du donjon impérial; même dans les plus dures années du moyen âge, elles respirent, en pleine mer, quelque chose de la liberté du monde naissant; elles labourent au loin de leurs proues leurs fertiles sillons, sans craindre la corvée ni la dîme. Il n'y a point de serfs sur la glèbe de l'Océan.

Une de ces républiques trouve même le secret de ne toucher par aucun point la terre vassale; cette ville s'élève sur les flots, où nulle invasion ne peut l'atteindre. Dans cette situation unique, Venise contracte un tempérament unique, et son histoire est la confirmation vivante de nos principes. Comme l'étranger n'a pas mis le pied sur elle, et qu'elle s'est toujours appartenu, jamais elle n'a douté de sa propre souveraineté nationale; seule, elle n'a été vassale ni de l'Empire, ni de l'Église; seule, elle ne sera ni guelfe, ni gibeline; jamais empereur allemand n'osera lui demander le serment de fidélité, même lorsqu'il l'exigera de toutes les autres. Les Barbares ne l'ayant pas soumise, sa noblesse n'a pas le caractère d'une race conquérante qui pèse sur une race asservie; elle ne renferme pas dans la cité deux peuples ennemis. De là, aucune guerre civile, à Venise, quand le reste de l'Italie est déchiré. Appuyée sur son droit, ne relevant que d'elle-même, elle offre une solidité qui a manqué à toutes les autres ; née la première, elle est la dernière à mourir.

Sans établir nul concert entre elles, ces républiques parcourent à peu près les mêmes phases ; à travers tous les genres de destruction, une ébauche de constitution municipale survit, empreinte du sceau antique qu'aucune main moderne n'est capable d'abolir. Ce point vivant, ce débris défiguré de l'antiquité, ce grossier limon devient la première ébauche de l'Italie moderne. Les anciens titres, consuls, sénateurs, reparaissent avec des attributions toutes différentes, comme les réminiscences confuses d'une existence antérieure(1). Sans réflexion, sans conscience, les populations, entourées à la hâte d'une cloison d'épines, sont déjà rejetées dans un fragment du moule brisé de l'antiquité.

A peine nées, elles engagent la lutte avec les barons du voisinage, dont les noms étrangers marquent assez l'origine. Les bourgeois italiens (2) assiègent les donjons germaniques et les rasent ; ils amènent dans leurs murs la noblesse, qu'ils obligent d'habiter avec eux. Ces châtelains apportent leurs habitudes de domination dans l'enceinte des petites communes et s'y trouvent à l'étroit. La

(1) Én 1224, il y avait douze consuls à Bergame, soixante à Lucques. (Muratori, *Antiq. ital.*, t. IV.)

(2) Jacobus Malvecius, anno 1191. (Muratori, *Antiq. ital.*, t. V, p. 654.)

guerre s'éternise entre deux races, non plus en rase campagne, mais sur la place publique (1). Après ce premier effort, la petite république naissante aperçoit au milieu de ses murs le monument de son esclavage : c'est le château de l'Empereur, la demeure du maître absent. Ici le cœur commence à manquer. Si l'on va jusqu'à renverser le donjon (2) du souverain étranger, ce sera pour le relever un peu plus loin, hors des murs, à la porte du faubourg. Triste liberté qui n'ose s'avouer que dans l'enceinte des murailles. La ville sera aux citoyens, la terre à l'Empereur. La cité sera libre et l'Italie esclave; partage qui se fait de lui-même à cette première époque des révolutions italiennes.

(1) Tunc privatis ædibus turres adjectæ sunt. (Muratori, *Antiq. ital.*)

(2) V. les chartes de Crémone et de Mantoue en 1114, 1116 Concessimus etiam eis, ut extrà muros civitatis eorum, deinceps palatium et hospitium nostrum habeamus.

CHAPITRE II

LE SAINT EMPIRE ROMAIN.

Un César féodal. Que renfermaient les luttes des Guelfes et des Gibelins ? Question de la Souveraineté. L'Italie au moyen âge, inféodée à l'Italie antique, n'a pas la conscience du droit, et cherche son appui hors d'elle-même. Des républiques sans la souveraineté du peuple. Une nation vassale. Le droit nouveau ne se fonde pas. Quelle est la véritable origine de la féodalité ?

Ce qu'il y a d'extraordinaire dans cette histoire est que le jour même où elles existent, ces républiques se posent toutes en même temps la même question : Quel est le maitre ? quel est le souverain ? en qui réside la source du droit et de l'autorité ? Cette pensée travaille aussitôt cette civilisation renaissante. Effrayées de la puissance qu'elles se sont arrogée, le premier besoin de ces villes, au lendemain de l'insurrection, est de légitimer ce qu'elles ont fait. On vit alors que l'Italie affranchie n'avait pu acquérir la conscience des droits qu'elle- exerçait ; il ne se trouva pas une misérable bourgade, enclose de murailles ou d'épines (1), qui ne fût obsédée par la difficulté de savoir à qui appartenait la souveraineté. Les unes dirent : Le maître, c'est l'Empereur ; les autres : Le maître, c'est l'Église ; mais l'idée ne vint à aucune de ces républiques qu'elle ne dépendait de personne, et que la souveraineté pourrait être dans le peuple. Il y eut des voix qui crièrent sur les places publiques, pendant tout le moyen âge : *Viva il popolo!* elles se perdirent sans se comprendre elles-mêmes. A peine affranchie, l'Italie se demande sur chaque partie de son territoire, par des millions de bouches : Quel est mon maître ? Pas une voix ne répondit: C'est toi-même.

Voilà la grandeur originale de ces disputes des Guelfes et des Gibelins : un monde qui toujours cherche son droit de subsister en dehors de soi dans une autorité étrangère ; l'Italie qui renaît et ne peut croire qu'elle s'appartient ; le phénomène d'une nation qui conquiert la liberté, et renonce à son indépendance, par la crainte d'usurper.

Où trouver le secret de ces contradictions? Dans le tempérament de l'Église, qui est devenu celui de l'Italie politique. Cette même humilité qui fait que le prêtre peut tout supporter dans l'espoir de tout dominer est le fond de l'esprit politique des

____

(1) Erat dicta civitas de spinis clausa. (*Chronica Astensia.*)

Italiens du moyen âge. Ils s'aliènent à deux maîtres qui leur promettent la souveraineté de la terre,
ou ce que les chroniques appellent la *monarchie
du monde* (1) ; c'est-à-dire qu'ils achètent par leur
asservissement dans le présent l'espoir de la domination universelle dans l'avenir. Excès d'humilité
et d'orgueil ; suprématie ou servitude, telle est la
chance qu'accepte l'Italie, ne voulant rien de tem-
péré ni dans sa fortune ni dans sa ruine. Qu'arrivera-t-il si l'Empire et l'Église ne peuvent tenir
leur promesse ? Il est aisé de le pressentir : on
verra le peuple qui s'est aliéné dans l'espoir de
commander à tous, obéir à tous.

Les publicistes cherchent encore la société féodale dans les forêts de la Germanie ; ils oublient
tout un côté des choses, et le plus important. Les
hommes du moyen âge n'eussent pas accepté si
aisément ce régime de tutelle, si leurs esprits n'y
eussent été préparés par une doctrine. Trois-siè-
cles avant que la féodalité ne commence dans la
vie politique, je la vois instituée dans la vie religieuse. Le premier acte moral de l'homme, au
moyen âge, est de tomber à genoux aux pieds du
prêtre, de lui faire hommage-lige de son intelligence, de sa conscience, de tout son être moral.
Appliquez au monde civil ce sentiment intérieur

____

(1) Monarchia del mondo. (Matteo Villani.)

de renoncement, vous en voyez naître la société féodale. Chaque âme s'étant donnée à un prêtre comme à son seigneur spirituel, n'a presque plus rien à faire pour se donner à un seigneur temporel ; l'humanité, sans droit, destituée d'elle-même après avoir abdiqué entre les mains du clergé, ne se sentant pas la force de s'appuyer sur sa propre conscience, se mit à chercher partout en dehors de soi un aide, un patron ; le serf d'esprit devint serf de corps. Quand il arriva que les individus furent libres, comme dans les républiques, c'est l'État qui demeura en servage. Longtemps avant de se montrer dans les faits, cette cité étrange avait été bâtie dans les âmes. Les conquérants ne s'étaient pas encore reconnus et assis, que l'Église avait déjà créé, par sa hiérarchie, le moule dans lequel fut jeté le monde du moyen âge ; et l'Italie, représentant par excellence le génie intime de l'Église, crut ne pouvoir subsister sans un patron politique. Même dans sa gloire, elle devait être la grande vassale de l'univers chrétien.

Sur ce principe, les républiques du moyen âge ont, à certains égards, un tempérament tout opposé à celui des républiques de l'antiquité. Pour celles-ci, le monde civil était renfermé dans leurs murailles, et pas une n'eût compris qu'on lui demandât de quelle autorité elle tenait son droit de vivre. La citadelle s'appuyait sur le temple, le temple sur le dieu indigène ; où était la patrie, là était la souveraineté, la divinité, le droit éternel. Athènes reposait sur la lance de Minerve : de là, la vie tenace de ces États, leur foi fanatique en leur destinée, leur défense désespérée lorsqu'ils sont attaqués : de là aussi la nature éphémère des républiques italiennes, qui, au moindre assaut, hésitent, cèdent, s'abandonnent, comme si elles n'avaient qu'une ombre de droit pour les couvrir.

Après l'insurrection, si un républicain du douzième siècle cherchait les titres et la grande charte de l'Italie, voici la confusion étrange qui se faisait dans son intelligence, et comment il se légitimait à lui-même la part qu'il avait prise dans la révolte. Au fond de sa conscience, ce qu'il découvrait d'abord, c'était l'image vague de Rome ; il en était ébloui, accablé. Par une illusion à laquelle tout concourait, l'idée d'une félicité sans bornes était attachée pour lui au souvenir de la vieille cité ; il plaçait cet âge d'or, non pas dans les temps de la république, mais dans ceux de l'empire, depuis César jusqu'à Justinien. Dans la confusion au milieu de laquelle il vivait, cette époque des empereurs lui apparaissait comme un temps de concorde, d'unité, de paix universelle et non interrompue, telle que la terre ne reverra rien de semblable, Éden de l'histoire, siècle de délices éternellement regretté, où le monde, sans dou-

leur, sans divisions, obéissant à un seul chef, « la
« nacelle du genre humain voguait à pleines voiles,
« et sans orage, vers un port assuré (1). » Des
souffrances du monde exténué sous les empereurs
il ne restait qu'un songe de bonheur; le fils de
l'esclave se prenait à adorer l'esclavage de son
père, comme l'idéal d'une félicité irréparablement
perdue.

A ce sentiment chimérique se joignait un respect religieux pour l'histoire romaine, que l'Italien tenait pour sacrée aux mêmes titres que celle
des Hébreux. S'il a entendu parler des miracles
racontés par Tite-Live, ils sont aussi certains à
ses yeux que les miracles de l'Ancien Testament;
ils ont été accomplis par le Dieu de l'Italie au
profit de sa race élue. Fondée vers le temps de
David, peuplée de citoyens divins (2), Rome est
une cité sainte, même au milieu du paganisme.
Son peuple, élu d'en haut, depuis l'origine, l'oint
du Seigneur, le Christ des nations idolâtres, est
le peuple souverain duquel tous les autres relèvent, comme le serf du seigneur. Lui seul possède
en sa source, par l'*opération divine*, le principe (3)
de toute autorité politique; il a été investi de tous

(1) Dante, *il Convitto*, p. 176.
(2) Quello Popolo Santo. — Divini cittadini, etc.
(3) Dante, **Monarchia.** *Il convitto*, p. 174. — Gibolengæ partis
vetustissimi Imperium uti signum cœleste colentes. (Muratori,
Antiq. ital.)

les droits. Nul État ne peut en renfermer aucun s'il ne les tient de lui. On est étonné de la netteté avec laquelle cet étrange droit des gens s'établit dans les esprits des chroniqueurs (1). La conséquence, c'est que l'Italie moderne s'inféode à l'Italie antique et s'en déclare la vassale. Le plus petit bourgeois de la moindre commune fait hommage-lige au spectre du peuple romain.

Sur ce premier point, toutes les républiques sont d'accord ; il n'en est pas une qui ne choisisse ce fantôme du passé pour son seigneur et maître. Toutes veulent être investies par lui et s'appuyer sur son ombre. Mais ce peuple souverain, il n'est plus ; qui le représente ? C'est là que l'Italie moderne commence à se déconcerter ; car, au lieu du César unique, à la fois empereur et pontife, elle rencontre à l'issue du moyen âge deux Césars, qui tous deux prétendent représenter également la souveraineté du peuple évanoui : l'un, c'est l'empereur allemand ; l'autre, c'est le pape. Lequel faut-il suivre ? lequel résume la volonté, la tradition, le droit de la vieille Italie ? Seconde question qui trouble l'esprit des républicains italiens, au lendemain de leur victoire.

Pour la noblesse d'origine étrangère, il ne pouvait y avoir de doute. L'héritier légitime de la

____

(1) L'antica libertà succeduta dalla civiltà del popolo romano. (Matteo Villani, p. 292.)

majesté du peuple romain, c'est cet empereur qui, caché dans le fond de l'Allemagne, joignait au prestige de l'éloignement le prestige de l'anti-quité. En cet être mystérieux qui de loin à loin apparaissait sur le sommet des Alpes, vivait la tradition sociale. Héritier des Auguste, des Trajan, des Justinien, il conservait, sous un triple sceau, les secrets du commandement. N'était-ce pas lui qui venait chercher au bord du Tibre le signe et la consécration de son autorité? Le roi des Germains n'était empereur qu'après avoir touché Rome ; le couronner, c'est couronner l'Italie. Aussi quelle ardeur incroyable, quelles espérances insensées dès qu'il paraît ! Les nobles, les émigrés chassés de leurs communes, accourent et grossissent son armée. « Puissions-nous le voir, lui ou son maréchal, et mourir le lendemain (1) ! » s'écrient-ils à son approche. Par l'effet d'une illusion difficile à concevoir de notre temps, il parlait à la fois aux souvenirs du monde romain et à ceux du monde barbare. Les nobles d'Italie voyaient en lui tout ensemble l'ancien chef des invasions et l'héritier de la république, Théodoric et César. Tout ce qu'il y avait de chevaleresque, de féodal, rayonnait de joie à son approche ; il n'apparais-

(1) Utinam ipsum vel mareschalcum ejus valeam intueri die uno et altero de sæculo transmigrare! (*Mutinensis historia,* p. 118.)

sait guère qu'une seule fois dans un moment rapide à chaque génération, et cette marche précipitée, fantastique, augmentait encore la fascination
qu'il exerçait.

Les Allemands qui lui servaient d'escorte étaient
d'abord, comme lui, un objet d'admiration. Les
châtelains, souvent même des populations en-
tières se pressaient au-devant d'eux ; on voulait
toucher leurs habits, baiser leurs armes (1),
comme s'ils avaient le secret de guérir les plaies
mortelles de l'Italie. Vous eussiez dit du retour
de légions égarées depuis mille ans et qui rentrent dans la patrie. Les aigles romaines, en re-
paraissant sur le chemin, faisaient tressaillir ; les
yeux se remplissaient de larmes. Enfin ils arrivaient, les compagnons de César libérateur ; on les
touchait ; l'enthousiasme tombait. Les alliés, les
frères attendus chassaient l'Italien de sa maison :
ils prenaient l'argent, le blé, le vin, le foin ; ils
changeaient le *miel* en *poison*. La réalité se montrait alors toute nue. Un incroyable malentendu
éclatait entre l'Empereur et l'Italie, sans que
celle-ci pût jamais entièrement se réveiller. Que
pouvait comprendre à la civilisation d'au delà des
Alpes l'Allemand du moyen âge ? sa jalousie na-

____

(1) Stolidi populares... ignorantes quid agerent eisdem, Theo-
tonicis obviam accesserunt ; nedum ipsos, sed eorum arma et
vestem osculantes. (*Mutinensis historia.*)

turelle était irritée par l'éclat même des espérances que l'on mettait en lui. La liberté des classes inférieures (1), l'indépendance des ouvriers bouleversaient toutes ses idées ; l'assujettissement de la noblesse à la bourgeoisie révoltait davantage encore son instinct féodal. Quant à l'Empereur lui-même, pour peu qu'il se sentît fort, il refoulait avec dureté l'enthousiasme des républicains italiens. S'ils lui parlaient de la volonté du peuple romain, du consentement de la foule, du don que l'Italie lui faisait librement d'elle-même, ce droit, cette autorité inaliénable, attachée à des ruines, lui paraissaient des jeux d'enfant; à ces ingénus, il montrait son épée et n'acceptait que le droit de conquête.

C'était bien pis si la démocratie italienne lui laissait voir quelles espérances elle fondait sur lui pour ramener les temps antiques (2); l'ironie, l'insulte accueillaient de pareils aveux. Les prétentions du génie italien à régner sur son vainqueur par le droit et la suzeraineté de la gloire (3) irritaient jusqu'à la fureur la vanité du roi teuton. « Que lui parle-t-on de l'autorité, de la légitimité « de la *divine république* (4)? Pourquoi élever « jusqu'aux astres cette grandeur déchue? Que

<hr>

(1) Ottonis Frisingensis, lib. *de Frederico I*, p. 708, 713, 758.
(2) Revertantur opto pristina tempora. (Ott. Frising.)
(3) Hospes eras, civem feci. (*Ib.*)
(4) Divæ tuæ reipublicæ veterem statum ad sidera tollis. (*Ib*)

« l'on regarde en Allemagne : c'est là que sont
« les consuls, le sénat, les patriciens, les légions,
« c'est là qu'est la gloire! Croit-on que le bras des
« Teutons soit raccourci? L'Italie, qui n'a pu même
« garder ses cendres, leur appartient par le droit
« du plus fort. Que l'on essaye seulement de l'ar-
« racher des tenailles d'Hercule ! »

C'est ainsi que les illusions des Italiens étaient
accueillies par les Allemands. L'Empereur, stupé-
fait au milieu des changements des partis qui lui
brisaient l'esprit (1), regagnait les Alpes, plein de
défiance, même au milieu des villes amies; c'est
lui qui fermait la porte des forteresses, et il ne
s'endormait qu'après avoir mis sous son chevet
les clefs de l'Italie. Enfin il disparaissait, gorgé
d'or (2). Durant sa longue absence, les mêmes
espérances, les mêmes songes renaissaient d'eux-
mêmes. Une génération nouvelle attendait le nouveau César, qui devait donner une tête à la féodalité italienne décapitée.

(1) Gli martellava la mente.
(2) Rinfrescato di danari. (Machiavel., *Istor. Fiorenti.*)

CHAPITRE III

LA PAPAUTÉ ET LES RÉPUBLIQUES.

L'Italie **prend** le tempérament de l'Église. Un *cosmopolitisme informe.*
Illusions **communes** à **tous** les partis. Restauration de la monarchie
romaine universelle. Un droit chimérique Contradiction entre le saint-
siège et la nationalité.

Les populations indigènes cherchaient naturellement, au contraire, le représentant du monde
romain dans ce César pacifique qui régnait sur le
trône de l'Église. Puisqu'il fallait à tout prix se
donner un maître, nul n'osant se proclamer souverain, la bourgeoisie se plaçait d'elle-même sous le
vasselage du vicaire de Dieu. Le pape n'était-il
pas l'éternel seigneur de la cité suzeraine ? C'était
dans l'Église, sur les baptistères, que se prêtaient
tous les serments, et l'on entrait dans la vie politique par la même porte que dans la vie religieuse. Quoi de plus naturel que de les confondre ?
Au cri de : Vive l'Église ! *Viva la Chiesa !* se ral-

liaient avec la bourgeoisie les classes inférieures,
et tous ceux qui, dans une puissance spirituelle.
voyaient un patron plutôt qu'un maître. Ils voulaient faire de l'Église la patrie sur la terre comme
dans le ciel.

Par malheur, le moment venait où l'illusion se
montrait dans ce parti aussi clairement que dans
l'autre; c'était le jour où les Guelfes, croyant toucher à la victoire, appuyaient ouvertement la démocratie sur le saint-père. Le pape repoussait
sur-le-champ l'alliance (1); il reniait la cause du
peuple sitôt qu'elle paraissait gagnée, craignant
au fond la souveraineté des communes autant que
celle de l'Empereur. Dès que l'esprit national paraissait, le sacerdoce et l'empire, les deux têtes de
l'aigle, qui semblaient éternellement brouillées
et séparées de la distance du ciel et de la terre,
se rejoignaient subitement pour étreindre, étouffer,
dévorer la même proie. Tout le douzième siècle
est plein du beau rêve d'Arnaud de Bresse; il
tente de profiter de la division des maîtres pour
se créer une patrie indépendante; il invoque l'empereur Frédéric, au moment de sa plus vive co-

____

(1) Voici comment le pape Adrien parle du peuple romain à
l'Empereur :

Romanæ plebis, fili, adhuc meliùs experieris versutiam. Co-
gnosces eos in dolo venisse et in dolo redisse. (Ott. Frising.)

Souvent l'Église soutient les Gibelins et les nobles. 1263. Isto
tempore Ecclesia, totis viribus fovebat Ottonem archiepiscopum
et vicecomites et partem nobilium. (*Manipulus Florum.*)

lère contre Adrien. Pour toute réponse, l'Empereur le livre au pape, qui le brûle. Personne ne profita de cet enseignement, et qui sait même s'il est compris de nos jours?

Que se proposaient les Guelfes? Un problème chimérique. En donnant le pape pour chef à l'Italie, ils plaçaient la religion et la patrie dans une condition si ruineuse, que l'une ou l'autre devait nécessairement y périr. Si la papauté devenait Italienne, elle cessait d'être universelle et perdait le catholicisme; si elle restait universelle, elle cessait d'être nationale et perdait l'Italie. Les papes restèrent ce qu'ils étaient, les chefs du monde, et la patrie disparut.

Le pape ne devint pas Italien, mais l'Italie prit le tempérament de la papauté, c'est-à-dire qu'elle fut cosmopolite au milieu des barrières de l'Europe féodale. Elle s'ouvre sans défiance à l'univers entier, quand les autres peuples se hérissent au seul contact de leurs voisins; on verra par la suite que cette différence fit sa ruine. Dans tout le moyen âge, elle sert d'expérience à un idéal prématuré de cosmopolitisme, que seule elle représente sur la terre, et sous lequel elle finit par succomber.

Dans la guerre du sacerdoce et de l'empire, il est un reproche dont je veux absoudre le pape. On l'accuse d'avoir étendu l'anathème à des peu ples entiers pour frapper leur prince. Sous cette injustice apparente, je vois le principe de l'éternelle justice ; c'était enseigner que chaque peuple est responsable envers tous les autres du gouvernement qu'il tolère. Si son prince fait le **mal**, que le peuple le réprime ou le dépose ; sinon, qu'il partage la coulpe à son dam et soit anathème avec lui. Il m'est impossible de découvrir là rien qui ne soit légitime.

Cherchant toujours son point d'appui hors de soi, tantôt sur le sacerdoce, tantôt sur l'empire, jamais sur la conscience de son bon droit et de sa souveraineté, l'Italie s'avançait en chancelant sur le vide. Il y avait deux grands partis dont aucun ne renfermait une nation, qui aveuglés, fascinés l'un et l'autre par la superstition de l'histoire, poursuivaient une chimère, également incapables de saisir rien de réel ni de constituer aucun droit. Dans cette voie désespérée, comment s'étonner de la facilité que les hommes trouvent incessamment à changer d'opinions et de drapeaux ? Après avoir éprouvé que la patrie n'était pas dans le parti qu'ils suivaient, ils se retournaient vers l'autre avec une énergie furieuse ; puis voyant que là aussi ils ne pouvaient rencontrer l'Italie, ils jetaient, au milieu d'une vie splendide en apparence, des imprécations qui retentissent dans le plus obscur chroniqueur aussi bien que dans la *Comédie divine*.

Incapables de croire en elles-mêmes, les républiques s'aliènent sitôt qu'elles se possèdent, et
chacune a son prix pour ainsi dire fixé. Bologne
se vend 200,000 florins, Parme 60,000, Arezzo,
40,000, Lucques, 30,000; Gênes se remet en
gage aux mains de ses créanciers. Pour peu
qu'une de ces républiques soit menacée par une
rivale, elle se donne gratuitement à un maître qui
la défend comme sa chose. Pise, Volterre, Pistoie, par haine de Florence, se donnent gratuitement, encore toutes vives, aux Allemands, Sienne
à Milan, Milan à l'Empereur. Brescia va s'offrant
à tout le monde, à Lanfranc, aux marquis d'Este,
au roi de Naples, au roi de Bohême, avant de
trouver enfin les Scala, qui l'acceptent à perpétuité. La plus fière de toutes, Florence, s'aliène
pour cinq ans au roi de Naples, pour un an au
duc d'Athènes, pour dix ans à Charles d'Anjou.
Chacun de ces États trafique de son ombre de
souveraineté : ils vendent, comme Ésaü, leurs
droits d'aînesse.

Mais voici où se montre le mieux le principe de
cette société : le cosmopolitisme informe qui est
en partie l'âme de l'Italie au moyen âge se marque
surtout par une magistrature dont l'équivalent ne
se rencontre dans aucun autre peuple. Si l'on regarde la constitution intérieure de ces États, on
voit que, différents en apparence, ils se ressem-

blent tous par ce phénomène extraordinaire, que
la magistrature suprême y est toujours donnée à
un étranger : c'est le podestat (1). Le chef de
l'État doit être élu en dehors de l'État (2), et la
patrie gouvernée par un homme qui n'appartient
pas à la patrie : voilà la règle et la pierre de fondation de ces républiques. Florence se fait régir
par un citoyen d'Arezzo, Arezzo par un citoyen de
Florence; et il en est de même dans toutes les autres communes. Au milieu du changement perpétuel des institutions, celle-ci est la seule qui ne
change pas, la seule à laquelle on reste fidèle,
comme au principe même de la société. Dans la
fièvre des factions, ce point unique n'est jamais
contesté, que l'étranger occupera à perpétuité le
cœur du pays. Chacun veut, avant tout, empêcher
que nul de ses concitoyens ne devienne son
maitre ou son juge. Il est vrai qu'en général le
podestat (3) était choisi parmi les habitants d'une
république alliée; mais jamais ces cités n'étaient
si bien unies qu'elles ne fussent prêtes à se combattre; et ce que l'on pouvait attendre de mieux
dans le chef de l'État (4), c'est qu'il n'eût point de

(1) Dans la formule de son serment, il disait : « Toto dominii
mei tempore. »

(2) Concessit imperator ut singulis annis rectorem eligeret
forensem. (*Manipulus Florum.* Muratori, *Rer. ital.*, t. XI.)

(3) Potestas... Quasi habens potestatem imperatoris in hac
parte.

(4) Muratori, *Antiq. italic.*, t. IV, p. 75.

patrie. Qu'eût pensé Athènes si on lui eût proposé de se faire gouverner par un citoyen de Sparte? que penseraient les États-Unis s'ils devaient choisir leur président partout ailleurs que chez eux?

Comme le sentiment de la liberté municipale était très vif, celui de l'indépendance nationale très faible, il s'ensuivait aussi que le premier autorisait aisément tout ce que l'on entreprenait contre le second; et la ressource de chaque parti vaincu est d'ouvrir les portes du pays à une armée étrangère. Considérez l'Italie à quelque époque que ce soit, il est un personnage que vous rencontrez dans chaque événement et qui est l'artisan infatigable de cette histoire : je veux dire l'émigré (1). Toujours prêt à livrer cette patrie qu'il n'a pu gouverner, il sollicite l'ennemi; il presse, il conduit l'invasion. Qu'elle parte d'Allemagne ou de France, peu importe, pourvu qu'elle le rétablisse dans son autorité. Jamais nul Italien du moyen âge, s'il est exilé, ne se fait le moindre scrupule de tourner les armes étrangères contre l'Italie; et il faut désespérer de trouver, à cet égard, la moindre différence entre la noblesse et le peuple. La bourgeoisie et les ouvriers de Flo-

(1) Gibellini Guelfos superant ope Cremonensium et Pergamensium. — Cette phrase revient perpétuellement dans les chroniques.

rence appellent tour à tour contre Florence le duc
de Milan; les Gibelins, les Allemands; les papes,
l'Europe. *Périsse la cité* (1) plutôt que la faction !
c'est le cri du moyen âge; s'emparer de la commune, rentrer triomphant dans la république avec
son parti, ce but autorise tous les moyens. La
passion est si vive, que chacun aime mieux voir
la patrie détruite qu'entre les mains de la faction
opposée; d'ailleurs l'idée de la souillure que laisse
après soi, sur le sol natal, le pied de l'ennemi,
n'existe pour personne. Si l'émigré n'a point de
scrupule, la cité n'a pas de ressentiment; au
milieu d'un si grand nombre de restaurations accomplies par des invasions, je ne vois jamais ni
peuple, ni bourgeoisie, ni noblesse, faire un reproche à qui que ce soit, d'avoir recouvré son autorité par le fer étranger.

L'Église ne s'étant réellement identifiée avec
aucune des républiques d'Italie, il arrivait tout le
contraire de ce qui se faisait en Espagne. Là, par
une fortune singulière, dans toutes les guerres du
moyen âge, l'ennemi de la nation espagnole, l'islamisme, se trouvait être l'ennemi irréconciliable de
l'Église; d'où il résulta que celle-ci poussa partout à une défense désespérée. Dans chaque château fort de la Castille, de l'Andalousie, le clergé

_____

(1) Perisca innanzi la città che tante opere rie si sostengano!
(Dino Compagni.)

catholique se sentit en face de son adversaire éternel, le mahométisme, et il décida le peuple à mourir pour la croix. Il mit dans la guerre l'héroïsme religieux. En Italie, au contraire, le catholicisme n'épousant pas toujours aucune des factions, aucun des intérêts du territoire, le pape flottait d'une alliance à l'autre sans se fixer nulle part ; son cœur n'était dans aucune cité ; ce qui fut cause qu'il ne prêta pour longtemps sa force à aucun des partis, et qu'il ne mit son salut à constituer ni la démocratie ni la nationalité italienne. Au milieu même de la ligue lombarde, vous sentez qu'il finira par s'entendre avec l'Empereur mieux qu'avec le peuple.

Aussi que représente le clergé dans les guerres de l'Italie au moyen âge ? Le désir de traiter (1). Quand il faudrait du fer, il ne sait que remettre en mémoire les dangers de la guerre (2), les félicités de la paix, les douceurs de la résignation, l'espérance inconsidérée de la liberté, l'avantage de plier la tête, de quitter les armes à propos, et de s'en remettre à la discrétion d'un vainqueur débonnaire. En Espagne, le prêtre qui voit en face le Coran demeure sur la brèche jusqu'au dernier moment, il est soldat ; en Italie, où son adver-

---

(1) Placet ut victori principi colla subdatis ; expedit ut universam salutem vestram in deditione, non in armis reponatis. (Radevic. Frising.)

(2) Malorum belli... inconsiderata spes libertatis.

saire d'aujourd'hui deviendra demain son allié, il n'est qu'arbitre. Aux sièges de Tortone, de Crémone, de Brescia (1), c'est lui qui le premier parle de négocier. Chez l'un de ces peuples il apprend à mourir, chez l'autre à capituler.

A mesure que le parti de l'Église vient à dominer avec les Guelfes, ses maximes sur la guerre l'emportent. Otez-en l'héroïsme et la patrie, que reste-t-il, sinon violences, emportements de bar-bares? Conformément à cette éducation, les Italiens crurent avancer dans la civilisation en rejetant l'esprit militaire. Gouvernée au dedans par l'étranger, c'était une conséquence naturelle que la république fût défendue au dehors par des armées étrangères, et le *podestat* entraîne après lui le *condottiere*. L'épée qui partout ailleurs anoblissait n'est plus qu'un outil mercenaire; l'Italie se dérobant de plus en plus à elle-même, la tête est à l'Empereur, le cœur au podestat, le bras au condottiere, le droit à l'étranger. Après avoir suivi l'Empire, elle n'avait recueilli que les insultes du conquérant; elle se décide à suivre l'Église, et n'embrasse qu'un fantôme de cosmopolitisme qu'elle est incapable de comprendre. Attiré par ces leurres, on voit un peuple admirable qui s'engage chaque jour plus avant à la poursuite de l'impossible. Il

____

(1) Chronique de Jacobus Malvecius.

sert tour à tour de marchepied à l'Empereur et au pape; il croit qu'en s'obstinant à les hausser, il se rehaussera lui-même; et de siècles en siècles, toujours aspirant à la monarchie universelle, il ne s'aperçoit pas que l'un et l'autre s'élèvent en le foulant, qu'ils se nourrissent de sa substance, que pour mieux les servir, il perd l'occasion de vivre.

Que de signes de décrépitude se montrent dès le berceau de ces républiques ! elles naissent avec les rides d'une double antiquité, comme si elles étaient lasses d'un travail que l'histoire ne connaît pas. Sitôt qu'elles paraissent elles se vendent pour acheter le repos : La paix! la paix ! *Fiat pax ! fiat pax (1)!* C'est le premier vagissement qui sort de ces berceaux. Quand elles ont fait à peine quelques pas, on découvre déjà un esprit de routine dans l'enfance de leurs gouvernements. Je trouve, à cet égard, en 1222, un monument étrange : c'est un recueil (2) de discours officiels, préparés d'avance pour toutes les vicissitudes futures et les révolutions éventuelles de la république : modèles de harangues modérées, passionnées ou violentes au choix des gouvernements et des peuples, pour chacune des circonstances que l'avenir renferme. Il y a pour le podestat des formules préparées de

(1) *Chronica Astensia*, p. 217.
(2) Oculus pastoralis sive libellus erudiens futurum Rectorem populorum.

promesses à faire, d'espérances à donner, de reconnaissance à témoigner, de paroles magnanimes à improviser au jour de l'avènement (1); puis, quand on s'est assis au pouvoir, des harangues sévères, des sorties menaçantes pour le jour de l'émeute et de la révolution, et après l'ordre rétabli, des effusions officielles sur la religion et la liberté. D'autre part, il y a pour le peuple des formules de déclamations, d'invectives (2), des cris d'indignation, de guerre contre l'autorité (3): le gouvernement et le peuple n'ont qu'à apprendre par cœur, pour trois ou quatre siècles, leurs rôles convenus d'avance. Quand on cherche l'explosion naïve des passions républicaines, on est surpris de voir que la colère, la révolte, la clémence, sont déjà officiellement convenues et notées pour l'usage de chaque parti; il semble que l'on découvre là, en 1222, le machiavélisme dans son berceau ingénu. La tyrannie et la liberté y sont disposées comme de gracieuses machines qu'il n'est besoin que de toucher pour qu'elles jouent exactement leur rôle dans l'histoire italienne, sans que la conscience humaine ait besoin de s'en mêler.

De la constitution monstrueuse de l'Italie au moyen âge sortit un droit monstrueux qui ne se

____

(1) De prima concione, quùm terra fuerit in pace... (*Loc. cit.*)
(2) Invectiva Justitiæ contra rectores gentium. (P. 125.)
(3) De juvence cupienti guerram.

retrouve nulle part ailleurs, et que l'on appelait le droit *de représailles* (1). Un citoyen attaqué, lésé par un citoyen d'une autre république, était autorisé, après certaines formalités solennelles, à courir sus à la patrie de son adversaire, et à reprendre au hasard sur l'innocent une valeur égale à celle qui lui avait été enlevée par le coupable. Droit pour chacun (2) de saisir et de lier les premiers hommes qu'il rencontrait (3), jusqu'à concurrence du bien qu'il avait perdu ; solidarité barbare, qui n'est peut-être, au reste que l'ébauche entrevue d'un droit cosmopolite par lequel la société humaine répondrait à chacun des crimes de tous.

Il y eut des temps où ces représailles furent instituées et proclamées à la fois dans l'Italie presque entière (4) ; à peine cette guerre de chacun contre tous était-elle déclarée, que les chemins devenaient déserts. Quand on s'aperçut des inconvénients prodigieux de cette législation, elle était entrée dans les mœurs. L'habitude de se faire justice sur la communauté et de vivre à l'état de

(1) De represaliis. (Muratori, *Antiq. italic.*, t. IV.)

(2) Ita quod suâ auctoritate... possit capere homines civitatis Mutinæ et districtus, ac reprendere pro satisfactione. (Muratori, *Antiq. italic.*, t. IV.)

(3) Il ritinere quel d'altrui per forza. (*Ib.*, p. 742.)

(4) Per hæc tempora represaliæ in singulis civitatibus Lombardorum concessæ fuere. Ann. 1266. (Jacobus Malvecius, *Rer. italic.*, t. XIII.)

guerre avec la société s'appuyait sur des chartes
écrites. Ce fut la première sanction, l'origine lé-
gale de ces compagnies de rapines, qui, associées
pour rançonner l'Italie, traversent impunément
l'histoire, sans que la conscience publique se soit
jamais soulevée avec énergie contre elles. Un jour
un bourgeois, blessé d'une injustice, déclarait so-
lennellement la guerre à telle république, puis à
ses alliées, à l'Italie, enfin au monde : il attirait
aisément quelques compagnons et se formait sa
petite armée. Ce n'étaient point là des malfaiteurs
mais une compagnie de commerçants lésés, qui
s'associaient pour user du droit consacré des représailles. Aussi ne remarque-t-on, dans aucun
temps, qu'ils aient été honnis. Ils guerroyaient,
rançonnaient, saccageaient légitimement en toute
sécurité de conscience. Les campagnes, les villes
payaient le tribut comme à une armée régulière.
Quelquefois ces compagnies, d'humeur chevaleresque, jetaient le *gant sanglant* à la face d'une
république.

Si quelque chose étonne, c'est le flegme mêlé de
respect avec lequel les chroniqueurs racontent ces
exploits, sans jamais donner le vrai nom à ces
déprédations. Les gouvernements traitaient d'ailleurs avec les compagnies comme avec des auto-
rités légitimes. Las de renommée et de butin,
quand le chef faisait la paix, il se trouvait quel-

que république, qui, éblouie de tant de gloire, le choisissait pour son capitaine; après avoir volé l'argent de la république, il lui volait sa liberté. Pierre Sacconi, élu capitaine et conservateur du peuple, par Arezzo, s'en fait le tyran, et vend Arezzo quarante mille florins à Florence.

Dans ces ténèbres de la conscience aveuglée, on est moins étonné quand on voit le théoricien de l'Italie au moyen âge, saint Thomas, admettre qu'il y a des hommes justement esclaves par la nature des choses. L'Ange de l'école ajoute en faveur du droit de l'esclavage des arguments chrétiens aux arguments tout païens de l'antiquité; tant le christianisme était encore étranger, en beaucoup de choses, à l'âme des saints ! Sur le point le plus vital des doctrines de Jésus-Christ, il arrive que saint Thomas (1) est resté plus païen qu'Aristote.

(1) *De Regimine principum*, lib. II, c. **x**, Thomæ Aqvinatis.

CHAPITRE IV

LIGUE LOMBARDE

Efforts de l'Italie pour produire une nation. Pourquoi la victoire a été inutile? La liberté sans la nationalité. Loi des révolutions. La noblesse, la bourgeoisie, le peuple.

Il y eut un moment où l'Italie fit un effort désespéré pour enfanter un peuple. C'est le temps de la ligue Lombarde. Comment est-il arrivé que, toujours victorieuse, la victoire ne lui ait servi de rien? On ne voit, dans aucun autre pays, un peuple appesantir son joug en même temps qu'il le brise, et relever son ennemi par le coup qui le renverse. Ceci tient à des causes que personne, ce me semble, n'a encore mises dans leur vrai jour.

Ce qui pesait à l'Italie, vers le dixième siècle, n'était pas tant l'autorité de l'Empereur que celle de ses vicaires. Combien, en effet, devait être oppressif le régime des comtes et des marquis allemands, étrangers à l'Italie, loin de l'œil du maître, on peut se le figurer par les chartes mêmes de liberté qui, toujours renouvelées, marquent assez qu'elles étaient toujours enfreintes. Les signataires des requêtes, à la fois humbles et menaçantes, qui, du fond des villes sont adressées à l'Empereur pour demander justice de ses représentants, portent presque tous des noms germaniques ; témoignage évident que la noblesse d'origine lombarde fut la première à se relever dans l'insurrection des communes ; après elle vient tout le peuple. A ce premier moment, les deux têtes de la Lombardie, Pavie et Milan, qui doivent plus tard se dévorer mutuellement, se jurent une éternelle alliance contre la violence de *tout homme mortel* (1) *né* ou *à naître*. Le sentiment de la vie politique commence là par le sentiment de l'égalité dans la mort.

D'abord, les villes n'avaient réclamé que la confirmation de leurs *bonnes coutumes :* droits civils, municipaux, garantie de ne pas être marié contre sa volonté (2), élection des magistrats au son des cloches, liberté tout extérieure d'aller, de venir, de trafiquer en sûreté sans payer de péage à travers *tout notre royaume* d'Italie. Bientôt, on

(1) Contrà quemlibet mortalem hominem natum vel nasciturum. (Muratori, *Antiq. ital.*, t. IV.)

(2) Nec invitè alicui conjugabimus. (Charte du onzième siècle.)

demande que le palais de l'Empereur ne s'élève
plus dans l'intérieur des villes; l'Allemand cède
encore (1) sans résister. La révolution grandit et
vient battre de son flot ce palais qui semble fuir
devant elle. De communale elle devient politique.
Nommer les consuls, le podestat, battre monnaie,
faire la paix, la guerre, rendre soi-même la justice, c'est le second acte de cette révolution. Enfin,
il reste à s'unir, former une confédération, créer
une Italie souveraine. De politique, la question
devient nationale. Dans ce premier élan, le mal et
le remède sont aperçus avec une admirable clarté
de conscience. *Rejetons de nos épaules le joug des
Allemands* (2), ce cri de salut s'échappe des poi-
trines, en dépit des illusions et des systèmes mys-
tiques. De ces trois révolutions, la première et la
seconde eurent un succès complet; la troisième ne
réussit qu'à demi, et par là ruina les deux
autres.

Ce fut un jour unique que celui où des millions
d'hommes, excepté seulement les prêtres, les
muets et les aveugles, prêtèrent, en 1170, sur les
baptistères, le serment suivant (3) : « Au nom du
Seigneur, Amen ! je jure sur les saints Évangiles

(1) Ce mouvement ascensif de la révolution éclate sous Henri V.

(2) Theutonicorum jugum de collo excutiamus. (*Chronique de
Milan*, Manipulus Florum.)

(3) Sacramenta populorum. Circiter annum 1170. (*Antiq. italic.*,
t. IV, p. 266 et suiv.)

que je ne ferai, ni paix, ni trève, ni traité avec Frédéric l'empereur, ni avec son fils, ni avec sa femme, ni avec aucune personne de son nom, ni par moi, ni par aucun autre ; et de bonne foi, par tous moyens qui seront en mon pouvoir, je m'emploierai à empêcher qu'aucune armée, ni petite, ni grande d'Allemagne ou de toute autre terre de l'Empereur qui soit au delà des monts n'entre en Italie ; et si une armée y pénètre, je ferai une guerre vive à l'empereur et à tous ceux de son parti jusqu'à ce que l'armée susdite sorte d'Italie ; et je ferai jurer la même chose à mes fils dès qu'ils auront l'âge de quatorze ans. »

Les villes qui avaient juré de soutenir en première ligne l'assaut de l'ennemi étaient Milan, Verceil, Novare, Lodi, Bergame, Brescia, Mantoue, Vérone, Vicence, Padoue, Trévise, Bologne, Modène, Reggio, Parme, Plaisance. Au second rang, venaient les villes de la Toscane, de la Romagne, puis, comme dernière réserve, Rome et la papauté, qui devaient prêter l'unité à cette confédération passionnée. Les patriotes croyaient voir, au loin, apparaître sur les champs de bataille saint Pierre (1), sur un cheval blanc, avec des armes étincelantes. Toute l'Italie se rassemblait dans un effort suprême contre Frédéric, comme

---

(1) In albo equo et coruscantibus armis. (*Rer. ital.*, t. III.)

autrefois la Grèce contre Xerxès. Pourquoi l'effet fut-il si différent? Tant d'impuissance dans le succès s'explique par une idée funeste qui, se glissant dans chaque esprit, ôtait aux victorieux tous les avantages de la victoire.

On s'était armé contre les colères de l'Empereur, non contre le prestige et la fascination des mots antiques. Sitôt que le roi germain parlait dans ses décrets de la splendeur de la république et de l'empire romain (1), les Italiens se renchaînaient par ces mots magnifiques. Parmi tant d'hommes qui juraient si hardiment de faire la guerre et qui tinrent si bien leur serment, il ne s'en rencontra jamais un seul qui osât nier au souverain ennemi le droit de venir prendre la couronne de son pays. Au plus vif de la guerre, je ne découvre pas chez les historiens, les poètes, les hommes d'État, une seule ligne où personne se soit avisé de faire cette question si simple : Que vient faire de ce côté des monts le chef de la nation allemande? Cette terre est-elle la sienne? L'idée de le repousser comme un barbare ne put prendre racine dans le temps de cette première Renaissance; en sorte que, par une incroyable contradiction, chaque ville en particulier lui fermait ses portes, et l'Italie lui ouvrait ses frontières. On combattait le maître,

(1) Præclarum Romani decus Imperii statusque Reipublicæ. (Charte de Henri IV, 1091.)

on respectait la servitude; l'Empereur toujours vaincu regagnait par le droit ce qu'il perdait par le fait. Dans ses plus rudes désastres, la fausse tradition de l'antiquité le couvrait d'un bouclier contre les colères de l'Italie moderne; tout ce que perdait Frédéric, César le lui rendait.

Ceci devint très lumineux par le caractère même des guerres que l'Italie soutenait. Elles furent toutes défensives. Si le César tudesque n'eût lui-même pris l'offensive, nul n'eût osé brusquer l'attaque. Jamais la ligue n'entreprit de l'empêcher de déboucher des Alpes, ni de le poursuivre après ses déroutes; il ne pouvait y avoir de Thermopyles. Toujours l'Allemand peut choisir en liberté son temps, sa saison, sa marche, sortir des gorges par Como ou Asti, sans obstacles (1), passer le Tessin, l'Adige ou le Pô, tomber à l'improviste sur le cœur du pays, sans que jamais les vainqueurs imaginent de se retourner contre lui, et de prendre une revanche. Battu, ruiné, il se dérobait derrière les Alpes pour aller se refaire jusqu'à la nouvelle campagne, de manière que le danger, immense pour les républiques, était nul pour lui (2). L'Allemagne attaquant toujours, l'Italie ne se croyant

----

(1) Cum omni pace. (*Rer. ital.*, t. III.)

(2) Quia non verebatur ab eis offendi, nisi prius ab ipso fuissent hostiliter provocati. (*Rer. ital.*, t. III. *Vita Alexandri III.*)

que le droit de se défendre, celle-ci devait nécessairement périr.

Il y parut assez clairement dans la sixième campagne. Obligé de lever le siège d'Alexandrie.
l'empereur Frédéric se trouve aux environs de
Marengo (car ce nom éclate déjà (1) chez les chroniqueurs du douzième siècle) dans une situation
désespérée, absolument semblable à celle des Au-
trichiens cernés par Napoléon. L'armée de la ligue
lombarde avait tourné l'Empereur, et lui coupait
toute retraite du côté des Alpes et de Pavie. Ce
jour devait être le dernier de l'empire allemand en
Italie. Comment fut-il sauvé? Par la fascination
du vieux droit impérial. Les Italiens qui cernaient
César se firent un scrupule de profiter de l'avantage pour l'attaquer; lui qui se sentait perdu, se
garda bien d'entamer le combat. On vit alors deux
armées en présence demeurer immobiles, rete-
nues, l'une par l'épouvante, l'autre par le respect.
La nuit vint; elle ne fit qu'augmenter le scrupule
des Italiens. Cet adversaire que l'on tenait au
bout de l'épée, et qui mettait un impôt sur la naissance de chaque enfant italien, qui prélevait le
quart du salaire des ouvriers, pour tarir le travail
et la vie, n'était-ce pas le seigneur légitime (2)?

(1) Qui morabantur in circumpositis villis... in Marengo, Hu-
nilla, etc. *Vita Alexandri III.* Anastas.)
(2) Memorial rerum Bononiensum.

Le serf doit-il donc fermer le chemin à son seigneur ? ne serait-ce pas là l'ancien crime de lèse-
majesté ? L'esprit des républicains féodaux ne
put tenir à ces idées habilement entretenues. Au
lever du jour (1), l'armée italienne ouvre ses rangs,
laisse passer librement Frédéric et ses Allemands,
qui vont se refaire dans Pavie. Que servait dès
lors de délivrer le sol de l'Italie, si, toujours infa-
tué de son César, l'esprit italien se renchaînait
lui-même? Le bras avait beau lutter avec courage,
l'intelligence aveuglée rejetait la victoire ; jamais
il ne fut plus vrai de dire que les morts asser-
vissent les vivants.

C'était bien pis encore quand venait le moment
de traiter. Dans les conférences de Roncaglia, il
suffit à l'Empereur de paraître. Ce *cavalier fait
pour dompter la volonté humaine* (2) impose par sa
seule présence ses lois aux révoltés. Après huit
ans de succès, l'Italie, comme si elle n'avait
qu'une existence d'emprunt, se cache timidement
derrière le saint-siège, dès qu'il faut user de la
victoire. Les deux partis s'en remettent volontiers
à l'arbitrage du pape, les républiques pour éviter
le regard de l'Empereur même vaincu, l'Empereur
pour s'épargner l'affront de traiter avec des rebelles.

(1) *Rer. ital.*, t. III, p. 465.
(2) Dante.

Est-il vrai qu'Alexandre III ait trahi dans les négociations l'intérêt des républiques? Un contemporain l'affirme hautement (1); les écrivains ecclésiastiques soutiennent le contraire; ce qu'il y a de sûr, c'est que tandis qu'il signait la paix pour le saint-siège, il se contentait d'une trêve de six ans pour l'Italie confédérée. C'était donner à l'étranger la seule chose qu'il désirât, le temps nécessaire pour préparer une nouvelle invasion.

Dans l'intervalle il travaille à détacher plusieurs villes de la ligue, et il y réussit. Crémone, Tortone, Como, Asti, Gênes se réconcilient avec lui. Si ces villes eussent vu l'étranger dans le roi des Germains, l'instinct de nationalité était encore assez puissant pour les retenir; mais la conquête se cachait sous les couleurs italiennes (2), comme de nos jours l'invasion de l'Europe contre la France se présentait sous l'apparence de l'alliance et presque de la révolution. La fascination de l'Italie était si grande, que même cette Alexandrie, qui venait de sortir de terre pour faire tête à

(1) Staturunt colloquium apud Venetiam publicè simulantes se velle componere inter Langobardos et Imperatorem. Tunc subdit pontificem deseruisse fidem quam Langobardis promiserat. (Rudolph. Milan., p. 1192.)

(2) Dans un traité d'alliance de 1188, entre Parme et Modène, je lis ces mots : « Salvâ fidelitate imperatoris et salvâ societate Lombardiæ. » Ainsi ces villes croyaient pouvoir concilier la fidélité à l'Empereur avec la fidélité à la ligue Lombarde.

l'Empereur au débouché des Alpes, se donnait déjà à lui ; changeant de nom, elle s'appelait Césarée. Malgré tout cela, la fortune de l'Italie l'emporte une dernière fois. Les Allemands sont battus, presque détruits à Lignano par l'armée nationale. Cet étranger tant de fois ruiné repasse presque seul les Alpes. Qui va encore le relever pour des siècles ? L'Italie.

Il est contraint de signer la paix de Constance. Ce devait être la charte de délivrance et la pierre de fondation de l'Italie moderne. Le caractère de ce pacte social, c'est que la Ligue victorieuse prend l'attitude de suppliante, l'Empereur vaincu, celle de maître. Le préambule du traité de paix, après la révolution triomphante du douzième siècle, est tout pareil à celui de la Charte de 1814, après la défaite de la révolution du dix-neuvième. L'Italie est une rebelle que le maître amnistie (1) ; il ouvre les entrailles de sa miséricorde à des sujets dont il pourrait châtier l'insolence ; d'où il suit que tous les droits de souveraineté plénière sont maintenus à l'Allemagne sur l'Italie. Après cette première réserve qui enveloppe l'avenir, l'Empereur se montra aisément libéral envers les villes confédérées. Il leur octroie de vastes franchises civiles ; mais au milieu de ces largesses

____

(1) Civitates ac personas... in plenitudinem gratiæ suæ recipiat. (Muratori, *Antiq. italic.*, t. IV, p. 247.)

apparaît un article en deux lignes, qui remet le frein dans ses mains (1) !

« Toutes les villes confédérées jurent de nous
« aider à conserver les droits que nous avons en
« Lombardie ; tous les citoyens de quinze à
« soixante-dix ans nous prêteront le serment de
« fidélité, et ce serment sera renouvelé tous les
« dix ans. »

Laissez l'Empereur et son cortège traverser le pays pour prendre la couronne, c'est le commencement et la fin de ces négociations. L'Italie s'engage en tout état de choses à fournir elle-même les *vivres*, les *gîtes*, réparer les routes, les ponts sur son passage, en sorte que le résultat de tant de succès est de se condamner soi-même à aplanir le chemin sous les pas de l'ennemi. Singulière corvée où le victorieux (2) travaille à se faire fouler par le vaincu ! Dans ces conditions la ligue se brisait elle-même ; l'Empereur pouvait toujours détruire l'Italie par l'Italie. Les confédérés signaient de leurs mains tout ensemble la liberté et l'esclavage, la vie des républiques, la mort de la nation italienne. Tant de sang versé et d'héroïsme n'aboutissait qu'à cimenter la servitude par la li-

______

(1) *Acta pacis Constantiæ*, p. 307.

(2) Volumus facere domino imperatori Frederico omnia quæ antecessores nostri a tempore Henrici imperatoris antecesso ribus suis sine violentia vel metu fecerunt. (*Antiq. ital.*, t. p. 278.)

berté même. L'épée de l'Allemagne restait suspendue sur l'Italie ; le spectre de César du haut
des Alpes en tenait la poignée.

Cinquante ans après, l'ennemi avait repris ses
avantages, Frédéric II recommençait la tâche de
servitude que Frédéric Ier avait laissée interrompue. L'Italie se confédère de nouveau ; mais dans
cette seconde prise d'armes, que de marques de
découragements, de lassitudes, de divisions ! Je
ne trouve plus rien du premier enthousiasme. Le
serment de 1170 avait éclaté sans réserves, sans
restrictions, comme le cri d'un peuple qu'inspire
soudainement l'immensité du danger. L'instinct
du salut parlait plus haut que les rivalités com-
munales ; les petites haines cédaient aux grandes.
Un demi-siècle après, on obéit à un devoir plutôt
qu'à une inspiration ; comme si l'on avait appris à
se défier de son enthousiasme, chaque république
met des conditions (1) à son serment et marchande
son patriotisme. Il en est qui refusent de donner
ni sang ni argent ; seulement elles ouvriront leurs
routes aux confédérés et les fermeront aux Allemands. Chez les autres, l'intérêt privé domine in-
solemment l'intérêt national ; Plaisance est devenue gibeline, parce qu'elle jalouse Parme ; Venise,

____

(1) Renovatio societatis Ferrariensium cum societate Lombardiæ. Ann. 1235. Eo salvo et specialiter... ad utilitatem, com-
modum et bonum statum tantummodo illius Veronæ, Paduæ, etc...

parce qu'elle jalouse Gênes ; beaucoup d'autres se hâtent de déserter l'Italie, dans la seule pensée de se faire payer leur prompte défection. Avant la fin du douzième siècle, une moitié de la nation sert déjà à enchaîner l'autre.

Soixante ans se passent sans qu'aucun roi allemand descende en Italie. Rome pouvant seule donner la couronne impériale, pendant tout ce temps il n'y a point d'empereur. César paraissait mort pour toujours. C'est alors qu'il fut manifeste que le mal était, non pas à l'étranger, mais dans l'imagination et les entrailles de l'Italie, puisque, lorsque l'Empereur avait cessé d'exister, elle le ressuscitait dans son cœur. Après ce long intervalle, Henri VII de Luxembourg reprend, en 1310, le chemin habituel des invasions. Ce jeune homme passe comme une vision. Arrivé aux portes de Rome qui, cette fois, ne reconnaît pas son César, il réunit les principaux habitants dans un banquet, et comme la force matérielle lui manque, c'est lui qui réveille les imaginations. Avec cette candeur étudiée qui fait si aisément illusion aux peuples du Midi (1) : « Me prenez-vous, dit-il, poür un étranger, pour un envahisseur ? Je viens visiter mon cher sénat et mon cher peuple romain. Qu'est-ce qui m'appelle parmi vous, ô *Quirites* ?

______

(1) Jordanis chronicon. Cette chronique met à nu les illusions du parti de l'Empire.

Le désir de relever l'empire antique, sans lequel chacun de vous redeviendrait barbare et vivrait ignoré du monde. Que de messagers m'ont appelé ! Je suis envoyé par le pape, et j'amène avec moi trois cardinaux pour témoins ; » puis il ajoutait : « Je vois Dieu en haut, le peuple en bas. » Ce qui manqua réveiller l'Italie, c'est que le bon César allait de lieux en lieux lever le tribut de conquête. Il prit ainsi cent mille florins à Milan, soixante mille à Gênes. Oubliant tout à coup son personnage classique, il voulut imposer le tribut même à Rome, qui faillit (1) se révolter et s'affranchir. Mais rien ne devait tirer l'Italie de son rêve. Couronné par surprise à la porte de Saint-Jean de Latran, César se dérobe. Personne n'ose mettre la main sur le fantôme. En passant à Bonconvento, il meurt ; dans cette marche précipitée de cette ombre, il y a je ne sais quoi de fiévreux comme le rêve d'une nation endormie.

Arrivé à ces termes, vous voyez le problème inextricable de l'Italie au moyen âge se résoudre de lui-même. Le mal ne pouvait se guérir puisque le fer étranger restait toujours dans la blessure, et qu'à chaque règne il s'enfonçait davantage ; il aurait fallu que l'Italie l'arrachât bravement, et au contraire, elle adorait sa plaie. Car le malheur

____

(1) Romano ob quæsitam contributionem turbato populo.

fut que toutes les classes conspirèrent également, par des raisons différentes, à se forger les mêmes chaînes imaginaires; les uns s'aveuglant par une tradition informe, les autres par leur science. On répète que les jurisconsultes étaient du parti de l'Empereur, à cause de la servitude naturelle aux légistes. Tout au contraire, ce fut chez eux le leurre d'un patriotisme érudit qui, méconnaissant le monde réel, ne voyait la nationalité italienne que dans la restauration des temps (1) de Théodose et de Justinien. Les poëtes l'emportèrent encore sur les jurisconsultes dans ce retour vers le passé et cette fureur d'enthousiasme pour un droit fantastique. Personne plus que Dante ne confirma l'Italie dans le rêve de la restauration de l'empire romain.

Au-dessus de tous s'élevait la papauté; ne semble-t-il pas qu'à cette hauteur, avertie d'ailleurs par sa rivalité avec l'Empire, elle aurait dû reconnaître et faire tomber le prestige ? Ce fut le comble des maux que la papauté, qui devait détruire l'illusion, tantôt en fut la dupe, tantôt la complice, et la consacra toûjours. C'est elle qui, dès l'origine, met sur le front du roi allemand le masque de César; c'est elle qui lui donne le sceptre dont elle est souvent frappée. Au plus fort de leurs querelles avec l'Empire, les papes ne comprirent

(1) **Quo fuit tempore Constantini et Justiniani.** (Otton. Frisigens.)

jamais une Italie sans un empereur byzantin ou tudesque, et eux-mêmes restèrent esclaves de cette manière de concevoir le monde. Ils eussent été les libérateurs si seulement ils eussent dit : « Ce « César que vous adorez est un songe, une vision, « une idole politique des gentils. Que l'Italie chré- « tienne achève de briser la chaîne du monde « païen ! qu'elle rejette loin d'elle les fantômes « qui sortent des tombeaux mal fermés de la voie « Appienne. Ce sont là de mauvais esprits qui « veulent continuer de régir la société chré- « tienne. »

Mais comment les papes auraient-ils affranchi la terre du servage politique du monde païen, quand eux-mêmes étaient fascinés (1) au point de ne pas concevoir un autre idéal de société? Le premier mot d'Alexandre III, négociant la paix au nom de l'Italie victorieuse, est que *l'antique droit de l'Empire* restera sain et sauf, *salvo imperii antiquo jure.* Malgré toute sa colère, Innocent III se contente de déclarer que la terre italienne a, par une faveur suprême, la primauté éternelle de l'Empire, et il ne s'aperçoit pas qu'il établit chez elle la primauté de la servitude. Il lui enseigne à mettre sa gloire dans son asservissement. Au lieu

(1) 1195. Convention entre Pascal II et Henri IV. L'Empereur garantit au pape l'investiture des Églises, le pape à l'Empereur ses droits impériaux ; il n'est pas dit un mot des peuples italiens.

d'extirper le principe du gouvernement païen des empereurs, il le consacre, il le popularise, il change l'esclavage en une institution nationale, et une illusion historique (1) en un article de foi. Dernière misère pour un peuple ! s'enorgueillir de l'ignominie du servage (2) par la dignité du maître ! Ces magnifiques chaînes d'argent que les Pisans avaient forgées pour leurs prisonniers de guerre, Innocent III les étend sur toute l'Italie.

Peuples, bourgeois, nobles, Guelfes, Gibelins, poètes, jurisconsultes, prêtres, papes, s'entendaient ainsi dans une seule chose, l'idolâtrie du vieil empire romain (3). Cette renaissance de l'antiquité qui, pour tous les autres peuples ne devait être qu'un amusement d'imagination, une

(1) M. Galeotti a bien entrevu ce caractère fantastique de la politique italienne : « Una direzione quasi fantastica. » (P. 23 *della Sovranità.*)

(2) Consoletur ignominiam subjectionis dignitas imperii ac nobilitas imperantis. (Radevic. Frising.)

(3) Remarquez que les historiens modernes de l'Italie, faute d'avoir discerné clairement cette idolâtrie qui persiste dans les croyances politiques, ne peuvent rien expliquer de la confusion du moyen âge. Quand je lis chez ces auteurs, que le parti de l'Empereur obéissait à *l'esprit de justice*, à des *convictions vertueuses*, qu'il se soulevait parce que le *repos domestique des empereurs était troublé*, que leur *réputation* était souillée, que leur *malheur faisait impression*; j'avoue que dans ces traits généraux et vagues, je ne reconnais en rien les hommes avec lesquels je viens de vivre, et que j'ai vus, pendant plus de trois siècles, les armes à la main ; je suppose que ces flots de fer ont été soulevés par quelque chose de plus vif qu'une réflexion philanthropique.

fête littéraire, une occupation d'artistes est prise au sérieux de l'autre côté des Alpes. Au lieu d'un divertissement d'esprit, c'est une croyance, une foi politique. Née dans un tombeau, l'Italie moderne ne veut pas en sortir ; un peuple vivant périt pour s'obstiner à ressusciter un peuple mort.

Après l'élan sublime de la ligue lombarde, si l'on regarde ce que sont devenues les villes qui ont les premières prêté le serment, on voit qu'elles ont toutes aliéné à un maître absolu (1) cette liberté qu'elles viennent de conquérir. Milan s'est donnée en perpétuité aux la Torre, aux Visconti ; Vérone aux Scala ; Padoue, Brescia à Ezzelin ; Bologne aux Pépoli ; Modène, Ferrare, aux marquis d'Este ; Mantoue aux Gonzague ; Asti aux comtes de Savoie. Le jour de l'affranchissement touche (2) à celui de l'esclavage perpétuel. Comment cela est-il arrivé ?

Dans l'émancipation des républiques, la population d'origine lombarde s'était relevée la première. Elle voulut s'emparer seule des avantages de la révolution et peser (3) plus qu'elle n'avait jamais fait sur la population indigène. Le lendemain de ces révolutions, éclatent les entreprises

---

(1) Dominus perpetuus.

(2) Fuit autem ipse Galeas in civitate satis humilis per IV menses ; tandem dominium obtinuit. (*Manip. Flor.*)

(3) Durum dominium suorum.

de la noblesse (1) contre le peuple, qui jamais ne s'était trouvé ni si malheureux ni si humilié que depuis qu'il était affranchi. Dans cette fièvre d'orgueil, la noblesse italienne eut une pensée étrange ; elle essaya sincèrement la restauration du régime barbare ; elle rétablit la composition des lois des Lombards, et tenta de régir les Italiens du douzième siècle par les institutions du septième. Elle s'attribua de nouveau le droit de tuer les hommes des classes inférieures (2), en rachetant le meurtre par quelques sous d'argent. Pour se défendre contre cette restauration audacieuse de la barbarie, les villes se donnent un chef qu'elles nomment capitaine ou conservateur du peuple. Ce chef ne peut se soutenir contre la tyrannie de la noblesse affranchie ; pour obtenir la protection de l'Empereur, qui lui envoie une armée allemande, il rentre sous son vasselage, en sorte que la servitude renaît de la liberté même dans un cercle sans issue. Comme dans une marche précipitée, on ne peut distinguer les rayons dans la roue d'un char, ainsi dans la vie rapide de ces républiques, la liberté et l'esclavage s'engendrent mutuellement, et semblent se confondre.

Les Italiens avaient cru pouvoir fonder la liberté

____

(1) De divisione inter nobiles et populares. Ann. 909. (*Manipulus Florum.*)

(2) VII tertiolorum et Denariorum XII. — A Milan, le peuple supporta deux cents ans ce statut.

sans l'appuyer sur là nationalité ; et il se trouve
que l'édifice sans base croule à mesure qu'il s'élève.
Les générations passent sans pouvoir rien laisser ;
héroïsme, génie, gloire, tout s'engouffre d'un mouvement aveugle dans un vide que rien n'est capable de combler. On entend le cri de désespoir que
jettent les plus grands hommes, en voyant qu'ils
n'ont point de patrie ; les factions sont innombra-
bles, chacune des républiques s'agite et tourbil-
lonne dans un esprit différent ; mais la destinée est
commune ; sous cette civilisation éblouissante, est
partout le même abîme.

Une foule de torrents descendent du haut de la
montagne. Le sol manque, le rocher se déchire.
Les eaux rapides se précipitent et disparaissent
en une poussière brillante, sans jamais trouver un
lit, pour former un fleuve auquel elle puisse donner
son nom.

Le quatorzième siècle est encore rempli par cette
immense illusion du parti de l'Empire et du parti
de l'Église. La chimère qui tombe la première est
celle des Gibelins, César avait apparu depuis
quatre cents ans, et au lieu de l'antiquité renaissante, il n'avait apporté que misère et servitude.
Les villes qui l'avaient choisi pour leur seigneur
étaient toutes enchaînées ; elles ne laissaient plus
de place aux rêves du moyen âge. D'un autre côté,
la papauté n'avait pas donné davantage à ses fidèles

l'empire du monde. Ni le César allemand, ni le César du Vatican, ni la puissance spirituelle, ni la temporelle n'avaient ressuscité le saint empire païen. Il fallait forcément descendre de ces nuages ; la chute fut immense.

Du treizième au quinzième siècle, on croit avoir affaire à deux peuples différents. En voyant les républiques du moyen âge, occupées par la discussion solennelle du droit de souveraineté, on dirait d'un peuple qui recueille ses titres pour s'apprêter à régir légitimement l'univers. Au quinzième siècle, on a renoncé aux grandes destinées. Nul ne s'inquiète plus de savoir d'où vient cette chétive autorité qu'il exerce, si elle sort du ciel ou de la terre ; la question des principes est abandonnée. On ne parle plus de Guelfes ni de Gibelins ; tout s'abaisse, tout se creuse. Des hautes régions de l'impossible on choit brusquement sur la terre.

Avec l'illusion de la restauration de la monarchie universelle par les mains de l'Empereur, tombe l'autorité morale de la noblesse italienne. Son point d'appui manque, elle est vaincue. La société chevaleresque disparaît avec le songe chevaleresque du monde antique.

A sa place, sur cette terre dépouillée de prestiges, surgit la haute bourgeoisie (1) marchande,

---

(1) Nobili popolani. Come si creò e levò il nuovo e secondo popolo contro alla potentia de' nobili. (G. Villani, lib. VIII.)

dont les yeux se sont dessillés par la longue pratique du commerce et de l'industrie. Le premier instinct de ces classes enrichies est de s'octroyer ouvertement les privilèges de la féodalité abattue; par où l'on vit pour la première fois dans le monde le travail anobli : tout métier s'appelle art. La lutte s'établit aussitôt dans le grand parti vainqueur; le mot peuple, *popolo*, qui avait servi de ralliement pendant le moyen âge, se partage. Après avoir combattu sous la même bannière, on reconnaît qu'il reste, après la victoire, une division profonde, source d'une guerre nouvelle : la grosse bourgeoisie et la petite, les *popolani grassi* et le *popolo minuto*, le peuple *gras* et le peuple *maigre* (1), les grands arts et les petits, d'un côté, les juges, les notaires, les banquiers, les médecins, les merciers, les fourreurs, les drapiers ; de l'autre, les cardeurs, les laveurs, les teinturiers, les forgerons, les tailleurs de pierre, de bois. Les démêlés sur la hiérarchie des métiers remplissent les esprits qu'avait absorbés, un siècle auparavant, la question de l'autorité spirituelle ou temporelle.

Dans cette guerre de classes, le moyen principal

____

(1) 1257. Ptolomæi Lucensis breves annales. (*Rer. ital.*, t. XI.) — **Pars** populi ditioris et nobilioris ut mercatorum et aliorum *Pinguium* retinuit regimen consulum. (*Chronique de Milan.* Manipulus Florum.) — Caso o tumulto dè ciompi. (*Rer. ital.*, t. XVIII

de la haute bourgeoisie (1) et de dresser des listes
de proscriptions en masse contre les ouvriers. Ces
persécutions franches, hardies, réduisent pendant
quelque temps le peuple à l'extrémité. Les émigrés prolétaires imitent, au quinzième siècle, les
émigrés nobles du quatorzième. Ils vont chercher
l'étranger pour rentrer avec lui dans leur pays; et
le petit peuple (*popolo minuto*) ne montre pas, à cet
égard, plus de susceptibilité que la noblesse; toujours prêt à livrer la commune pour s'affranchir de
ses maîtres, comme ses maîtres étaient prêts à la livrer pour s'affranchir de la nécessité de la craindre.

Qu'il se trouve enfin dans ces républiques un
homme riche et magnifique; que cet homme se
fasse le prêteur de tous les métiers, il conquerra
pacifiquement l'État par ses lettres de change sur
Venise et sur Naples, comme César avait conquis
Rome par ses victoires sur les Gaules et sur la
Bretagne, ainsi finira le songe de la renaissance
de l'Empire, en inaugurant la puissance et le droit
divin de l'or. Côme de Médicis représente l'époque
héroïque de la féodalité financière; il se ruine pour
acheter le droit de gouverner. Ce que n'avaient pu
ni les exhortations de Dante ni les interventions de
l'Église, les petites lettres de change de Côme
l'accomplissent sans peine. Cette puissance spiri-

(1) Machiavel, *Ist. Fior.*, p. 160.

tuelle, invisible, s'insinue partout; elle désarme, elle réconcilie, elle assoupit; il n'y a plus ni Guelfes, ni Gibelins, ni blancs, ni noirs. Tous les partis s'évanouissent... En effet, je ne trouve plus de peuple, je ne saisis plus qu'une ombre.

A ce dernier moment, cette histoire s'explique, et les ténèbres deviennent plus claires que la lumière. Ces deux puissances, ces deux systèmes, l'empire et le sacerdoce, ces deux épées guelfes et gibelines, qui étaient restées levées sur le front du peuple italien pendant tout le moyen âge, se réunissent en une seule pour lui porter le dernier coup; car un point vivait encore, Florence, le cœur de la nation, si elle avait pu se sauver. Charles-Quint et Clément VII s'allient pour l'accabler de concert. Leurs deux armées s'unissent et consomment la défaite; le ciel et la terre s'entendent. Assiégée par l'Empereur et par le pape, poursuivie dans son dernier refuge par son César et par l'Église, l'Italie à cet instant, étouffée entre l'un et l'autre, est frappée des deux glaives, le temporel et le spirituel. C'était en 1530. Depuis ce moment, ce pays est muet et une nation manque au monde.

Ainsi, quand la guerre des classes commence et que la bourgeoisie et le peuple se disputent la patrie, ils se disputent ce qui n'existe plus. Dénationalisée par la papauté, asservie par l'Empire, vassale de son passé, esclave d'elle même, ombre

amoureuse d'une ombre, que restait-il à l'Italie?
Quand tout le monde réel lui manquait, il lui restait
un autre univers, l'Idéal; elle s'y précipita. Dépouillée de son sol, errante, de républiques en
républiques, d'illusions en illusions, sans pouvoir
se saisir nulle part, elle se bâtit sur les nues une
cité de lumière, de son, de couleurs, d'harmonie
qu'elle appelle l'art, que le Barbare ne peut renverser ni l'étranger envahir, qui, éternellement
invincible, surnage dans la ruine de tout le reste,
sans se laisser enchaîner jamais par aucun parti
ni limiter dans aucune circonscription municipale.
L'Art devient pour les Italiens cette patrie que leur
refusaient également le pape et l'Empereur.

CHAPITRE V

ÉDUCATION DES PEUPLES DU MIDI DE L'EUROPE
EN GÉNÉRAL

Principe de formation de leurs littératures. En quoi leur idéal diffère de l'idéal antique. Un paganisme chrétien. Rapports nouveaux de la religion et des arts. L'Église et le poète ne parlent plus la même langue. Conséquences sociales de ce divorce. Instincts particuliers de l'Italie et de l'Espagne. Du génie national dans ses origines populaires. Le midi de l'Europe dans la constitution du monde moderne.

Le passé se partage en trois sociétés principales, le monde oriental, le monde grec et romain, le monde chrétien; divisions fondées non pas seulement sur les différences des climats, des formes politiques, mais sur quelque chose de plus vivant, sur les croyances, les dogmes, une certaine conception de Dieu, de laquelle est dérivée chacune de ces trois civilisations en particulier.

Pourquoi en Orient, malgré la différence de l'Inde, de la Perse, de l'Égypte, ces sociétés ne forment-elles qu'une sorte de catholicisme païen dans lequel chaque peuple est une secte? C'est que pour chacune d'elles le dogme est plus ou moins semblable, que le dieu se confond avec la nature, qu'il est tout, absorbe tout, et, par une suite nécessaire, envahit tout; il en résulte que la poésie se confond avec la liturgie. Les poèmes font partie du culte; les épopées sont des révélations. Dans cette société il n'y a pas de littérature, à proprement parler; il y a une religion.

Au contraire, dans le monde grec et romain, l'homme venant à s'adorer lui-même; les rapports de la poésie et de la religion ont nécessairement changé. Le poète prend la place du prêtre; c'est lui qui fait les rites, qui compose les dogmes. Homère distribue les dieux comme il lui plaît. Toute fantaisie est sacrée, pourvu qu'elle soit belle. L'homme, se sentant de la même substance que son Dieu, n'a qu'à puiser sa révélation en lui-même; il fouille dans son propre cœur, il divinise chacune de ses pensées. C'est une émulation entre les écrivains, de savoir lequel fera entrer dans l'Olympe le plus de dynasties nouvelles; en sorte que dans cette société, la religion maîtrisée par l'art, n'est au fond que poésie, puisqu'elle est perpétuellement réformée, modifiée, altérée au gré de chaque artiste.

Il en est tout autrement dans la société chrétienne. Là l'homme et le Dieu sont profondément distincts; ils sont séparés de toute la distance du ciel et de la terre ; et cette distinction, qui apparait pour la première fois dans le monde, devient le principe de la révélation. Qu'est-il arrivé de là ? Que la pensée de Dieu et la pensée de l'homme ont été profondément distinguées, dans les institutions même, par la différence du pouvoir spirituel et du pouvoir temporel ; que la religion et la poésie, jusque-là confondues, se sont séparées ; que la voix de l'Église et la voix du monde se sont partagées ; que la poésie de l'autel et la poésie séculière n'ont eu presque plus rien de commun entre elles. Et quel signe plus éclatant de ce divorce que la différence même des langues ? L'Église et le poète ne parlent plus le même idiome. L'une conserve l'usage de la langue latine, l'autre se sert de langues nouvelles, modernes, vulgaires inconnues jusque-là. Ils ne s'entendent plus, ils ne se comprennent plus mutuellement. Depuis ce jour le poète a cessé d'exercer une influence efficace sur les religions positives. Dante n'a pas introduit une seule forme nouvelle dans le catholicisme ; malgré l'effort de toute sa vie, il n'a pu seulement faire canoniser sa muse Béatrix.

Voilà donc une chute évidente pour le poète. Qui en doute ? Ce n'est plus lui qui crée les dieux ; il a perdu le don de l'apothéose ; mais ce qu'il a perdu en autorité, il l'a regagné par la liberté. Sa pensée n'a plus la valeur d'une institution, elle n'a qu'une

force individuelle. Ce n'est pas une muse, c'est
une fantaisie. Mais aussi, comme ce n'est plus lui
qui fait les dogmes, il n'en a pas la responsabilité;
il peut tout se permettre; et, en effet, je le vois
pénétrer dans les abîmes où il lui était interdit
d'entrer, lorsqu'il était l'organe en quelque sorte
officiel et légal d'une religion nationale. Comparez
à cet égard la circonspection de Pindare, de So-
phocle, aux libertés de Dante ou de Shakspeare:
vous verrez d'une part un homme retenu par tous
les liens de l'organisation sociale dont il est l'expression, de l'autre un homme livré à lui seul, et
profitant de cet isolement pour parcourir et créer
à son gré le monde des esprits. Cette différence
entre le génie des littératures antiques et celui des
littératures modernes, fondée non pas seulement
sur une règle arbitraire, mais sur l'essence même
des religions, me semble, je l'avoue, la seule féconde.

Si je cherche d'abord de quels éléments s'est
formé le génie méridional, je trouve qu'il a jailli
du choc de trois principes fondamentaux, comme
de trois divinités rivales, le christianisme, le paganisme et l'islamisme; car il ne faut pas se per-
suader que le polythéisme a disparu le jour où la
croix a été arborée. Dans les contrées du Midi, la
nature est encore plus païenne que l'homme. Le
christianisme en sortant des nudités de Jérusalem

et du désert, a bien pu dépouiller l'homme de ses
croyances, de ses espérances passées ; il n'a pas si
facilement dépouillé la terre de ses séductions. Le
germe de l'idolâtrie est resté, quand le temple était
déjà abattu ; aussi, quelle a été la première tendance de la poésie chrétienne dans ces contrées,
sinon de refaire une sorte de paganisme chrétien ?
Dans les origines du monde moderne, ce ne sont
pas, comme dans les origines orientales, des hymnes
à la lumière visible, à l'aurore, à l'aube divinisée ;
ni, comme dans le berceau du monde grec, des
hymnes à Mercure, à Cybèle, mère de toutes
choses ; ce sont des cantiques d'adoration à la créature, à des idoles vivantes, à des femmes que les
poètes divinisent. Chacun cherche sur la terre une
Madone mortelle ; qu'elle s'appelle Laure ou Béatrix, ce n'est pas la faute du poète s'il ne relève
pour elle un Olympe aux pieds duquel les peuples
s'agenouillent. Chacun se recompose une idolâtrie
particulière ; vous sentez dans ces contrées, dans
ces races païennes, le paganisme d'Homère et de
Virgile renaître incessamment au fond du cœur de
Dante et de Pétrarque.

D'autre part, la lutte du christianisme et de l'islamisme, de ces deux religions presque du même
âge, qui toutes deux se disputent l'avenir, érige la
guerre en dogme. L'Europe fait la veillée des armes
en face de l'Asie. La guerre, cette première insti-

tution de la barbarie, devient une chose sainte, ou plutôt la barbarie devient chevalerie. Le christianisme bénit les armes pour la lutte qui remplira le moyen âge. Religion des batailles, religion de l'amour, renaissance prématurée d'un paganisme transformé, ce sont là les éléments principaux que je peux découvrir dans les origines du génie moderne en général, et du génie méridional en particulier.

Chaque littérature s'attache à une de ces sources d'inspirations, d'où dérivent sa physionomie et son caractère propre. La France ouvre la première l'histoire du génie moderne. C'est elle qui crée les rhythmes, les formes, qui délie la langue de l'Europe. Placée entre l'Espagne et l'Italie, elle rassemble ce double génie dans la poésie provençale. Ce chant matinal de la Provence a d'abord son écho en Italie ; et, comme dans toute littérature, il est un accent fondamental, un genre de poème qui donne le ton aux autres, psaume chez les Hébreux, ode, hymne chez les Grecs, de même l'originalité italienne semble sortir tout entière de la *canzone*, du chant des troubadours, du sonnet, de ces cantiques d'adoration pour une créature choisie comme médiatrice entre l'homme et Dieu. Tout le poème de Dante gravite vers Béatrix ; dans le génie mélodieux de l'Italie, depuis les premiers commencements jusqu'à nos jours, vous pouvez suivre une série non interrompue de ces cantiques terrestres qui forment un chœur continu duquel se détachent çà et là quelques voix immortelles. Si la poésie des Hébreux est l'écho de Jéhovah dans le désert, si la voix de l'Église est celle du Christ sur la croix, la poésie italienne, au moins dans ses origines populaires, est le chant de la Madone souriante à la droite de son Fils.

Je remarque cette différence entre le développement de la peinture et de la poésie en Italie, que, tandis que la première cherche constamment ses sujets, ses conceptions, ses idées, dans la religion, la seconde, depuis Dante, a déserté l'Église. Quand je vois les peintres, les sculpteurs, s'attacher ainsi exclusivement à reproduire dans ses moindres détails la vie du christianisme, je me demande pourquoi les poètes ont sitôt quitté cette voie, pourquoi ce n'est pas à l'ombre de la papauté plutôt qu'ailleurs qu'ont été composés un *Paradis perdu*, une *Messiade* italienne, au lieu d'un *Décaméron* ou d'un *Roland furieux*. Est-ce donc que Dante avait épuisé la poésie du dogme chrétien ? Non apparemment. La vérité est que le peintre, absorbé par la foi, était encore agenouillé devant le modèle sacré qu'il représentait, lorsque déjà le poète s'était relevé et cherchait ailleurs la vie et l'inspiration. Il redoutait les sujets sacrés dans lesquels sa fantaisie aurait été gênée par l'orthodoxie. Rassemblez par la pensée

tous les poèmes de l'Italie, et demandez-vous sincèrement si vous retrouvez là le sceau profond, l'empreinte d'un établissement aussi extraordinaire que
la papauté ; si toutes ces œuvres ont dû nécessairement être composées là, à l'ombre du Vatican, dic-
tées par un successeur de Grégoire VII. Évidem-
ment vous ne retrouverez rien de cette impression
dans un Boccace, un Arioste, un Pétrarque, même
dans le génie romanesque du Tasse. Comment des
imaginations aussi indépendantes, aussi libres,
aussi fantasques, ont-elles pu naître, grandir, là où
la pensée humaine ne marchait qu'en tremblant?

Et ne voyez-vous pas que cette contradiction
est la grandeur, l'originalité, de cette poésie? Il
est un pays sur la terre où l'esprit humain a fait
plus que nulle part ailleurs acte de dépendance, de
soumission absolue, où ce principe de servage est
marqué, gravé, sur toutes les murailles : et c'est
dans le même lieu que l'imagination se bâtit pour
elle seule un monde, un empire privé, dans lequel
elle peut tout, où elle ne rencontre jamais la barrière du monde réel, où le poëte crée, détruit, nie
ses propres miracles, au milieu de tous les genres
de liberté refusés au raisonnement. Dans quel
temps cela se passe-t-il? Dans le quatorzième,
dans le quinzième siècle, c'est-à-dire quand la philosophie se cherche encore dans les chaînes aujour-
d'hui si vantées de la scolastique. Dans la nuit du

moyen âge, la poésie italienne est véritablement l'étoile du matin, la première avant-courrière des innovations du génie moderne.

Mais où trouver, dans l'art, en Italie l'expression fidèle, exclusive de la papauté? Je viens de répondre à cette question. Cette expression fidèle, exclusive, rayonne dans la peinture, dans la sculpture, dans ces arts muets qui sont là, non pas seulement le commentaire, mais le complément nécessaire de la poésie. Cette épopée véritablement catholique, orthodoxe, à laquelle vous ne ramènerez jamais, quoi que vous fassiez, le génie trop indépendant, trop séculier de Dante, cette épopée soumise, mêlée d'encens, je la trouve écrite non pas sur le papier, mais sur les fresques, sur les murailles des églises de Florence, de Venise, d'Assise, de Rome et du Vatican. C'est là que, depuis la crèche de Bethléem et la prison de Saint-Pierre jusqu'aux splendeurs de Léon X, chaque moment, chaque époque, chaque type du christianisme et du sacerdoce sont représentés dans un monument particulier, comme dans un épisode ; et ce grand poème se déroule depuis les Alpes jusqu'à la mer de Sicile. Au-dessus de ces œuvres s'élève le Christ de Michel-Ange, en qui revit l'âme de Grégoire VII ; il jette l'anathème. Mais les vierges de Raphaël, image de l'Église suppliante, intercèdent ; elles apaisent la colère divine, elles ramènent le sourire dans le ciel ; c'est ainsi que s'achève le poème muet de la théocratie catholique.

A l'Italie, si je compare l'Espagne, et si je veux découvrir quel a été, dans l'origine, l'accent, le ton dominant du génie national, je trouve le chant populaire, la complainte héroïque, la romance féodale, poème d'un peuple gentilhomme. Dans la lutte de l'islamisme et du christianisme, chaque homme est devenu chevalier du Christ ; le serf s'est anobli sous la croix. Comme il a reçu une valeur dans l'État, et qu'il en a la conscience, il a aussi une poésie qui lui appartient et qu'il se chante à lui-même. Dans les rumeurs des villes, des campagnes, se forment ces ébauches incultes, germes de poésie qui seront plus tard le fond de la littérature espagnole. Plus un peuple, dans ses origines, crée de ces germes d'art, plus aussi sa littérature est naturellement riche : car c'est par l'épuisement des sujets que se marque l'épuisement du génie national. C'est aussi par cette cause que s'explique la fécondité d'un Lope de Vega, d'un Calderon. Ils n'avaient pas besoin de chercher au loin leurs sujets ; ils recueillaient de la bouche du peuple ces légendes harmonieuses auxquelles ils donnaient droit de bourgeoisie dans l'art. La littérature espagnole est un anoblissement perpétuel des inventions de la foule par l'autorité d'un poète cultivé. A quelque époque que ce soit, toujours vous entendez l'écho de ces chants populaires qui rappellent à l'Espagne son génie natif, et marquent aux imaginations savantes la voie frayée par la nature.

Ce n'est pas qu'il n'y ait en Espagne, comme dans le reste de l'Europe, une autre source d'inspirations. L'imitation de l'antiquité y pénétrera de bonne heure ; l'imitation de l'Italie y sera encore plus précoce ; l'école de Dante retentira en Castille dès le quinzième siècle. On imite Pindare, Horace ; mais ce qui me frappe comme le trait distinctif de ce génie, c'est la coexistence et la lutte de deux littératures, l'une tout indigène, l'autre classique et étrangère. Qui l'emportera de l'une ou de l'autre, de la romance du Cid ou de l'ode de Pindare ? C'est là ce qu'on se demande en lisant les premiers monuments de cette lutte. Enfin, on arrive au quinzième siècle : rien n'est encore décidé. L'Espagne aura-t-elle une littérature ? Les poètes de qui dépend l'honneur du pays sont nés : que vont-ils faire ?

Il faut voir dans quelles circonstances ces hommes se rencontrent. D'un côté, des traditions informes, mais indigènes, des chants pauvres, monotones, comme en invente le peuple, mais des chants qui rappellent des lieux, des choses, des noms aimés ; en un mot, le rocher brut, mais le

rocher de la patrie ; de l'autre, des littératures uni-
versellement admirées et triomphantes, la grecque
et la romaine dans tout l'essor de la renaissance,
c'est-à-dire d'un côté les acclamations du monde,
de l'autre, l'obscur écho de la Vieille-Castille ; c'est
entre ces choses qu'il faut choisir. Que pensez-vous
que feront les poètes espagnols ? Ils n'hésitent pas,
ils se décident sciemment ; avec un héroïsme tout
castillan, ils ferment les yeux à ces pompes, à ces
séductions de la renaissance. Ils rejettent tout l'or
de l'antiquité ; ils aiment mieux, avec la pauvreté
indigène, cette poésie de la glèbe, toute rustique,
tout abandonnée qu'elle peut être. Pendant que
le reste de l'Europe bat des mains à la résurrection du génie antique, Cervantès, Lope de Vega,
Calderon, rentrent seuls dans le chaos du moyen
âge pour y chercher, y ressaisir les vestiges du
vieux génie espagnol. Ils en ramènent un art nouveau qui ne doit rien à la Grèce, à Rome, à l'Italie, qui doit tout à lui-même. La poésie, comme
l'histoire de l'Espagne, naît ainsi d'un éclair d'héroïsme.

Comment d'ailleurs l'Espagne se serait-elle soumise au génie de l'antiquité ? Tout l'emportait hors
de l'enceinte de la vieille Europe ; d'abord la lutte,
puis la familiarité avec les Arabes, puis la découverte de l'Amérique, l'entraînaient loin du foyer
des autres peuples. Il semble même que ce mi-

racle de l'histoire, la découverte de l'Amérique,
eût dû changer plus violemment la constitution et
le génie de ce peuple, lui donner des formes plus
extraordinaires encore, du moins plus inconnues
de l'ancien monde. Quand vous entendez sur le
vaisseau de Christophe Colomb retentir ce grand
cri de : *Terre!* vous croyez que l'écho va retentir
bien profondément dans les cœurs. Vous cherchez
dans les esprits espagnols le reflet de cette nature
nouvellement révélée ; vous attendez, vous appelez
intérieurement le poëte, l'écrivain qui saura donner une voix, une parole à ce continent muet jusque-là. Mais ce poëte n'arrive pas; l'Espagne, ne
conquérant les Indes qu'à demi, ne leur prend que
leur or ; elle ne fait pas circuler dans sa poésie le
souffle, l'inspiration, l'âme de ces océans, de ces
forêts, de ces continents inviolés. Son passé l'ob-
sède trop pour qu'elle puisse sentir profondément
quelle merveille s'accomplit sous ses yeux. Les
souvenirs de la féodalité l'accompagnent au milieu
des forêts vierges. Les romances du Cid, les romances à demi africaines des infants de Lara, l'oc-
cupent encore en face de ce monde naissant, qu'elle
regarde des yeux du corps bien plus que des yeux
de l'esprit.

Sans développer plus au long le principe de formation des littératures méridionales, il est un trait
qui leur est commun à toutes, depuis la Grèce

moderne jusqu'au Portugal. Aucune d'elles n'a produit une philosophie indépendante qui n'ait été repoussée par le peuple ; l'instinct est tout chez elles, la réflexion n'y domine jamais. La patrie d'Arioste et de Cervantès s'est fait un scepticisme qui s'applique à la poésie, sans remonter jusqu'à la religion. La poésie discute la poésie ; c'est tout le sujet de don Quichotte. Un idéal succède à un autre idéal, mais sans jamais porter atteinte au monde réel. Au milieu des libertés effrénées de l'art, j'aperçois toujours un fruit défendu, une chose que personne ne met jamais sérieusement en délibération avec soi-même ; et cette question interdite, c'est le mystère de la société, de la croyance ou, pour mieux dire, de la vie. En sorte que ces littératures, si indépendantes dans leur objet, sont, d'autre part, aveuglément catholiques dans leur esprit.

En France, au contraire, la religion et la poésie, la croyance et la science se sont bientôt nettement divisées et niées. Seulement, après un siècle religieux, le dix-septième, est venu un siècle philosophique, le dix-huitième ; après Racine, Voltaire ; et l'on n'a pas vu, excepté dans Pascal, ces deux puissances, la croyance et le doute, se disputer la même époque, le même homme. C'est dans la Réforme, au cœur même des races germaniques, qu'a éclaté cette guerre intestine de l'âme avec

elle-même. Aussi le trait distinctif de la poésie du
Nord est précisément de représenter cette lutte
héroïque, ce combat intérieur de Luther, cette
longue insomnie de l'esprit qui ne peut ni se ren-
dormir dans la tradition, ni se suffire à lui-même :
angoisse religieuse véritablement prophétique jusque dans le blasphème. Le Nord et le Midi sont
là aux prises dans un même génie. L'âme humaine,
partagée divisée par le glaive de la Réforme, faisait entendre, il y a peu de temps encore, ses
cris dans la poésie de l'Angleterre et de l'Allemagne.

Tels ont été les rapports successifs de la religion
et de la poésie. Comment renaîtra l'accord perdu?
C'est à cela que chacun travaille à son insu ; je sais
qu'en ce moment le Nord triomphant imagine avoir
résolu la question parce qu'il a aboli un terme ; il
croit avoir vaincu pour jamais le Midi, être débar-
rassé de ces sociétés parce qu'il se persuade qu'elles
n'ont plus rien à accomplir, sans paraître se souvenir que l'homme qui menait hier le monde est sorti
d'Ajaccio. Est-il donc vrai, comme on me le répète
chaque jour, que je n'aie affaire ici qu'à des peuples
éteints? Est-il bien sûr que l'Espagne et l'Italie sont
mortes, et que nous ne pouvons reculer d'un pas
sans trouver derrière nous deux sépulcres ouverts?
Comme si les races humaines disparaissaient si facilement de la terre ! Parce que ces peuples, après

tant de prodiges accomplis pendant que les autres sommeillaient, reprennent aujourd'hui haleine à leur tour, il ne faut pas tant se presser de dire : *Tout est fini tout est perdu, ils ne se relèveront pas.* Au contraire, je dirai : S'ils sont las, ils se reposeront ; s'ils sont assis, ils se relèveront ; s'ils sont morts, ils ressusciteront ; car ils sont nécessaires à l'économie de la société moderne, où leur place est marquée par les débris mêmes du catholicisme.

Au lieu de tant se presser de les ensevelir vivants, la mission de l'esprit français est de servir de médiateur entre l'Europe du Midi et l'Europe du Nord, pour concilier l'une et l'autre, en comprenant l'une et l'autre. L'histoire, la vie, la poésie du monde moderne ne tendent point à la suppression de l'un des éléments du génie européen, mais à la réconciliation. Dans cette œuvre, la France n'a-t-elle pas tout reçu de la Providence pour clore le débat, rapprocher les membres de la famille divisée, réparer la tunique partagée du Christ ? n'est-elle pas du Nord et du Midi, de la langue d'oïl et de la langue d'oc ? Si l'on parle de tradition, qui en a une plus longue que la sienne ? si l'on parle d'innovation, qui s'y est plongée plus avant ? Par ses frontières ne touche-t-elle pas à la patrie, à la pensée de Dante, de Calderon, de Shakspeare, de Gœthe ? ne peut-elle pas, mieux que personne comprendre l'idéal des peuples qui l'entourent et s'élever ainsi à la pensée suprême qui doit les unir et les pacifier tous?

Cette situation est telle, qu'elle n'a d'autre danger que son excellence même. Oui, au sein de ce cosmopolitisme facile, nécessaire, auquel tout nous invite, je ne crains qu'une chose : c'est que l'humanité ne fasse oublier leur pays à quelques-uns d'entre nous, et que, pour quelques vertus nécessaires, mais aisées, nous ne perdions les plus difficiles.

Plus l'esprit, en s'élevant, admet aujourd'hui de formes, de choses, de systèmes, d'éléments étrangers; plus aussi je voudrais que le cœur, du moins, restât fidèle à notre pays, objet de tant d'espérances, assiégé en secret par tant d'inimitiés. Au milieu du spectacle de tant de climats qui s'appellent, qui se mêlent, au milieu de tant de monuments du génie étranger, qui nous enlèvent pour ainsi dire à nous-mêmes, à nos propres foyers, n'oubliez pas ce nom de France, cette terre souvent voilée, souvent contristée, toujours sacrée; et surtout, gardez-vous de penser que ce soit un signe de peu de philosophie, de vous attacher au drapeau sous lequel le ciel vous a fait naître. L'histoire des peuples est l'histoire de leur émulation vers Dieu, ce n'est pas celle de leur renoncement volontaire. Qui le sait mieux que la philosophie du Nord? En ce moment même, elle ne cesse de confirmer, de for-

tifier, de relever les nationalités et les espérances
croissantes du Nord.

Plus j'y réfléchis, plus je suis convaincu qu'il
n'est rien de vivant, rien de grand, dans les choses
et les œuvres humaines, où vous ne retrouviez ce
double caractère : le général et le particulier, la
tête et le cœur, l'humanité et la patrie. L'immense
Odyssée gravite autour de la petite Ithaque. Quoi
de plus colossal que le poème de Dante. Il traverse
le ciel et l'enfer ; et pourtant quoi de plus florentin ?
Où trouverez-vous un horizon plus vaste que dans
les *Lusiades* de Camoens ? vous flottez sur des
mers inconnues, et cependant quoi de plus portugais ? Vous retrouvez la Lisbonne chérie aux extrémités de la terre.

C'est là l'image de ce que nous avons à faire ;
d'une part, embrasser l'humanité, sans pourtant
nous perdre dans une vide abstraction : de l'autre,
nous rattacher de plus en plus à ce pays de France,
pour y puiser, y renouveler sans cesse en nous le
sentiment de la vie réelle, c'est-à-dire accroître,
augmenter l'une par l'autre ces deux patries, la
grande et la petite.

Pour cela, il ne suffit pas de nous renfermer
dans la contemplation de notre glorieux passé,
de regarder avec envie ou avec un regret stérile
les modèles du siècle de Louis XIV. Non, il faut
les regarder avec émulation et croire fermement

deux choses : l'une, que cette langue que vous parlez n'a pas produit toutes ses œuvres (sans quoi elle serait morte); l'autre que cette terre que vous foulez n'a pas produit tous ses miracles. En d'autres termes, il faut, dans les arts, dans les lettres, en toutes choses, travailler à penser, comme si tout était à faire et que rien ne nous fût acquis ni assuré dans l'héritage de nos pères ; car plus s'accroîtra en vérité, en justice, en beauté l'idéal de la France, plus aussi s'accroîtront sa fortune et ses destinées dans le monde réel.

Les peuples étrangers la regardent aujourd'hui avec étonnement, de la même manière qu'elle-même regardait le Nord il y a trois siècles, au milieu des fluctuations, des incertitudes des orages de la Réforme. Ils ne savent quel ferment, quelle fièvre la tourmente; ils passent tour à tour de l'admiration à la haine, de l'amour à la terreur, sans pouvoir se détacher de ce spectacle. Ils ne savent où elle va, si c'est au triomphe ou à l'abîme ; et, dans ces alternatives, il est plus d'un génie rival qui espère qu'au milieu de ces secousses, elle laissera tomber de son front la couronne de l'intelligence. Dans leurs âpres imaginations, je les ai souvent entendus dire que la France, liée à sa révolution, ressemble à Mazeppa emporté loin de toutes les routes frayées par le cheval que sa main ne peut régir. Plus d'un vautour le suit et convoite d'avance sa dépouille.... Cela est vrai peut-être ; seulement il fallait ajouter qu'au moment où tout semble perdu, c'est alors qu'il se relève au bruit des acclamations de ceux qui l'ont fait roi.

CHAPITRE VI.

RENAISSANCE SOCIALE PAR L'AMOUR.

Genèse du monde moderne. La Provence. Mission des troubadours ; médiateur entre les classes. Union de la châtelaine et du serf : mariage idéal
de la noblesse et du peuple ; commencement de la société laïque. Influence
de la femme sur la formation des langues vulgaires. Rapports de la Provence et de l'Italie. Principe de la société et de la famille au moyen âge.

Les langues antiques s'étaient usées par l'abus
même que l'homme avait fait de la parole ;
il faut qu'elles s'oublient et se perdent pour
se rajeunir. A ce point de vue, les premiers
siècles sont véritablement muets ; silence fécond
où les mots se réparent et se régénèrent dans
les larmes et la sueur du moyen âge. Pour que
les langues modernes fussent nées de la corruption du latin, il faudrait que la plante pût sortir
de la corruption du germe.

Les esclaves, les ouvriers, le petit peuple, les
paysans des provinces avaient leur idiome distinct

de celui des patriciens ; en s'émancipant, ils émancipent leurs dialectes qui deviennent le principe de la langue de Dante.

Au reste, même dans les siècles les plus muets du moyen âge, vous voyez, en Italie, s'élever, comme s'ils germaient de terre, des monuments éclatants qui tiennent lieu des œuvres de la parole. Dans le dixième et le onzième siècle, toute l'Italie se couvre sans bruit d'églises, de tours, de dômes, de *palais du peuple*. Plus la langue de ces temps est stérile, plus ces chroniques de pierre parlent haut ; peuplées de statues et de peintures, elles expriment ce que les lèvres ne pourraient encore dire. L'architecture de l'ogive et l'architecture à plein cintre se disputent le sol, à la suite du parti de l'empire et du parti du sacerdoce. Comme un enfant qui ne peut encore parler s'exprime par une foule de gestes, ainsi l'Italie moderne, déjà pleine de pensées et de factions, mais dont la langue n'est pas encore déliée, s'exprime en gestes de pierres par son architecture guelfe et gibeline.

Quel peuple a le premier, dans la race romane, émancipé la langue vulgaire ? Le premier accent qui marque dans le Midi le renouvellement de la vie sociale est celui de la Provence ; c'est elle qui retrouve et délie la parole humaine dans un discours suivi. Après le silence de la barbarie, ce n'est pas, au reste, une voix éclatante, solennelle, mais bien plutôt un accent timide. entrecoupé de longs intervalles, et qui s'essaye encore. Le miracle de la parole n'éclate pas, chez les modernes, avec la solennité d'un hymne, fait pour être répété par tout un peuple; c'est, au contraire, le monologue intime d'une âme avec elle-même, et qui se cache à toutes les autres. La société antique débute par l'accord d'une nation, la société moderne par l'accord de deux voix, par le mariage de l'homme et de la femme dans l'amour chevaleresque.

Monde des troubadours! réveil de la société laïque! Qu'est-ce que les traditions de ce monde de chevalerie qui partout marque les origines de la race romane? C'est l'Eden des temps modernes, la légende du jardin enchanté, où le couple chrétien, un nouvel Adam et une nouvelle Ève, au sein de l'amour, reconstituent entre eux une langue, une société, un monde. Partout un amant, une amante qui conversent dans le verger fleuri, près de la source des temps futurs ; rien de plus personnel que ce premier entretien de ces premiers parents du nouveau monde social. « Puisque les feuilles et les fleurs « renaissent, qu'avril fait reverdir les prés et les « vergers, que l'oiseau chante matin et soir sous « la broussaille épaisse, je jouis de l'oiseau, je jouis « de la fleur ; je sens mon cœur reverdir je veux « aussi chanter. » Après le chaos, voilà sur quel ton la parole humaine rentre dans le monde. De ce

orage de peuple, il ne reste que la goutte de rosée
que vient de secouer l'oiseau en avril dans la broussaille épaisse; premier matin de la génèse sociale
du monde moderne. La chute aussi ne tarde pas.
Après l'âge idéal de la chevalerie, les temps historiques s'abaissent, se traînent; le genre humain
est encore une fois chassé de l'Éden.

Je voudrais marquer d'une manière plus saisis-
sable encore le rôle de la Provence dans la renaissance sociale. Avez-vous entendu une savante
symphonie? Après que l'art a épuisé sa puissance
et qu'il a fait parler toutes ses voix, il arrive un
moment où cet édifice d'harmonie se brise; il ne
reste que quelques sons interrompus, et enfin le
silence. L'œuvre semble s'être détruite elle-même.
Puis au milieu de ce silence, de ce tombeau,
on croit entendre, on entend en effet un son, une
voix sereine, très faible, qui s'essaye et s'inter-
rompt. Après un moment d'intervalle, d'autres
voix lui répondent; elles grandissent, elles s'exal-
tent les unes par les autres, elles finissent par éclater toutes ensemble dans une harmonie plus am-
ple, plus riche que tout ce qui avait précédé. Cette
voix humble, mais sereine, qui sourit dans le désert, c'est le génie provençal. Dans le concert des
temps, il se ranime quand tout se tait. D'abord, ce
n'est qu'un souffle, un soupir de joie, d'espérance;
mais il dure assez pour éveiller la France, la Sicile,

l'Italie ; bientôt la voix de Dante se règle sur ce ton, puis celle de Pétrarque ; et l'éclat se fortifiant toujours, le chœur entier du génie moderne s'élève et se balance sur cette fragile base de la chanson provençale qu'un souffle semblait devoir dissiper.

Quand J.-J. Rousseau attribuait à l'amour le premier bégayement des langues païennes, il était romanesque, puisqu'il se trompait d'époque ; il eût été littéralement vrai, si au lieu de l'humanité en général, il eût parlé de l'humanité moderne.

Le trait distinctif des troubadours, c'est que presque tous sont des fils de serfs qui, par le hasard du génie, par l'élévation du cœur, se trouvent un moment dans une relation d'égalité factice avec l'aristocratie féodale. En entrant dans le manoir, l'enfant du peuple, le troubadour, cet homme qui est tout émotion, ingénuité, âme, poésie, passion, est d'abord ébloui par l'éclat de la dame qui est sa souveraine ; il ose à peine lever les yeux sur elle. D'où il résulte que par son origine même, l'amour des troubadours naît de rapports tout nouveaux et qui répugnent à l'antiquité, puisque c'est la femme qui devient l'être fort et l'homme qui est l'être faible. Les rapports des sexes sont changés : c'est la femme qui protège, c'est l'homme qui a besoin d'appui. Elle a de son côté l'autorité, le commandement, la pleine puissance ; il n'a pour lui que la timidité, la soumission du serf. Le troubadour se voue à une personne qui, des hauteurs sociales où elle est placée, le domine, l'accable de sa supériorité, et reste pour lui un idéal inaccessible (1).

C'est sur ce sentiment de l'impossible que se fonde la poésie de cet amour féodal, jusque-là inconnu dans le monde.

Premier mariage idéal entre l'aristocratie et le peuple. La condition de cette société établie entre la châtelaine et le serf, c'est le mystère : il faut que le poème, transparent pour celle à laquelle il s'adresse, soit indéchiffrable pour tous les autres. Souvent les parents, les habitants des châteaux voisins aident à cacher la vérité ; mais, si elle perce trop ouvertement, malheur au poète que sa langue a trahi. Il est tué dans la forêt voisine à coups de flèches ou de lances ; et la légende répète l'aventure du cœur de Guillaume Cabestaing, mangé par Marguerite de Roussillon. Quelquefois cependant, la fière châtelaine dont le nom est *écrit sur l'aile de chaque colombe*, veut être désignée ouvertement ; un double danger l'attire au lieu de l'éloigner.

Il est des temps d'absence pendant lesquels le poète erre de castel en castel ; l'hiver venu, il se retire

(1) Comment les érudits qui s'obstinent encore à chercher le principe de l'amour chevaleresque dans le génie des races du Nord, ne voient-ils pas que rien de semblable ne se retrouve dans les poèmes germaniques ?

dans sa bourgade, dans l'obscure maison paternelle, où il compose de nouveaux vers. Pour tromper l'absence, il les envoie par des messagers qui doivent non seulement les porter, mais les chanter en s'accompagnant du luth. Enfin le printemps arrive; le troubadour part, escorté de ses chanteurs; il revient avec l'hirondelle, et ramène le sourire, l'amour, l'inquiétude, le trouble dans le vieux donjon féodal. Point de château qui n'ait son poète; lui seul fait le lien vivant entre le cœur de la féodalité et le cœur des peuples; il apporte le mouvement, le changement dans les habitudes monotones des classes supérieures; il donne une expression à ces heures interminables qui occupaient sans les remplir les cœurs solitaires de chacune de ces familles retranchées sur leur roc; pensées muettes, inarticulées, qui assiégeaient le cœur des femmes, lorsque la rêverie était entretenue par le continuel spectacle de la nature déserte. Jeté dans cette vie à laquelle rien ne l'avait habitué, le troubadour était, plus qu'un autre, frappé, saisi par chaque objet; il devenait l'écho, la parole de tout cet ordre de société. Pour plaire à la châtelaine, il avoue qu'il veut lutter de mélodies avec les rossignols qui ne cessaient alors de réveiller les profondes forêts étendues, jusque sous la fenêtre féodale.

Ce n'était pas seulement un rêveur; il exprimait

l'ardeur d'action qui devait dévorer les hommes dans les murailles de leurs châteaux forts, car souvent il était guerrier. Il prenait les armes avec son châtelain, l'accompagnait, le servait dans ses aventures ; il jette le cri de guerre dans ses strophes rapides comme des flèches empennées. Placé au sommet de la société féodale, il en est aussi le prophète : il pressent, il annonce d'avance les guerres qui vont éclater, la paix, les traités, les ruptures de ban. Il apaise, plus souvent il provoque ; car la sentimentalité dont il est plein s'associe aisément chez lui aux passions sanglantes ; il porte la même exaltation dans l'amour et dans la haine ; et comme on a vu quelquefois, de nos temps, les hommes les plus sensibles verser le sang avec le plus de conscience et d'inflexibilité, de même le troubadour le plus tendre dans ses vers s'est montré le plus implacable dans les guerres religieuses.

Cet homme passionné, qui errait sans repos du servage à l'aristocratie et de l'aristocratie au peuple, servant de médiateur entre les conditions sociales, rapprochait par l'amour ce que tout le reste séparait ; il portait dans le château l'émotion naïve des peuples, et dans la cabane quelque chose des fêtes et de la sociabilité des hautes classes. C'est par lui que pénétrait dans le donjon un écho des passions, des désirs, des espérances de la foule muette. Quand l'Église prêcha les croisades, il fut le premier qui répéta le cri de la papauté ; ses messagers portèrent çà et là sa chanson contre les Sarrasins ; plus d'un seigneur qui fût resté sourd à la voix de l'Église n'osa résister à la voix du troubadour.

S'il arrive par hasard que le poète soit en même temps le châtelain, ces deux aristocraties de l'intelligence et de la naissance s'accroissant l'une par l'autre portent au comble la fierté de l'homme du moyen âge. Bertrand de Born est l'un des troubadours les mieux inspirés ; c'est en même temps l'un des barons les mieux fortifiés sur sa roche sauvage.

Aussi quels cris ! quelle impatience de combats ! C'est l'oiseau de proie qui d'avance aiguise son bec et ses ongles sur le pic de granit. Quelle chronique peindrait mieux que ses vers l'âme d'épervier d'un baron féodal, au moment où l'on vient de forcer son repaire ? Quel amour de la guerre pour la guerre seule, pour l'amour et le spectacle des étendards déployés, des chevaux çà et là navrés et renversés, des débris de lances et d'écus, des cervelles humaines éparses sur le gazon ! A ces rimes précipitées et sonores comme des coups d'épée sur une cotte de mailles, vous reconnaissez l'âme de colère de la féodalité encore intacte.

La société artificielle qui s'établissait entre les

troubadours, fils du peuple, et les classes féodales, n'était possible qu'autant qu'ils étaient jeunes ; trompés, exaltés par l'éclat de la jeunesse qui est elle-même une aristocratie, ils s'apprêtaient d'amers déboires pour l'âge mûr. Le prestige qui entourait leur personne disparaissait presque entièrement ; ils croyaient être entrés pour toujours dans un monde supérieur. On les avait acceptés à la condition qu'ils restassent toujours sereins, beaux, inspirés, et qu'ils amusassent leurs hôtes du spectacle de leur passion naïve. La vieillesse arrivée, ils redevenaient des étrangers. Que faire alors ? Rester comme un hôte incommode dans les lieux dont ils avaient été l'âme et la joie ? Cela était impossible. Rentrer dans la chaumière natale, au milieu des envieux, se perdre dans l'obscurité et les habitudes grossières de la bourgade du moyen âge, après avoir goûté dans sa fleur l'élégance hautaine des cours féodales ? Cela était plus impossible encore. Que faire donc ? Un seul asile s'ouvrait au troubadour, le monastère. C'est là qu'à la fin de sa vie il était conduit par la nécessité bien plus que par la foi. De ce moment, plus de chants, plus de vers, plus de rêves. Après les fêtes, les joutes de poésie, les longues journées d'enchantements, il restait un pauvre moine à demi mondain encore par le cœur, silencieux, étranger sous les arceaux du cloître ; c'était la saison d'hiver du rossignol.

Dans ce qui précède, nous avons surpris, à son origine, la formation d'une langue moderne, capable d'exprimer avec art les mouvements les plus impétueux de l'âme humaine ; la religion, les affaires, les gouvernements ne parlaient encore que la langue morte dans tous les actes publics ou privés. C'est l'amour qui a arraché à l'homme chrétien, et comme par surprise, le premier accent durable, et qui a émancipé le langage vulgaire ; car il ne suffisait pas à l'enfant du peuple d'exprimer sa passion pour la châtelaine ; il fallait en même temps montrer sa pensée et la voiler ; en sorte que la situation même des troubadours les contraignait d'atteindre, pour leur coup d'essai, à ce qu'il y a de plus intime et de plus subtil. L'obligation de se déclarer et de se cacher tout ensemble leur fit rencontrer des tours, des formes, des nuances, dans lesquels se révèlent dès l'origine les vrais artisans de la parole. De là ce mélange d'ingénuité et de sophismes, de grâces enfantines et de manières étudiées, de formes aristocratiques et populaires, cet art de parler et de se taire en même temps, ces tours pleins à la fois d'ombre et de lumière, ces aveux qui sont des réticences, cette innocence et cette science de diction, ces plis et ces replis de la parole qui marquent le premier débrouillement des langues vulgaires et que Dante a empruntés pour en former le tissu de son langage mystérieux et transparent tout ensemble.

L'esclave épris de la patricienne et qui le lui avoue en tremblant, la patricienne qui épouse au fond du cœur l'esclave dans des noces spirituelles, voilà ce que doit exprimer la parole encore brute du onzième et du douzième siècle. Après s'être assoupli en silence au fond du cœur, l'art finit non par éclater, mais par s'insinuer et murmurer sur des rimes qui tantôt symétriques, tantôt inégales, mais d'une étonnante variété, imitent le battement du cœur qui n'ose ni se cacher ni se montrer.

Telle est la première expression de la langue vulgaire chez les peuples chrétiens : le verbe nouveau est né d'une alliance toute nouvelle, du mariage idéal de la noblesse et du peuple dans un premier éclair d'amour que l'on a appelé chevaleresque, mais qui n'est rien en effet que l'inspiration sociale et le fond du christianisme.

Le commencement de la société moderne, c'est cette alliance de la châtelaine et de l'enfant du peuple sur les confins de la barbarie ; dans ce lien chimérique, dans ce moment d'extase qui rapproche des deux extrémités de l'humanité, et marie deux conditions que toute l'étendue des siècles avait tenues divisées, est vraiment renfermée la naissance civile du monde moderne. Émancipation réelle de l'esclave par l'amour de celle à laquelle il appartient, instinct avoué de fraternité sociale, égalité des âmes, tout est contenu dans ces épousailles invisibles de la noble dame et de l'humble serf. C'est un rêve, une vision sans corps; ils s'embrassent sur la nue. Mais la vision contient le lointain avenir.

Que signifie ce moment célébré par tant de voix? pourquoi cet accent unanime d'enthousiasme et d'allégresse dans les donjons et dans les cabanes ? Ce n'est pas seulement ici l'épithalame de deux amants vulgaires ; c'est le moment où le cœur des anciens patriciats et le cœur des peuples de la glèbe se rencontrent, se touchent, se fondent en un seul. La femme moderne est sortie de l'inertie païenne; elle a la première plongé ses regards sur l'abîme des classes déchues. A ce regard enivrant, sont tombées, comme par miracle, les barrières, les inégalités, les antipathies de race que le passé avait élevées ; de son côté, le serf, étonné de sa propre félicité, s'est élancé en idée vers sa souveraine qui est devenue la fiancée de son génie. La nouvelle alliance idéale vers laquelle ne cessera de graviter le monde civil est scellée au fond du cœur. Que les troubadours chantent donc sans repos et fassent taire les rossignols dans le verger féodal! que chaque manoir, chaque chaumière résonne du même écho pendant deux siècles ! C'est ici l'épithalame chrétien de la noblesse et du peuple.

De même que, dans l'antiquité, Lucrèce voit naître de la Vénus physique les royaumes du paganisme, de même je vois en ce moment les langues, les sociétés, les institutions modernes naître de ce premier sourire de la Vénus féodale et chrétienne.

La différence essentielle du latin et des langues romanes, c'est que le premier, dans son origine, est surtout un idiome de patriciens, et que les secondes, au contraire, sont formées du génie de toutes les classes. On dirait, de plus, que les langues antiques païennes n'ont été inventées que par les hommes ; elles sont nues comme la sculpture, jamais elles n'inondent d'assez de lumière l'objet qu'elles veulent représenter; la pensée surgit d'abord, comme une statue que vous pouvez contempler et embrasser de toutes parts, au lieu que dans le génie des langues vulgaires, la participation de la femme se fait aisément reconnaître ; la pensée ne paraît plus toute nue, la parole y sert à voiler la parole.

Si dans ces siècles effrénés vous eussiez trouvé au début un langage effréné comme eux, vous ne vous étonneriez pas ; mais tant de nuances qui se tempèrent l'une par l'autre, comme si toutes les conditions y avaient laissé leur empreinte, un dessin si fin, si délié au milieu de la barbarie, qui s'y serait attendu ? Muette auparavant dans le monde social de l'antiquité, la voix de la femme se fait entendre en même temps que celle de l'homme dans la composition et dans l'accord des langues vulgaires du monde moderne.

Le berceau de l'art est aussi le berceau de l'indépendance en matière religieuse. C'est dans le voisinage des troubadours qu'éclate le protestantisme avant-coureur des Albigeois. Qui sait si l'Église eut le pressentiment de ce que signifiait cette alliance secrète ? Ce qu'il y a de certain, elle enveloppa dans la même destruction l'art et l'hérésie des Provençaux. Les troubadours furent traités comme complices de la liberté, et ils l'étaient en effet. De ce moment, tout fut fini pour la Provence; cette société de précurseurs est livrée à l'épée dans une première Saint-Barthélemy féodale.

Ce qui avait été ébauché en Provence s'achève en Italie, par un autre détour ; la grande châtelaine, dont toute l'Italie est amoureuse, c'est la Madone. En fondant l'ordre des frères mineurs, saint François sentit le premier quelle force il pourrait puiser dans l'emploi de la langue vivante, substituée à la langue des morts. Comme il prêchait surtout la pauvreté, qu'il se dépouillait de l'autorité visible du sacerdoce, pour s'insinuer dans les cœurs par les voies les plus simples, c'était une conséquence nécessaire de se servir dans la liturgie d'un instrument aussi humble, aussi méprisé que l'idiome du peuple. Tandis que l'Église

triomphante s'obstinait à ne parler que le langage
des Césars, cette Église, ramenée à l'humilité première, se couvrait de la bure et du cilice de la
parole *vulgaire*. C'est sur le mètre des chansons
d'amour de Provence que saint François célèbre,
dans un enthousiasme presque délirant, les stigmates dont son âme et son corps sont frappés.

Étranges troubadours qu'un moine Buonagiunta,
un frère Jacopone, un frère Angelo, qui, la corde
aux reins et vêtus de cilice, vont de lieux en lieux
chantant la chevalerie céleste et les cruelles délices
de l'amour divin ! Ce sont des âmes qui, formées
au milieu du monde, en portent avec elles l'accent
et le trouble jusque dans le cloître ; le troubadour
repentant chante sous le cilice. Quand je lis les
vers brûlants de frère Jacopone, il me semble qu'il
donne une voix aux personnages macérés des
peintres toscans du moyen âge ; j'entends les
accents ascétiques de ces anges de douleur qui
entr'ouvrent leurs lèvres décolorées sur les fresques des églises du douzième siècle.

Le premier accent de l'Italie est un cri perçant de
repentance, comme une Madeleine qui se réveille-
rait de ses souillures, sur le pavé du Campo-Santo.

Lorsque le génie de la Provence est imité par
les laïques italiens, une vraie révolution éclate. Ce
n'est plus l'isolement inspirateur du donjon ou de
la chaumière, mais l'émulation de petites com-

munes retentissantes. La poésie n'est plus une profession, une vocation spéciale ; on n'y conforme plus sa vie. Le poëte est en même temps jurisconsulte, professeur, théologien, historien, peintre. Ne cherchez pas ici l'accent vif, ingénu des Provençaux. Tous ces jeunes docteurs italiens, si savants dans les choses de l'esprit, ne vont plus eux-mêmes de lieux en lieux, de castels en castels, porter et confirmer leurs poèmes ; ils s'adressent de villes en villes des questions, des problèmes, des correspondances abstraites. Les ballades de Cino de Pistoie, de Guido Cavalcanti, d'Honesto de Bologne, de Guittone d'Arezzo, ressemblent à des thèses. Ce qui les émeut, c'est plutôt l'amour du beau en soi que celui d'une femme en particulier. Vous diriez d'un peuple qui n'a point eu d'enfance et qui, en renaissant, disserte sur l'idéal.

Malgré moi, je sens dans ce berceau d'un monde nouveau l'odeur du sépulcre d'un vieux monde. Déjà le paganisme s'exhale de l'esprit de ces jeunes hommes ; en 1270, ils *s'agenouillent devant le dieu d'Amour, l'archer souverain.* La première aube de la renaissance est pleine de ces larves païennes. Au milieu de ce platonisme à la fois suranné et prématuré, je cherche, j'attends longtemps l'émotion de la vie réelle. Pour rencontrer un cœur d'homme qui batte, il faut aller jusqu'à Dante.

Si l'on demande quelle est la vraie différence

de la Provence et de l'Italie, je crois pouvoir la
dire. L'une faisait entrer dans la réalité et dans
les mœurs quelque chose de ses poèmes chevaleresques ; l'autre se contente d'imaginer et d'écrire
les siens ; elle ne met nullement en pratique ce
qu'elle chante dans ses vers. Les troubadours
vivaient d'une vie conforme à leurs paroles ; quelquefois ils mouraient de leurs extases. L'Italie
apprend la première, avec éclat, aux modernes ce
secret déjà entrevu, qu'il y a deux mondes, la
poésie et la vérité, et qu'ils n'ont rien de commun
entre eux ; qu'il est possible d'écrire des poèmes
sans en faire rien entrer dans ses actions ; que la
parole inspirée ne lie plus, n'oblige plus celui qui
la prononce ; qu'il n'est tenu d'y rien sacrifier ; qu'en
un mot, l'âme peut marcher dans un sens et le
corps dans un autre ; immense divorce que l'antiquité grecque ne connaissait pas, qui est le fond
de la barbarie du moyen âge, et d'où nous com-
mençons à peine à sortir.

Le prêtre avait commencé par dire que le christianisme catholique est trop divin pour se mêler
sur la terre aux relations et aux affaires humaines ;
le poète en ce moment ajoute la même chose de la
poésie et des arts ; le ciel s'éloigne de plus en plus
de la terre.

De cette conception barbare de la vie, sortait
l'idée que le moyen âge tout entier se faisait de la

famille et du mariage. Le fond des sentiments chevaleresques, c'est que l'amour est impossible dans
une union légitime. Tout étant divisé, il arrivait
que la femme faisait aussi deux parts d'elle-même.
Le mari possédait le corps ; le chevalier, le poète,
l'ami possédait l'âme, partage avoué, public, général, qui éteignait la jalousie même dans des cœurs
effrénés, tant ils étaient persuadés que le corps et
l'âme s'excluaient mutuellement, que quiconquo
possédait l'un devait renoncer à l'autre ; que le
ciel ne pouvait descendre sur la terre, la sainteté
dans la famille, la justice dans les lois, l'Évangile
dans les mœurs, l'amour dans le mariage ; que la
beauté morale ne pouvait entrer légitimement, et
sans adultère, dans le monde laïque.

De la famille ce divorce s'étend à la société politique ; et dans aucun pays la distance de la poésie
et de la vérité ne paraît plus grande qu'en Italie.
Les précurseurs de Dante viennent de célébrer en
commun un idéal d'amour ; vous croiriez que cet
enthousiasme pour la beauté servira de lien social,
et qu'il pénètrera dans les faits quelque chose de
cette harmonie des esprits. Tout au contraire, cet
hymne universel à l'amour est le préambule de la
guerre éternelle du moyen âge : pendant des siècles,
les Italiens enfouiront la charité, l'harmonie, dans
le marbre des statues, dans les fresques des peintures ; ils mettront la haine, la discorde, le chaos

dans leur vie et leur histoire. Ce premier divorce de l'idéal et du réel allant toujours croissant, je pressens que la beauté céleste portée au comble dans les imaginations au temps d'Arioste et de Raphaël, pourra se rencontrer avec la laideur infernale des institutions et des choses, au temps des Borgia.

Chez les Grecs, l'art (1) était surtout éducation politique et privée ; ils voulaient réaliser, dans leur histoire, les vers d'Homère, et la beauté de leurs statues, chez les modernes, et en particulier chez les Italiens, c'est une affaire convenue dès le commencement que la beauté idéale est un monde à part, qui n'engage personne à une imitation morale, et ne doit prétendre à aucune influence ici-bas. Dans les chroniques, l'origine de la plupart des guerres sociales est résumée comme une dispute de deux amants ; en sorte que l'amour qui, dans l'art, est le principe de l'harmonie, devient la source de la discorde dans le monde social.

(1) J'ai insisté sur ce sujet dans le *Génie des religions.*

CHAPITRE VII.

DANTE

I

Au milieu des docteurs qui imitent savamment,
en Italie, l'art passionné des Provençaux, s'élève
le jeune Dante Alighieri ; il a formé, dès ses premières années, une amitié étroite avec plusieurs de
ses frères en poésie, à peu près du même âge que
lui. Le souvenir de ces liens est conservé dans
quelques vers où brille l'auréole de l'adolescence.

« Guido, je voudrais que Lappo et toi nous fus-
« sions pris par enchantement et mis dans un vais-
« seau qui, par tous les vents, ne marcherait qu'à
« notre volonté, si bien que ni la fortune, ni la

« tempête, ne pussent nous contrarier, et que, ne
« nous quittant jamais, le désir de vivre ensemble
« s'accrût toujours en nous. Je voudrais encore
« que le bon enchanteur mît avec nous ta dame,
« puis Béatrix, et que là, parlant toujours d'amour,
« chacune d'elles fût aussi contente que je crois
« nous le serions nous-mêmes. »

Voilà le songe de l'adolescent ; quelle a été la
réalité ? Dante naît à Florence, et c'était en effet
un berceau bien préparé pour le créateur de la
poésie moderne. A Rome, l'Église était trop domi-
nante. Comment la langue vulgaire se serait-elle
émancipée là où la langue latine régnait partout
dans le gouvernement et dans l'État ? Venise est la
ville du silence ; elle n'a point d'écho pour la parole
de la foule. C'est Florence, le pays de la démocratie, qui devait d'abord émanciper et couronner la
langue du peuple. Formée au milieu des luttes de
la place publique, elle pourra exprimer, dès l'origine, tous les intérêts, toutes les passions du monde
social. Et c'est par là qu'elle se distinguera, en
naissant, de la langue provençale, qui, nourrie de
sentiments et d'inspirations solitaires, restait encore
impropre aux conceptions épiques.

C'est d'ailleurs à Florence que s'accomplit la
première révolution qui, par les arts du dessin,
affranchit de l'ancienne terreur l'imagination humaine. L'homme du moyen âge, plein d'épouvante,

s'avançait dans les voies de la macération sans oser se détourner pour contempler face à face la nature sensuelle et maudite. Soudain il rencontre en Toscane des débris de statues païennes. Malgré lui, cette beauté nue l'étonne et le ravit ; il attache sans peur ses regards ascétiques sur les veines des marbres païens ; l'art le ramène au sentiment et à l'amour de la nature. De ce premier rayon de la beauté physique, au sein de l'Église immaculée du treizième siècle, naissent, chez les peintres toscans, des figures nouvelles qui commencent à poindre, à rayonner dans les fresques, sur la muraille encore blanche, ombres de l'avenir impatientes de la vie.

Au milieu de cette renaissance de l'âme grecque, dans un tombeau chrétien, Dante a visiblement influé sur les peintres ; mais qui pourrait dire jusqu'où s'est étendue réciproquement l'influence des peintres sur le poète ? Dans un endroit de la *Vita nuova*, on le voit copier (1) un ange et plongé dans une si profonde contemplation que des étrangers qui surviennent ne réussissent pas à l'en arracher. Combien de fois pareille chose n'est-elle pas arrivée ! et que de traits, que de vie, que de réalité, ses yeux n'ont-ils pas dérobés ainsi à la peinture

(1) C'est ainsi que, de nos jours, Gœthe, avant d'entreprendre son *Iphigénie*, dessine pendant une année à Rome les antiques les plus purs.

pour les reporter dans sa poésie! C'est sa puissance
que de donner aux visions les marques de la réalité
la plus palpable. Mais de ces légions d'anges qui
traversent les cieux de son poème, combien n'en
avait-il pas vu réellement flottants sur les murailles
peintes par son ami Giotto? Il prête une voix à ces
figures; il détache des murailles ces spectres de
l'art; il s'en fait son cortège. J'entends sur sa tête
le bruit de leurs ailes de pourpre.

Ce ne sont encore là que des visions couronnées
d'auréoles. Qui a donné à ces ombres la vie réelle?
qui a été l'âme de cette âme? Une jeune fille, sans
peut-être rien savoir du miracle accompli près
d'elle, Béatrix, se confond dans l'esprit de Dante
avec l'origine de sa propre pensée. Il la rencontre
à l'âge de neuf ans dans une fête d'enfants; et de
ce moment date pour lui la *vie nouvelle* dans
l'amour, la *Vita nuova*, la renaissance qui doit
s'étendre par lui à l'Italie et au monde. Il marque
l'état du ciel et de la terre à chacun des jours où lui
apparaît Béatrix.

Si elle eût vécu, peut-être se serait-il arrêté
dans le cercle heureux des poètes qui l'entou-
raient; le véritable enseignement lui eût manqué.
Mais Béatrix meurt dans sa première jeunesse, et
de ce moment le jeune Dante entre avec elle dans
la mort. La terre s'ouvre, il descend dans les
mystères. Pâle habitant de la cité invisible, son

cœur est désormais avec ceux qui ne sont plus. Soudainement agrandie et transformée par la mort chrétienne, Béatrix devient pour Dante un personnage de légende, l'idéal de la beauté, de la sagesse, de la philosophie, de la théologie. Nouvelle apothéose! vous voyez l'âme d'une jeune fille se relever sans son corps, se dilater jusqu'à toucher du front la voûte infinie des cieux. Ce que veut désormais Dante, c'est de suivre pas à pas cet esprit dans sa gloire. Pour cela, il faut commencer le pèlerinage de l'abîme, suivre Béatrix dans les entrailles de la mort, épouser le sépulcre; tel est le vrai commencement de la vie nouvelle. Le point de départ de l'Homère chrétien devait être une tombe.

Pour retracer au vif l'éternelle douleur, il faut encore que le jeune visionnaire soit mêlé à ce qu'il y a de plus poignant dans les luttes civiles; le cri discordant qui part du sein des villes d'Italie l'arrachera à ses rêves. Guelfes et Gibelins, plébéiens et praticiens, papistes et impériaux, blancs et noirs, voilà la mêlée dans laquelle se réveille cette âme à demi délirante, sur le tombeau de la fille de Portinari. Entre ces bannières laquelle choisir? Malgré des alliances contraires, Dante est d'abord papiste et plébéien, et il est inscrit en cette qualité dans les archives de Florence. Poète florentin, *poeta fiorentino*, c'est son premier droit politique. Dans une

expédition contre les Gibelins d'Arezzo, il combat
au premier rang de la cavalerie, à la bataille de
Campaldino, journée mêlée, comme il le dit, de
terreur et d'allégresse. Il rencontre pour la première fois, sous les bannières sanglantes, plusieurs
des personnages qui doivent figurer dans son
poème. Sept ou huit années se passent, pendant
lesquelles on retrouve Dante ambassadeur de la
commune de Florence, à Sienne, Pérouse, Venise,
Naples. Cet ambassadeur suit, en même temps, des
leçons de philosophie et de théologie ; il voit d'une
manière officielle les choses et les hommes ; celui qui
vient de porter l'idéal jusqu'à la vision est désormais
associé à toutes les grandes affaires de son temps ;
avant de le maudire il apprend à le connaître.

L'époque où son poème se fonde intérieurement
dans sa pensée est aussi celle (1) où s'élèvent les
monuments d'architecture qui marquent le mieux
le génie de Florence, les cathédrales de Sainte-
Marie, de Santa-Croce, le campanile de Giotto, le
palais du peuple. Ces monuments mêlés du génie
gothique et d'un rayon prématuré et charmant de
la renaissance (2) grandissent en silence et se char-
gent de sculptures, en même temps que l'architecture du poème se dessine et se marque de plus
en plus dans l'esprit du poète.

(1) Giov. Villani.
(2) V. *Allemagne et Italie.*

N'oubliez pas cette invasion de pèlerins, ce jubilé de l'an 1300, qui amena plus de deux millions d'étrangers autour des monuments de la Rome chrétienne. Villani raconte, qu'à la vue de cette foule innombrable agenouillée sur les ruines, la pensée lui vint d'écrire l'histoire. Si ce fut là son impression, quelle dut être celle de Dante, et combien n'a-t-elle pas achevé d'exalter en lui l'idée du pèlerinage de son esprit dans l'immortelle cité ! Après que la foule s'est dissipée, je suis des yeux ces deux hommes qui entreprennent, l'un le pèlerinage du temps, l'autre le pèlerinage de l'éternité.

Tout s'ordonne ainsi peu à peu autour de Dante, pour préparer son œuvre. Mais voici le moment de crise qui achève l'éducation du poète : pour que la poésie fût une magistrature politique, il fallait que l'on pût y reconnaître l'accent et comme l'habitude du commandement. L'année même du jubilé, Dante, à la tête de la république, est l'un des cinq prieurs de Florence; il dirige cette société orageuse. Plus tard, quand il fera l'office du *gonfalonier* de justice envers l'Italie et le monde, ses cris, ses menaces, ses arrêts retomberont avec la force d'une autorité réelle.

On sait comment finit ce règne rapide. Dante était en ambassade auprès de Boniface VIII; pendant son absence, Charles de Valois, dont il avait toujours repoussé l'intervention, entre en armes

dans Florence, aidé de la complicité et des ruses
du pape. Dante est exilé avec ceux de son parti ;
la condamnation, rendue le 29 janvier 1302, est
confirmée deux mois après. Il ne peut rentrer dans
la ville de Béatrix sous peine d'être brûlé jusqu'à
ce que *mort s'ensuive*. C'est à Rome qu'il reçoit
cette nouvelle.

Il est exilé, et par qui? Par le même Boniface VIII,
qui la veille, le jour même, le flattait, le caressait,
le vendait ; par le pape, qu'il a jusqu'à ce jour défendu au point de vue politique comme au point de
vue religieux ; par cette autorité ecclésiastique
qu'il voulait faire dominer dans toute l'Italie ; lui
Guelfe, c'est le génie guelfe qui l'exile de la tombe
de Béatrix, où il avait enfermé l'univers. Quelle
révolte ! quel vertige d'indignation et de douleur !

Dante a raconté comment la vue du paradis lui
a été révélée par l'amour. Quant au règne de l'enfer, c'est à cette heure qu'il le touche en réalité.
Trompé par l'Église, par l'immaculée, il a senti
en ce moment le supplice des damnés. En quelque
lieu que la nouvelle lui ait été apportée, il a vu
véritablement dans un tourbillon de colère la terre
s'ouvrir sous ses pieds, et les cercles maudits s'é-
tendre d'abîme en abîme, peuplés de ceux qui l'ont
livré. Déjà les femmes de Vérone eussent pu dire
en le voyant passer : Voilà celui qui revient de
l'enfer. Ce jour-là, le poème de la haine s'est creusé

dans son cœur, comme le poème du paradis et de l'amour était né dans cette heure où il avait entendu avec Béatrix et son amie Primevère le *Salve regina* sur le perron d'une église de Florence. Dante et la papauté, le poète et le prêtre, se brouillent pour ne se réconcilier jamais.

L'enseignement de l'exil se joint ainsi à l'enseignement de la mort. Supposez que Dante fût resté paisiblement à Florence, peut-être son poème eût été exclusivement florentin. Mais depuis la nouvelle de son bannissement, la révolution s'achève dans son esprit; d'abord il espère rentrer à Florence par la pacification des partis, ensuite de vive force : il s'associe à une tentative armée pour s'emparer de la ville par surprise. Toutes ses espérances tombées, il ne reste qu'à se faire le tempérament de l'exil; puisque sa patrie le rejette, il devient, par la nécessité même, citoyen de l'Italie et du monde. En le mettant hors la loi de son temps, la commune étroite du moyen âge le jette de vive force dans la cité éternelle du genre humain. L'originalité de ce premier cosmopolitisme, c'est que la passion pour Florence persiste au milieu de tous les ressentiments du proscrit, il ne va jamais jusqu'à lui sacrifier un autre coin de la terre. C'est du haut de la cité spirituelle, au bord du fleuve de l'éternité, qu'il prend en pitié la ville et les tours bâties sur le bord de l'Arno. Haine encore remplie d'amour ! il ne dit adieu à Florence que pour saluer une Florence éternelle dans le monde invisible.

De quel instrument se servira-t-il pour exercer sa vengeance? Ce ne sera pas seulement de l'idiome florentin, mais d'une langue qu'il veut se former de la comparaison et du mélange de tous les dialectes particuliers. Le premier progrès qu'il doit à l'exil est l'idée de chercher *la parole* de l'Italie. Terrible nécessité où le poète se trouve, en Italie, de se forger lui-même artificiellement une langue que personne ne parle ! Je crains, dès le début, ce mystère d'un peuple qui ne peut s'accorder pour produire une langue nationale.

Dans ce pèlerinage imposé par l'exil, Dante recueille les légendes tragiques dont sa route est semée. Les meurtres, les guerres civiles, les empoisonnements, abrègent les vies qu'il doit juger; et il n'a pas besoin que les personnages appartiennent à l'histoire pour qu'ils puissent figurer dans son poème. Ils sont d'assez noble condition s'ils ne sont plus; car la mort, au moyen âge, en appelant chaque homme à une éternité de douleur ou de joie, fait de chaque individu un héros de l'enfer ou du ciel. Dante se trouve au chevet de chacun de ses contemporains; c'est lui qui emporte cette âme là où il lui plaît.

Depuis le renouvellement du monde par le christianisme, il y a deux livres qui reposent sur la pensée du jugement dernier, le *Coran* et la *Comédie divine*. Dans le premier éclate le sentiment de l'approche du dernier jour, avec sa réalité la plus menaçante ; dans le second, la terreur est passée, l'heure formidable de l'an 1000, où devaient retentir les trompes des archanges, s'est écoulée sans bruit. Trois autres siècles sont venus et le signal n'a pas été donné. Le passage où devait s'arrêter l'humanité est franchi ; déjà elle ose retourner la tête en arrière. Ce n'est plus un prophète qui avertit les générations de se préparer à la dernière heure, c'est un poète qui se rassasie à loisir d'un spectacle imaginaire. Dans le *Coran*, une foule confuse est chassée par un vent de colère vers l'affreuse vallée ; dans la *Comédie divine*, c'est un ordre méthodique où tout respire la réflexion et l'art. De ses grincements de dents, l'homme commence à se faire une sorte d'amusement d'esprit. Trois siècles auparavant, quand le monde était dans l'attente du jour de colère, personne n'eût osé l'affronter en imagination, se substituer au juge souverain, anticiper sur la malédiction ou la bénédiction des anges, en disposant à son gré du ciel et de l'enfer. Considérez la plupart des innovations qui ont suivi, vous ne trouverez rien qui fasse mieux pressentir une révolution universelle que l'audace de ce Florentin, qui, impatient de ne pas voir sortir les morts de leurs tombes, saisit lui-

même la trompe de l'ange Gabriel, et appelle, par
leurs noms, les vivants et les morts, en les distri-
buant à la gauche ou à la droite. La conscience
humaine qui s'assied à la place de Dieu sur le
trône des jugements, dans la vallée de Josaphat,
n'est-ce pas la révolte qui annonce et renferme
toutes les autres?

En cherchant l'explication de la *Comédie divine*
dans la conscience même de l'Italie, je crois apercevoir ici plus distinctement le principe indigène
de l'inspiration de Dante, et il me semble que ce
principe a échappé aux commentateurs.

Si l'idée du dernier jour de la nature et de l'humanité devait, en effet, être quelque part le fond
d'un poème national et populaire, ce devait être
en Italie; car nulle part, sur la terre, l'homme n'a
été plus constamment frappé, obsédé du sentiment
de la décrépitude de l'univers. Au fond des âmes
italiennes, ce que je découvre de plus intime, de
plus permanent, de plus vivant, est la conscience
d'un monde qui se meurt. Je pourrais dire que
c'est le cri même des choses, puisqu'il ne cesse
d'éclater aux époques les plus éloignées. Chez les
anciens, les Étrusques fêtaient d'avance la mort
des dieux et la consommation des temps, dans une
Josaphat païenne. Dans les temps chrétiens, l'Italie
est comme enveloppée d'un pressentiment continu
de mort universelle. Lorsque tout le reste de l'Eu-

rope a oublié l'époque formidable de l'an 1000, l'Italie seule ne se rassure pas; les plus nobles génies de la Toscane, de la Romagne, de la Calabre, continuent de siècle en siècle, d'heure en heure, d'ajourner l'humanité au prochain jour du jugement. La secte des Millénaires gagne le cœur du pays. C'est la croyance des principaux saints; c'est aussi celle de Christophe Colomb (1), qui donnait à peine cent cinquante années de durée à l'univers, et se hâtait de hisser la voile avant que l'abîme n'engloutît les deux rivages. Cardan et les philosophes de la Renaissance, sont, à leur tour, en proie à cette pensée de la décrépitude des choses. Le dix-septième siècle arrive, et Campanella (2) annonce, en 1600, que le cataclysme qui doit changer la face de la nature et de l'homme ne peut tarder au delà de quelques semaines.

La faiblesse, l'ébranlement de la patrie entretenaient constamment l'idée de la dernière heure du monde social; il y avait une sorte de manque d'être que l'on sentait autour de soi en toutes choses. Comme si du fond même de l'Italie sortait la plainte éternelle d'un monde qui se meurt, c'est cette pensée funèbre qui inspire à Joachim de Flore ses prophéties; à saint François d'Assise, l'invention de son ordre; à Dante, la *Comédie divine*; à Chris-

______

(1) Lettres de Christophe Colomb.
(2) Signa intereuntis mundi.

tophe Colomb, la vision de l'Amérique ; à Michel-
Ange, son tableau ; à Savonarole, sa politique ; à
Campanella, son utopie.

II

Rien ne serait plus aisé que de taxer Dante d'impiété au point de vue catholique. Quelles innovations
et souvent quels renversements de toutes les idées !
Ne regardez que les détails, vous vous étonnerez
qu'il ait échappé au bûcher. Quoi ! il se trouve un
homme qui, de sa propre autorité, damne les chefs
de l'Église, les successeurs infaillibles de saint
Pierre, les vicaires de Dieu ! il invente pour eux
des supplices effroyables. La mémoire d'Anastase,
de Boniface, de Clément V, de cette foule d'évêques,
d'archevêques révérés qu'il plonge au fond de l'enfer, sans même attendre leur mort, crie contre lui !
En même temps qu'il jette les saints dans la four-
naise, il place des païens, Stace, Rifée sur le trône
du paradis. Et quel moment choisi pour tant d'audace ? C'est le temps, si critique pour l'Église, où
éclatait de toutes parts un protestantisme prématuré, quand les Luthers et les Calvins du moyen
âge s'élançaient avec une confiance absolue au renversement de la papauté : en France, les Vaudois,
les Albigeois ; au Nord, les Beghards ; en Italie,
les disciples de Dulcinus ; toutes ces sectes annon-

çaient, au même moment, un Évangile nouveau. C'étaient des lettres prophétiques, de nouvelles apocalypses. On attaquait d'autant plus ouvertement l'Église, que l'on n'avait pas encore mis sa durée à l'épreuve, et que l'on s'attendait à la voir tomber au premier choc. Au milieu de ce ferment de rénovation religieuse se compose en secret la *Comédie divine*; tant il est vrai que les grands monuments de l'art appartiennent non pas aux époques de crédulité aveugle, mais au temps où la liberté de l'esprit commence à pénétrer dans le sanctuaire et dans le dogme.

Malgré ces alliances avec l'hérésie, la *Comédie divine* échappe aux bûchers du moyen âge, et la mémoire de son auteur est honorée par le clergé lui-même. Son portrait est suspendu dans les cathédrales, son poème commenté en face de l'autel. La cour de Rome a beaucoup pardonné à Dante, par ce respect des arts naturel aux Italiens; au contraire, l'Église espagnole, qui n'était pas sous l'enchantement de la langue du poète, a livré la *Comédie divine* à l'inquisition.

On peut se représenter un poème qui, sans avoir admis l'influence de l'art païen, ne connaîtrait que le génie de l'Église et s'y soumettrait sans réserve. Si, de plus, cette œuvre avait été écrite à la lueur des bûchers, nul doute qu'elle ne représentât avec plus de fidélité que celle de Dante l'inspiration propre du catholicisme au moyen âge. Mais où trouver un monument de ce genre? De l'autre côté des Pyrénées. Les *Autos sacramentales* de Calderon sont la *Comédie divine* de l'Espagne (1).

L'auteur les a dédiés au Christ, et le titre seul de ces pièces en marque le caractère : c'est la *première fleur du Carmel*, la *Babylone mystique*, le *jubilé*, les *mystères de la messe*, représentés et personnifiés sur la scène. Il est difficile, au reste, de se figurer le caractère abstrait de ces drames rêvés dans la solitude des cloîtres. La scène s'ouvre par un dialogue entre la Foi et le Doute; un bandeau sur les yeux, la Foi arrive en s'appuyant sur un bâton qui a la forme d'une croix; le Doute a le costume d'une femme. Ces acteurs sont bientôt suivis d'autres personnages : le Culte, vieillard vénérable qui s'appuie sur la houlette du bon berger; l'Église, en pleurs, accoudée sur un autel; la Pensée, vêtue de couleurs bigarrées; l'Espérance, avec une ancre; la Charité avec une couronne d'épis; la Miséricorde, avec une branche d'olivier. Par une porte, entre la Synagogue, coiffée de la mitre; par une autre, le Paganisme, sous un manteau doré; l'Athéisme, couvert de peaux de bêtes sauvages. D'autres fois, un empire, le Peuple romain disserte sur les dieux avec le Peuple hébreu; ou encore,

(1) Voyez les *Vacances en Espagne.*

ce sont les quatre parties du monde qui se disputent la domination religieuse ; et toutes s'agenouillent devant le mont sacré dont le faîte porte la papauté.

Imaginez encore le drame des Cinq Sens qui, après une lutte de paroles, au milieu d'un chœur de danses, au son de la musique, se soumettent à l'Esprit. A travers ces abstractions surgissent des individus réels, qui de tous les points se réunissent sur la scène de l'Éternité. Moïse, David, saint Benoît, saint Bernard, conversent avec la Loi naturelle, avec la Loi de grâce ou le Judaïsme. On voit passer dans l'air des anges qui vont promulguer au son des trompettes la Loi de rédemption. Figurez-vous, de plus, que cette scène soit éclairée par un soleil mystique, que le prodige y soit l'ordre régulier ; que, par l'hostie qui jette ses rayons sur le monde, la nature soit en proie à un miracle permanent ; que ce tremblement qui a saisi la terre au moment de la Passion n'ait point de terme ; que les nuées soient faites de pourpre et de nacre ; que des fleuves brûlants arrosent sur leurs rivages des fleurs de feu ; que dans ce monde ainsi constamment ému, troublé par le prodige, les personnages abstraits s'agitent, et que les fils s'embrouillent comme dans une pièce de cape et d'épée ; qu'à la fin de tous ces jeux de scène qui représentent les coups d'État de la Providence, le dénoûment mys-

tique soit presque toujours le triomphe de l'hostie
ou du crucifix sur un Oreb spirituel; n'ai-je pas
raison de dire que ce théâtre extraordinaire méri-
terait, plus encore que le poème de Dante, le titre
de *Comédie divine?* Car, si l'homme y paraît pour
quelque chose, c'est l'homme abstrait, le genre
humain qui chemine dans la route du bien et du
mal; il interroge son compagnon, le libre arbitre,
à chaque endroit où la route se partage; à la fin,
il se heurte contre des ronces et tombe dans le sépulcre.

Pour dénouer la tragédie, les anges familiers de
l'inquisition céleste traînent les hérésies, l'idolâtrie, la synagogue devant le tribunal de la Foi et
le suprême bûcher érigé dans l'éternité. L'Hé-
braïsme est condamné, comme relaps à l'autodafé,
à la confiscation générale de son empire. Mais
le Paganisme se repent; il reçoit la vigne et l'héritage confisqué du Judaïsme. Au reste, nul souvenir de l'Espagne politique, nulle préoccupation
du monde réel. La religion absorbe tout dans ces
drames, dont les moindres scènes cachent une
histoire allégorique de l'Église. Que, de plus, le
langage soit tantôt celui de l'extase, tantôt celui
de la scolastique; que les ténèbres monacales se
mêlent à l'éclat de l'aube dans le désert; ce spectacle sera celui des songes d'un anachorète sous le
ciel africain d'Andalousie.

La différence du génie espagnol et du génie italien se montre ainsi tout entière dans la manière dont Calderon et Dante ont traité les mystères de l'Église. Dante est incomparablement plus artiste, Calderon plus orthodoxe. Dans l'Italien vous retrouverez l'audace des sectes politiques et religieuses qui fermentaient autour de lui ; dans l'Espagnol, l'unité, l'obéissance, le servage absolu qui suivirent le concile de Trente. J'allais oublier que le plus libre des deux a précédé l'autre de plus de trois siècles.

III

Les rapports de Dante et de l'Église deviennent surtout évidents, si l'on examine le principe de sa politique, qui est inséparable de sa théologie. Sous le titre de la *monarchie*, il a fait la théorie de ce parti gibelin, auquel il a donné, dans la seconde moitié de sa vie, tant de gages de passion, et qui a laissé une trace si brûlante sur tant de pages de son poème. La séparation du spirituel et du temporel, de l'Église et de l'État, est marquée avec une précision que les temps modernes n'ont pas dépassée. C'est un manifeste contre les traditions établies depuis Grégoire VII ; la passion la plus violente contre l'autorité de l'Église y est cachée sous le syllogisme de la scolastique.

Ici une chose m'effraye ; car je rencontre un avertissement que je ne puis méconnaître. Dante veut établir les titres politiques sur lesquels doit se fonder la nation italienne ; et ce théoricien, ce législateur de l'avenir, après avoir fouillé dans la science et dans son instinct de race, ne découvre rien que le droit du plus fort. Le juste pour lui, c'est le victorieux (1) ; quiconque réussit par la violence a suffisamment de vertu. Tout ce que l'on acquiert par l'épée est bien acquis (2) et sans retour. L'idéal, c'est le succès ; la légitimité, c'est la conquête. Voilà le machiavélisme créé trois siècles avant Machiavel ; le poëte national établit que le seul droit réel est la négation de tout droit. Et qu'arrivera-t-il si l'Italie n'a pas toujours la force aveugle de son côté, si elle est vaincue un seul jour, si elle devient la conquête d'un ennemi mieux avisé et plus nombreux? où sera son refuge dans le monde moral? Elle écrit elle-même, de la main de Dante : *Malheur aux vaincus! Væ victis!* sur le seuil de la porte par laquelle elle entre dans le monde moderne. Paroles funestes que cinq siècles vont retourner contre elle !

Supposez d'ailleurs que cette idolâtrie de la force se confonde avec l'attente de la restauration pro-

____

(1) Justitia in bello succumbere nequit. (*De Monarchiâ*, p. 122.)

(2) Quod per duellum acquiritur de jure acquiritur. (P. 220.

chaine de l'empire romain, l'œuvre de Dante sera un acte de citoyen, non pas seulement un rêve de l'esprit, un divertissement de l'art pour l'art. Moment rapide et unique où la poésie est conviction, foi, vérité, force consacrée à sauver un peuple. Avant de se contenter d'une renaissance littéraire, l'Italie croit fermement qu'elle est près de renaître en réalité, et de ressaisir l'héritage de la domination universelle. La *Comédie divine* est le manifeste de cette foi encore vive et populaire.

Qui assurait, en effet, que l'empire universel de Rome fût tombé pour toujours? Peut-être il ne fallait qu'un effort, une parole pour redresser le géant. La *Comédie divine* ne serait-elle pas cette parole qui doit évoquer la société morte? Sans doute, l'unité de l'Italie n'avait été rompue que par surprise. Les premiers siècles de la barbarie étaient un songe qui devait bientôt se dissiper. Les membres de l'empire n'étaient-ils pas encore visibles? Ne rencontrait-on pas çà et là les murs de ces cités, ses routes, ses arcs de triomphe, qui attendaient son retour? N'avait-on pas conservé sa langue, ses livres? Que le poète prête son souffle, le grand Lazare étendu depuis les Alpes jusqu'à la mer de Sicile se relèvera souverain de la terre.

Dante était d'autant plus amoureux de cette renaissance du monde antique qu'il le connaissait moins; il s'indignait de ce que l'Italie et Rome

veuve de son empereur ne saluassent pas dès l'a-
bord le maître légitime, le souverain, le César, qui,
ressuscité par un miracle de l'histoire, leur rendait par sa seule présence la couronne de l'univers. C'est alors qu'il adresse à ce faible Henri de
Luxembourg les paroles de Curius à César dans
la Pharsale, pour le presser de passer le Rubicon.
Comment imaginer que le Trajan féodal se laisse
arrêter par les murailles d'une bourgade, au lieu
de poser la main sur son empire « qui, dit-il, n'est
« renfermé ni dans l'Italie, ni dans l'Europe, et
« consent à peine à se laisser limiter par les
« flots de l'Océan? »

Le chef tudesque passe froidement devant le
poète qui va toucher le pan de son manteau; et
je ne sache rien de plus poignant que de voir ce
grand esprit enseveli dans le songe de la gloire
romaine, suivre de lieux en lieux cette ombre de
César; il s'obstine à croire que le passé de l'Italie
renaît, au moment même où il achève de le détruire, en renonçant à la langue latine, qui seule
pouvait entretenir ce leurre.

Il rêve de l'unité du monde romain; mais c'est
le chaos social qui s'agite en réalité sous ses yeux :
toutes les formes possibles de gouvernement exis-
tant à la fois et se heurtant dans la même contrée : au nord et au sud, en Lombardie et à Naples,
la vie publique déjà éteinte sous des seigneurs ab-

solus ; au centre, une bourgeoisie chevaleresque, de riches marchands de Pise qui entament les batailles en lançant des flèches d'argent ; Florence qui, avant d'entrer en campagne, sonne la grande cloche pour avertir loyalement ses ennemis de ne pas se laisser surprendre ; les deux États maîtres de la mer, Gênes et Venise, plus opposés encore par leur tempérament que par leurs intérêts ; çà et là une république d'artisans, dominée par la dictature de la parole ; un prêtre, qui, du haut de sa chaire élevée en rase campagne, fait la paix ou la guerre ; une dynastie non interrompue de ces rois de la parole italienne, depuis Arnaud de Bresse, frère Jean de Vicence, saint Antoine de Padoue, jusqu'à Jacob de Bussolari ; ces tribunes souvent changées en bûcher ; dans Rome même, la papauté impuissante à établir la paix dans les ruines ; partout les arcs de triomphe et les tombeaux de la voie Appienne changés en forteresse, où se poursuit sans relâche le combat des Guelfes et des Gibelins. Qui ramènera ce chaos à l'unité? qui donnera une même âme à ces institutions contradictoires? Ce ne sera l'œuvre d'aucun des partis qui se déchirent, ni du pape ni de l'Empereur. Le traité de paix perpétuelle entre les factions, la charte qui doit ramener, au moins en imagination, l'Italie moderne à l'unité morale de l'Italie antique, ce sera un poème.

L'esprit de l'homme n'avait pas attendu le christianisme pour voyager dans le royaume de la mort. Les peintures et les sculptures des nécropoles de Thèbes représentent les enfers d'Isis et d'Osiris, Comédie divine de l'Égypte. Dans *l'Odyssée*, Homère conduit vivant son héros au fond de l'enfer grec; mais que cet enfer ionien est doux et tolérant! que la douleur y est épargnée! Le plus grand supplice de ces hommes qui tenaient si fortement au monde est d'en être séparés. Toujours amoureux de la vie, du soleil, du bruit, du mouvement, Homère est embarrassé quand il lui faut décrire l'empire des ombres. Sa langue semble lui manquer, il balbutie sitôt qu'il fait parler l'âme seule; on sent que l'idiome propre à ces régions spirituelles n'est pas encore découvert. Les âmes errantes autour d'Homère restent muettes jusqu'à ce qu'elles aient bu le sang noir du sacrifice d'Ulysse. Enivrées à cette source de la vie matérielle, soudain elles retrouvent la voix pour exprimer les mêmes passions, les mêmes désirs qu'elles avaient connus autrefois sous le soleil. Les morts parlent comme les vivants; on dirait que le séjour et l'expérience de l'Élysée ne leur ont rien appris. Le poëte lui-même, après une

marche rapide à travers les demeures sombres, se
presse de remonter sur la terre à la clarté de l'aube
d'Ionie, comme si le monde des corps était le seul
dont il comprît le langage; la mort ne lui inspire
rien qu'un vague effroi, comme à l'enfant.

Il est visible que l'abîme a été creusé davantage
dans le poème de Virgile. Non seulement il sait
sur la mort beaucoup plus de choses qu'Homère,
mais aussi il a beaucoup moins de hâte d'en sortir.
La langue romaine jette dans cette partie du poème
des sons funèbres, comme ceux d'un bouclier qui
se brise; elle répond par des accents tout nouveaux à ce profond écho des royaumes du vide,
inania regna. Ce n'est plus d'ailleurs l'égalité absolue de l'Élysée d'Homère; il y a un commencement de hiérarchie et des degrés dans la douleur
éternelle. Malgré cela, cet enfer, loin d'émouvoir,
laisse l'impression d'une création artificielle de
l'esprit. Compagnons de Priam et d'Énée, ces
spectres sont si loin des contemporains! Vivants,
ils ont déjà si peu de réalité! morts, ce n'est plus
que l'ombre d'une ombre.

Au contraire, avec le christianisme, j'entends la
voix qui dit à la société nouvelle : Mon royaume
n'est pas de ce monde. Où sera-t-il donc? Dans le
royaume des esprits. Ces mots, qui renferment
l'âme du christianisme au moyen âge, contiennent
aussi toute la poétique de Dante. Le séjour des

âmes privées de corps, l'empire tout spirituel où le génie païen étouffait, ce monde qui n'est plus le monde où la vie s'arrête, où la nature finit, sera la demeure de Dante ; il fuira la lumière du soleil matériel autant que ses devanciers la recherchaient. Depuis le premier vers jusqu'au dernier, il s'ensevelira vivant dans l'abîme que les autres avaient hâte de quitter. Si le poème de Dante est le plus chrétien qui fut jamais, ce n'est pas, comme on le répète, parce qu'il célèbre les saints, les docteurs, les principaux dogmes de l'Église. Il eût pu faire tout cela et rester païen dans la conception du christianisme. Mais la merveille est d'avoir senti qu'il était possible de renfermer toute la vie dans la mort, que le système entier devait être renversé, l'Iliade chrétienne éclairée par le soleil de l'âme, qu'il fallait jeter le monde ancien et le monde nouveau dans l'abîme de l'esprit.

Un poème qui ne sort pas de la mort, qui se déroule hors des limites du temps et du visible, dans les seules bornes de l'invisible et de l'éternité, une épopée chantée dans le tombeau, quoi de plus chrétien ! Voilà pourquoi il a été tant pardonné à Dante. Il a pu, sans s'aliéner le moyen âge, contredire son Église. Enveloppé du suaire de l'Évangile, il est resté inviolable au monde chrétien.

On a retrouvé de nos jours la vision d'un moine

du mont Cassin, qui, au douzième siècle, a été emporté par une extase magnétique dans la triple région de l'enfer, du purgatoire et du paradis. Si vous suivez la vision maladive du moine Albéric, plusieurs détails semblent avoir été transportés du rêve dans le poème. Les créations effrénées de la fièvre des maremmes reparaissent dans l'épopée. Est-ce à dire que Dante ne soit pas l'inventeur de son poème et qu'il faille en rapporter l'honneur à un somnambule des marais Pontins?

La plupart des esprits habitaient cette cité de la mort, véritable Ilion du moyen âge. Dans cette communauté du sépulcre, quel est le rêve connu du temps de Dante, le système, le livre qui n'ait contribué pour quelque chose à son poème? Ce qui lui donne le caractère de l'épopée est précisément de résumer la tradition tout entière. Vous y retrouvez la vision du moine Albéric, la vision de saint Jean dans l'Apocalypse celle de Boèce dans la prison de Théodoric. Le grand songe du Florentin s'augmente de chacun des songes de l'humanité. C'est l'échelle de Jacob dressée au moyen âge; par ses degrés, montent et descendent tous les fantômes qui ont apparu quelque part à l'esprit de l'homme.

L'antiquité grecque et romaine occupe le poète presque autant que la société chrétienne; mais remarquez que cette première renaissance diffère

en tout de celle du seizième siècle. A grand'peine
Dante entrevoit mystérieusement l'antiquité dans
les traditions populaires et vivantes ; il ne la sait
pas et ne peut la savoir ; le plus souvent il la devine,
il la rêve, il l'invente. A voir ce poétique désordre
du passé, ces anachronismes barbares et saisis-
sants, ces personnages romains si étrangement
défigurés, cette histoire si monstrueuse qui se relève par lambeaux, ce chaos où les visages les plus
connus sont les plus méconnaissables, vous diriez
d'un rêve de l'Italie dans le tombeau de Cécilia
Métella ; triste danse des morts de la Grèce et de
Rome, qui reparaissent dans le désordre d'une
incantation nocturne.

Il est certain que l'ignorance nécessaire de
Dante en matière d'antiquité lui a profité autant
que sa science. Grâce à cette première innocence
de sa pensée, il dispose en maître de la tradition
grecque et romaine, au moment même où il a la
plus ferme volonté d'y rester asservi. Quoiqu'il
accepte Virgile pour patron et pour seigneur, c'est
son corps seulement qui est inféodé à l'ombre
païenne ; son esprit va, pour ainsi dire, par un
autre chemin. Ce serf volontaire a beau faire hommage lige de ses pensées à un autre, son indépendance éclate en dépit de ses paroles : quand
il veut imiter, il crée, il commande quand il croit
obéir.

La *Comédie divine* achevée, et son auteur descendu réellement parmi les morts avec la génération contemporaine, après que les passions religieuses et politiques furent pacifiées, on vit un jour quelque chose d'extraordinaire dans Florence. Au milieu de cette ville qui avait proscrit le poète vivant, une foule nombreuse se réunissait dans la cathédrale. Rien n'annonçait une cérémonie du culte : l'image peinte d'un homme qui n'était ni un apôtre ni un saint était suspendue aux murailles. Quand la foule fut rassemblée, un vieillard entra un livre à la main. Ce livre était la *Comédie divine ;* ce vieillard était Boccace, que la république avait chargé d'enseigner publiquement la gloire de Dante. L'auteur du *Décaméron* était devenu, en vieillissant, un homme plein de science ; il s'efforçait de démentir son génie railleur pour inaugurer dignement les austères conceptions de son rival. Après quelques mots où il s'accuse modestement d'avoir l'esprit trop étroit, la conception trop lente, la mémoire trop débile, il adresse sous les voûtes de la cathédrale une prière demi-chrétienne, demi-païenne, au Jupiter tout puissant de Virgile. Ce fut la réconciliation de Dante et de Florence au pied de l'autel.

V

Comme dans chaque détail d'une cathédrale vous retrouvez le caractère de l'ensemble, de même dans chaque partie du poème de Dante vous retrouvez en abrégé toutes les autres. Les souvenirs politiques dominent dans l'Enfer, la politique s'unit à la philosophie dans le Purgatoire, la philosophie à la théologie dans le Paradis ; en sorte que dans ce long itinéraire, les bruits du monde s'évanouissent peu à peu et achèvent de se perdre dans l'extase des derniers chants. Il y a dans l'Enfer des éclairs d'une joie perdue qui rappellent et entr'ouvrent le Paradis ; il y a dans le Paradis des plaintes lamentables, des prophéties de malheur, comme si le firmament lui-même s'abîmait dans le gouffre, et que l'extrême douleur ressaisît l'homme au sein de l'extrême joie.

Diviser par fragments le poème de Dante, comme on le fait ordinairement, c'est le méconnaître ; il faut au moins suivre une fois, tout d'une haleine, le poète dans ces trois mondes qui se touchent, embrasser d'un seul regard l'horizon des ténèbres et de la lumière, suivre le chemin de la torture qui mène à la félicité, recueillir tous les échos de douleur et de joie qui s'appellent sans trouver de réponse, et, placé au sommet du poème, s'orienter dans la cité de Dieu et du Démon ; il faut entendre une fois le *miserere* des damnés dans les fleuves de sang, en même temps que l'hosannah des bienheureux, puisque c'est de ce mélange que se forme l'accord complet de la *Comédie divine*. Le démon couvre le fond de l'abîme en même temps que l'aile des séraphins traverse les jardins de l'Éthérée. Cette infinité de joie qui confine à cette infinité de douleur, cet écho infernal qui répond à un écho emparadisé, cet abîme qui vous enveloppe dans tous les sens, cette malédiction qui répond à cette bénédiction, cet ordre dans l'incommensurable, c'est la pensée qui donne le prix à toutes les autres. A cela joignez, pour accroître la réalité de la cité de l'abîme, le cortège des souvenirs poignants que le poëte emporte avec lui, le sentiment de personnalité qui non seulement survit, mais semble encore s'exalter dans la mort. Les hérésies avaient déjà, pour un moment, ébranlé le vieux dogme. Mais il était une chose qu'aucune secte n'avait encore mise en doute au treizième siècle : la foi dans l'immortalité et la résurrection. On croyait à cet empire des morts, au moins autant qu'à l'Empire des vivants : et comme les esprits s'en étaient beaucoup plus occupés, on le connaissait mieux que le monde visible. Les familles humaines étaient si certaines de se retrouver là, chacune avec sa langue, son accent, sa physionomie! Chez Dante, ce ne sont pas seulement les personnes, mais aussi les choses, les objets, les lieux aimés qui sont transportés dans le pays des morts. Vous retrouvez dans l'Enfer les châteaux forts, les villes, les murailles crénelées, les ponts-levis des Guelfes et des Gibelins. Chaque endroit de l'abîme est décrit avec une précision qui vous le fait toucher du doigt. La Jérusalem mystique est construite des débris de Florence. Les principaux lieux de l'Italie reparaissent assombris par le triste soleil des morts. C'est le beau lac de Garda, ce sont les lagunes de Venise, ou les digues de la Brenta, ou les flancs minés des Alpes Tarentines qui forment en partie l'horizon de la cité éternelle. Ce mélange de merveilleux et de réel vous saisit à chaque pas; c'est encore l'Italie, mais renversée, du haut des monts, au bruit de la trompe des archanges, sous les pieds du dernier juge.

Le désordre, le chaos, tous les tons qui se brisent, voilà le génie véritablement satanique. Plus la confusion est grande, plus les inventions sont effrénées, et moins vous soupçonnez l'art de les avoir arrangées pour un effet du moment. Le comble de l'art, ici, est d'être naturellement désordonné. L'antiquité grecque venant à se rencontrer avec le moyen âge, produit une dissonance effroyable, harmonie de l'enfer. Quand l'esprit se heurte à ces anachronismes monstrueux qui enchaînent à la même pensée, souvent à la même place, les païens et les chrétiens, mêlant indistinctement toutes les générations, joignant Pyrrhus et Attila, il semble que les différences des siècles s'effacent, et que le temps même disparaisse dans le poème de l'éternité.

Quelles sont au milieu de ce chaos, les relations du poète et du poème? L'auteur tremble devant ses propres conceptions. Pendant que les apparitions surgissent, il voudrait fermer ses yeux et ses oreilles. Vous voyez une œuvre formidable qui s'accomplit, pour ainsi dire, d'elle-même, et l'auteur qui demande grâce à son génie. C'est en vain; l'œuvre inexorable se déroule; elle s'accroît comme une force invincible, elle entraîne avec elle le poète. Muse assurément infernale, elle l'entoure, l'investit de toutes parts ; malgré ses tremblements, ses cris étouffés, elle le précipite de tourbillons en tourbillons, de terreurs en terreurs. Les puissances de son esprit évoquées, Dante ne s'appartient plus ; il a tracé autour de lui le cercle des incantations, il n'en sortira pas. Portant d'avance son châtiment, il tente de rentrer dans le monde réel, mais cela lui est impossible. Aussi suis-je tout près de le croire quand, accablé sous le poids de sa pensée, épouvanté par son œuvre, il m'appelle et me dit : « Lecteur, je t'assure que je l'ai vu, et

mes cheveux en sont encore hérissés de peur. »
Comme je ne puis m'empêcher de donner ma sympathie et mon cœur à cet homme si simple qui
m'appelle à son secours et tend vers moi les mains,
je le suis des yeux dans les profondeurs de l'abîme où il m'attire. Penché sur le gouffre, j'éprouve
avec les enchantements du vertige l'envie de me
précipiter dans ces cercles et ces tourbillons,
qui, toujours diminuant au bruit des hymnes in-
fernaux et des soupirs de Françoise de Rimini et
d'Ugolin m'entraînent sans défense au sein de
l'Infini lui-même.

L'homme écrasé par sa propre pensée, voilà
une situation que le génie antique ne connaissait
pas ; elle conduit à un principe tout nouveau de
style. Vous avez vu dans le tableau du jugement
dernier de Michel-Ange, les esprits effrayés par le
son de la trompette des anges et par la splendeur
du Christ juge, se couvrir les yeux de leurs mains.
C'est là un geste naturel à Dante. Plus sa pensée
est formidable, et plus il craint de l'augmenter
par ses paroles ; il la cache, la retient sous une
expression qui semble d'abord l'atténuer ; mais la
lumière maudite perce plus formidable sous ce
voile. L'écho de l'enfer rugit avec plus de force
sous ces paroles détournées qui semblaient d'abord
faites pour l'étouffer.

Les seuls êtres qui n'effrayent pas Dante et qui

paraissent ses interlocuteurs naturels, ce sont les morts. Comme il converse familièrement avec eux! quelle intimité d'une nature toute nouvelle! Il est vrai que ce ne sont plus seulement des fantômes comme dans l'antiquité; jamais, au contraire, sous le soleil, vies ne furent plus ardentes, ni personnalités plus indestructibles! Au milieu de toutes les tortures, le doute en l'immortalité n'a jamais pénétré dans le cœur de ces damnés. Puis, une partie de ces morts sont d'hier; et cependant, qu'ils ont appris de choses dans les Élysées du Christ! ils se souviennent du passé; ils prévoient l'avenir; ils n'ignorent que le présent.

Sans doute, les supplices semblent trop matériels; mais n'oubliez pas qu'ils ne sont que le signe du supplice intérieur; ni Farinata, ni Bertrand de Born, ni Ugolin, ni Françoise de Rimini, ces figures si connues qui parlent en pleurant, ne se plaignent des blessures de leurs corps, de la tempête éternelle, du bitume brûlant, ou du lac glacé. Ils n'accusent que la blessure intérieure; et peut-être jamais l'obsession de la pensée n'a-t-elle mieux paru que dans la fierté terrible d'une partie de ces damnés qui au milieu des tortures des sens ne parlent jamais que des tortures de l'esprit. Leurs discours, leurs récits, contrastent avec les fureurs du supplice; vous croiriez qu'ils ne sont occupés que de ce qui est autour d'eux; au con-

traire, c'est le souvenir d'un certain jour, d'une
certaine heure éloignée dont l'enfer tout entier ne
peut les distraire. Ils se repaissent éternellement
de ce souvenir, en sorte que tout cet appareil de
tourments matériels ne sert qu'à mieux montrer
la plaie invisible de l'âme.

Quand les peintres du moyen âge ont tenté de
fixer les visions de Dante sur les murailles, ils ont
réussi à représenter son Paradis ; ils ont été incapables de copier son enfer. Dans les anges couron-
nés d'auréoles sur les fresques de Gozzoli, de
Thaddeo Gaddi, rayonnent la foi, le repos, l'extase du séjour des séraphins ; les lèvres bénies
murmurent les tercets emparadisés de Béatrix.
Mais sitôt que ces mêmes hommes veulent représenter l'Enfer, ils perdent leur génie. Le pinceau
véritablement béat de Frà Angelico ne peut suivre
le poëte dans le chaos de la cité maudite ; il n'en
exprime tout au plus qu'une ombre burlesque.
Les pieuses confréries d'artistes sont incapables,
au quatorzième siècle, de descendre de sang-froid
dans l'abîme du mal.

Voulez-vous rencontrer un spectacle tout opposé,
il faut arriver au seizième siècle, devant le *Jugement dernier* de Michel-Ange. C'est ici le règne
de l'enfer ; la terreur a pénétré jusque dans le paradis. Au milieu de l'horreur universelle, il semble
que la tempête gronde, et que la *cité dolente* ait

tout envahi. Dans cette barque maudite, chargée de damnés, que conduit un noir chérubin, je reconnais celle que Dante a rencontrée près du fleuve de sang. Voilà sur le rivage le serpent qui entoure de ses replis le prêtre sacrilège ; voilà le Minos de la *Comédie divine*. Mais la béatitude des cieux de Fiésole, de Pérugin, qu'est-elle devenue ? où est le sourire de Béatrix ? où est la région de paix, l'hosannah des bienheureux ? Nulle part. Que s'est-il donc passé? Le moyen âge est fini; la réformation a déchiré le rideau du temple; la sérénité des anciens maîtres est perdue sans retour, le ciel de Michel-Ange est tout chargé de la tempête qui éclate sur la société moderne.

Chacune des parties du poème de Dante correspond à une époque de sa vie et en reproduit le caractère. L'Enfer a été composé dans les années qui ont suivi immédiatement son exil. Dans chaque vers la plaie est saignante; vous entendez l'écho, les hurlements de la guerre civile. Au contraire, au moment de composer le Purgatoire, il s'éloigne de l'Italie et ses angoisses s'apaisent. Bientôt l'avènement de Henri VII réveille chez le Gibelin des espérances exaltées ; c'est alors qu'il écrit cette lettre de pacification qui tranche si vivement avec les autres : «A tous et à chaque roi d'Italie, aux sénateurs de Rome, aux ducs, aux marquis, aux comtes, à tous les peuples, l'humble

Italien, Dante Alighieri de Florence, injustement
exilé, envoie la paix. » Puis après quelques mots :

« Console-toi, Italie, console-toi, parce que ton
époux, qui est la joie du siècle et la gloire de ton
peuple, se hâte de venir à tes noces : essuie tes larmes, ô la plus belle des belles ! et vous tous qui
pleurez, réjouissez-vous, parce que votre salut est
proche ! Pardonnez, pardonnez, mes bien-aimés,
vous tous qui avez souffert injustement avec
moi ! »

D'autres circonstances de sa vie montrent la
même lassitude. Un jour, de la fenêtre d'un couvent placé sur les rochers du golfe de Spezzia, un
moine voit un inconnu errer autour de l'ermitage.
« Que cherches-tu ? lui dit-il. — *La paix,*» répond
Dante, qui sortait de l'Enfer.

Imaginez que ce sentiment de douceur se communique à son poème : vous aurez le secret de
cette muse angélique qui tout à l'heure répétait les
ricanements des démons ; c'est dans sa situation
intérieure qu'il puise des accords tout nouveaux.
L'âme désespérée recommence à sourire dans le
Purgatoire ; les haines infernales sont remplacées
par des retours vers les amitiés de la jeunesse et la
vita nuova. L'arbre frappé de la foudre rajeunit et
reverdit sous un souffle printanier ; ces impressions mêlées et confondues (car l'amour n'est pas
encore si puissant que l'on ne se souvienne de l'en-

fer), répandent dans le Purgatoire toutes les mélodies du monde moral. Les jeunes femmes qui traversent le poème, la Pia, Gentucca, Mathilde, qui cueille des fleurs du ciel, Nella est au-dessus de toutes les autres, Béatrix toujours présente, ramènent les visions des plus belles et des meilleures années ; puis les compagnons de jeunesse, Casella le musicien, qui lui rappelle ses premiers chants d'amour, Oderisi le peintre, les troubadours Sordel, Arnault, Daniel, c'est la réunion de tous ceux qui ont accompagné les jours sereins et radieux. Les vers trempés dans les gouffres de bitume au souffle des démons s'amollissent aux regards de Béatrix ; l'âme était montée au ton de la terreur; par une transition inattendue, cette terreur aboutit à la plénitude de l'espérance, comme ces mélodies qui, commençant par un soupir de détresse, s'achèvent et se relèvent dans un accent de joie céleste.

Le dirai-je? le Paradis de Dante me paraît incomparablement plus triste que son Purgatoire. Il le composa dans les dernières années de sa vie. Les espérances par lesquelles il s'était laissé reprendre venaient de tomber devant la réalité. Les empereurs n'avaient rien fait de ce que le Gibelin avait attendu. Aussi, dans le Paradis, il est visible que le cœur de Dante ne regrette plus rien de la terre. Les partis, les individus s'évanouissent pour lui ; ils l'ont trop souvent abusé ! L'Italie elle-même achève de disparaître : une seule fois il la rappelle, en rencontrant son aïeul Cacciaguida ; et c'est pour enfoncer lui-même à jamais dans son cœur ce qu'il appelle le trait de l'exil ; en sorte que le Paradis le frappe du dernier coup que lui avait épargné l'Enfer.

Que lui ont fait ces figures charmantes qu'il avait rencontrées ici-bas ? Pourquoi ne veut-il pas s'en environner dans le ciel ? Pourquoi ne revoit-on pas ses jeunes amis, Guido Cavalcanti, Lappo, avec lesquels il souhaitait d'abord de naviguer sur un vaisseau éternel ? Pourquoi ne les suit-on pas avec lui dans la barque des anges, au milieu de l'océan céleste ? Pourquoi se fait-il un ciel désert dans lequel personne, excepté Béatrix, ne lui rappelle la vie réelle ? On dirait (et cela n'est point impossible) que cette partie a été composée dans le silence du monastère de Gubbio, où Dante s'est en effet retiré. Je retrouve en cet endroit du poème la paix de ces ermitages des Camaldules, sur les sommets des Apennins où ne monte aucun bruit de la terre ; l'homme a peine à y respirer et y vivre. Les figures des saints représentés sur les fresques de ces ermitages semblent en être les hôtes éternels. De même les seuls habitants du Paradis du Dante sont quelques anachorètes perdus dans l'immensité ; çà et là un païen, par une dernière ironie, jetée sur l'Italie chrétienne; mais, du reste, personne qu'il ait connu ou qu'il ait aimé sur terre. Du plus haut du ciel, le vieux Gibelin laisse tomber son arrêt de proscription contre tout le monde visible qui l'a trompé, et contre cette patrie même qu'il n'a pu se donner.

Après avoir achevé l'Enfer, Dante avait fait un voyage en France et passé près de deux ans à Paris. La trace de ce voyage est facile à reconnaître dans le poëte. Attiré par le bruit des écoles qui n'avait cessé de retentir depuis Abeilard, il était venu à ce rendez-vous que les philosophes se donnaient alors sur la montagne de Sainte-Geneviève; il ne retrouvait plus pour maîtres ses compatriotes saint Thomas, saint Bonaventure : mais leur tradition subsistait, et leur enseignement était encore tout vivant.

Du combat de Campaldino aux pugilats de paroles de la scolastique, quel changement! Comment une imagination nourrie des colères des partis s'inspirera-t-elle de ces débats où l'esprit humain se tend incessamment des pièges à lui-même? Je doute que Dante se soit asservi à aucun système, je vois, au contraire, qu'il s'enivre à toutes les sources à la fois : Aristote, saint Thomas, Albert le Grand. Quand Gœthe peint l'exaltation de Faust, le savant du moyen âge, au milieu du désordre de ses instruments d'alchimie, de ses livres de philosophie, de théologie, il explique sans y penser, mieux que tous les commentaires, l'auteur de la *Comédie divine*.

Dante et Faust marquent en effet les deux âges opposés de la science humaine, et ils se rencontrent à ces extrémités. Dante, c'est l'adolescence de l'esprit humain ; comme il n'a jamais éprouvé l'impuissance du savoir de l'homme, il a pour la philosophie la même adoration que pour la religion : il est convaincu que l'or pur de la vérité est au fond de son creuset, qu'il possède dans un livre les secrets de l'univers, que le syllogisme de Sigier lui ouvrira les portes de tous les mystères. Science naïve, il s'en abreuve comme du lait maternel, et croit goûter la sagesse de Dieu. Faust, au contraire, tel que Gœthe l'a montré, c'est l'esprit humain dans sa vieillesse ; plus il sait, plus il doute ; à mesure qu'il apprend, il s'éloigne du terme ; las de penser, il voudrait pouvoir oublier. Surtout ces contradictions se montrent à découvert dans la manière différente de sentir et de concevoir l'amour. La femme que Dante place au-dessus de toutes les autres, personnifie pour lui le savoir et la philosophie. Qu'elle est, au contraire, la Béatrix de Faust rassasié de science ? qui lui représente la félicité ? Une jeune fille qui ne sait rien, Marguerite, un enfant du peuple, l'image de la suprême, de la céleste ignorance.

Voilà la clef qui achève d'ouvrir le mystère. L'auteur de l'Enfer vient d'entrevoir dans le commerce des philosophes le royaume des idées; il veut les transporter toutes vivantes dans son œuvre, comme il a fait des partis politiques. Sans obéir à un maître, à une école particulière, il s'attache à l'esprit de la scolastique qui attribue à chaque chose un double sens, le littéral et le spirituel. On n'a rien dit lorsque, pour expliquer la puissance de Dante, on parle de la beauté de quelques épisodes ou de l'emportement des passions politiques: car son poème, écrit au point de vue d'un parti, aurait été rejeté par tous les autres. Pourquoi donc les a-t-il tous également séduits? Parce qu'il renfermait l'âme même du moyen âge et qu'il répondait à ce désir unanime de saisir un sens caché sous les formes de la nature et de l'art. Cet idéalisme, qui trouve à peine place dans l'Enfer, va toujours croissant avec le règne de l'esprit dans le Purgatoire et le Paradis; outre que la langue, de cercle en cercle, s'illumine davantage; car une flamme intérieure éclaire la parole. Attiré par ces clartés de l'âme, le moyen âge savait qu'un trésor devait être enfoui à chaque endroit, et il interprétait le poème comme une apocalypse de la société laïque. Chacun voulait y découvrir une face nouvelle du monde moral.

Aussi longtemps que la *Comédie divine* a été lue

dans l'esprit qui l'a inspirée, la traduction de ce
sens caché a été pieusement gardée par les commentateurs. Depuis Benvenuto d'Imola jusqu'à
Landini, ils sont unanimes à cet égard. Boccace,
lui-même, si amoureux du monde extérieur, se
plonge dans ces abîmes ; c'est lui qui déclare que
la *Comédie divine* enveloppe *la pensée catholique
tout entière sous l'écorce vulgaire de la parole.* D'a-
près cette tradition, la forêt solitaire dans laquelle
Dante s'égare, c'est le chemin de la vie contempla-
tive ; sainte Lucie qui s'éveille pour le sauver,
c'est la divine clémence ; le fleuve ténébreux de
l'Enfer, c'est le fleuve de la vie humaine qui roule
de noirs soucis ; les animaux monstrueux et hur-
lants sont les passions des sens. Le passage de
l'Enfer au Purgatoire a pour gardien Caton d'Utique. Pourquoi ce personnage ? quel caprice ! Cette
fantaisie change de nom si l'on admet la tradition
des vieux commentateurs ; suivant eux, nul ne pouvant sortir du royaume du mal sans un effort héroïque de liberté. Caton d'Utique, qui s'est déchiré de ses mains pour échapper à la servitude, est
l'éternel représentant du libre arbitre sur les confins
du bien et du mal. Ailleurs, l'aigle qui enlève le
poète au ciel, c'est la foi aux ailes étendues ; les
trois degrés de la porte du Purgatoire sont les trois
degrés du sacrement de pénitence.

Qu'est-ce donc que la *Comédie divine ?* L'Odyssée du chrétien ; un voyage dans l'infini mêlé d'angoisses et de chants de sirènes ; un itinéraire de l'homme vers Dieu. Au commencement, l'homme réduit à ses seules forces, égaré au milieu de la forêt des sens, tombe de chute en chute, de cercle en cercle dans l'abîme des réprouvés. Par la douleur il se répare, il se relève, il gravit les degrés du purgatoire, amère vallée d'expiation. Purifié par un nouveau baptème, il monte, il atteint les gloires, les hiérarchies célestes ; et par delà les bienheureux eux-mêmes, il entre jusque dans le sein de Dieu, où le poème et la vérité s'achèvent. A chacun de ces degrés se trouve un guide particulier. Dans les cercles inférieurs où l'homme se débat avec lui-même, le conducteur est Virgile, qui représente la raison humaine, livrée à ses seules forces ; avec Virgile, l'esprit païen se retire, et une âme nouvelle se communique à toutes choses. Plus haut, là où commence la grâce illuminante, surgit Béatrix, l'amour couronné du souvenir. Les anachorètes, saint Benoît, saint Bernard, que l'on rencontre de sphère en sphère, d'astre en astre, ont chacun autour de soi un monde pour ermitage ; ils forment à travers l'infini une procession au devant de Dieu. Les conversations de ces pèlerins de l'immensité marquent les stations de l'univers. Enfin, au terme de l'éternel voyage, le Christ est le seul compagnon.

Tel est l'esprit dans lequel le moyen âge lisait

son poëte. Il y a entre les vieux commentateurs
une émulation de plonger plus avant dans le mystère ; quelquefois la curiosité de l'âme leur arrache
des paroles d'inspirés : « Quand j'ouvre mes yeux
à cette doctrine cachée de Dante, dit Landini, une
horreur soudaine me saisit ; je deviens tel qu'un
oiseau de nuit surpris par la lumière. »

Après la renaissance du seizième siècle, on
perdit peu à peu la trace de ce génie intérieur.
L'épopée du moyen âge frappa le dix-huitième
siècle par un côté qui n'avait pas été vu encore,
par les dehors, les peintures physiques l'harmonie des mots, semblable à un astre qui, dans sa
lente rotation, montrerait à des siècles différents
des faces opposées.

Ce qui est de tous les temps, de tous les lieux,
c'est l'union de Béatrix et de Dante par delà les
siècles. Béatrix n'apparaît qu'au milieu du grand
voyage. Lorsque vous commencez à vous égarer
dans l'immensité, la jeune fille de Florence descend du haut des cieux ; elle est voilée et elle sourit.
Les séraphins jettent au devant d'elle un nuage de
fleurs. Ses souvenirs de la vallée de l'Arno, ses
reproches, la contenance tremblante du poëte, tout
atteste la réalité ; les mystères des mondes sont dévoilés comme la conversation des deux amants.
C'est le dialogue de Roméo et de Juliette au bord
de l'infini dans l'aurore éternelle.

Dante achève de boire dans le fleuve Ennoë l'oubli du monde antique : il attache ses yeux sur Béatrix, Béatrix sur les hauteurs du ciel : et tous deux ravis, de région en région, pénètrent jusqu'au milieu des chœurs des saints et des archanges. A mesure qu'ils s'élèvent, Béatrix tient moins de l'humanité. La fille de Portinari se confond par degrés avec la vierge des cathédrales. Cette apothéose, que le jeune Dante avait rêvée sur un tombeau se consomme en même temps que le culte de la Vierge envahissait le catholicisme. Absente de la société païenne, la femme se révèle en ouvrant les cieux nouveaux ; l'amour chrétien la déifie. La Madone de Bethléem était devenue l'âme de l'Église, Béatrix devient l'âme du poème.

Malgré une alliance si intime avec les sentiments populaires, qui croirait que l'Homère italien a si faiblement agi sur l'éducation de l'Italie? il n'a pu raviver, transformer la religion nationale ; il a trouvé dans l'immutabilité du culte un obstacle invincible à la *vie nouvelle* qu'il portait en lui-même et voulait propager. C'est-à-dire que son influence a été immense sur les individus, et nulle sur la société ; il a élevé des hommes, non un peuple ; il a remué des personnes, il n'a pu ébranler une nation.

Mais dans ces limites, où est l'Italien qui ne lui ait emprunté quelque chose? De ces grands individus, qui çà et là tiennent la place d'un peuple,

quel est celui qui ne lui doive une partie de sa
grandeur? Raphaël et Michel-Ange vivent de la
vie nouvelle dans leurs peintures, Machiavel dans
sa politique, Vico dans sa philosophie. Toutes les
âmes, exténuées par de trop grandes épreuves,
se retrempent dans cette âme invulnérable. L'Italie ne l'oublie que lorsqu'elle s'oublie elle-même :
toutes les fois qu'elle se réveille, elle trouve à son
chevet les pages de Dante. Pendant le moyen âge,
elle tient le volume ouvert et le commente comme
un codicille du Nouveau Testament ; quand le despotisme l'écrase, elle abandonne les pages sibylli-
nes, par ce qu'elle abandonne l'espoir. Mais alors
le livre est emporté par les exilés, les proscrits,
par tous ceux qui vont errants de lieux en lieux
pour ne pas voir la face de l'étranger sur le sol de
leur pays. Le pamphlet du quatorzième siècle est
entre leurs mains une conspiration permanente pour
la liberté, l'indépendance d'une patrie perdue, ils
y retrouvent leurs armes et leurs pensées d'aujour-
d'hui. L'obscurité même du texte les protège ; car
ils cherchent à y épier l'aurore du lendemain ;
quelquefois, passant comme Dante des tourments
de l'enfer aux félicités du ciel, ils voient soudainement l'Italie renaître sous la figure de cette Béatrix radieuse qui cachent, disent-ils, dans les *plis
verts* de sa robe, les *vertes* vallées des Apennins et
de la Calabre.

Rassemblez en quelques mots les instincts originaux qui se révèlent dans l'épopée du peuple
italien, voici les traits principaux que vous rencontrez : le sentiment continu de la mort sociale
d'un monde ; le fond des dogmes de l'Église inter-
prêtés avec une liberté suprême; une tendance à
l'universalité religieuse, qui va jusqu'à embrasser
le paganisme lui-même dans la loi de l'Évangile
éternel ; le saint-siège faillible comme pouvoir spirituel, répudié, maudit comme pouvoir temporel;
un immense effort pour briser la tombe du moyen
âge et entrer en possession de l'avenir; un reste
d'espoir de reconquérir la domination de la terre
comme un héritage des Césars ; la sanctification de
la philosophie ; l'apothéose de la science laïque ;
l'Église rajeunie, démocratique d'Arnauld de Bresse
de Joachim de Flore, de Savonarole, plutôt que
l'Église immobile de Grégoire VII et du concile
de Trente; la *vie nouvelle* en toutes choses,
c'est-à-dire l'opposé de cet idéal de dictature
religieuse et intellectuelle qui, depuis trois siècles, s'obstine à enchaîner l'humanité à l'ancien
homme.

Voilà ce que je distingue dans ce grand miroir
de l'âme d'un peuple. Voilà les instincts sociaux,
la nature, la tendance, la première empreinte, les
vrais linéaments de l'esprit italien, tel que Dieu
l'avait fait et que l'inspiration l'a montré. Quand

je songe où va s'engloutir ce flot de vie religieuse et morale, je voudrais m'arrêter ici.
Que sert de suivre plus longtemps la pente des
choses?

CHAPITRE VIII

UNE RÉVOLUTION MORALE. PÉTRARQUE

Les partis politiques épuisés. Retraite de l'Église à Avignon. L'âge de puberté du cœur humain. Pétrarque marque l'unité du génie des modernes.
Pourquoi sa passion est devenue une légende? Accord de l'amour de
Pétrarque et de l'idéal du moyen âge. Du *vague dans les passions* au quatorzième siècle. L'homme, pour la première fois séparé de l'Église et des
partis politiques, se trouve seul dans l'humanité. Pétrarque précurseur de
J.-J. Rousseau. Nouvelle poétique. Les premiers poètes italiens font
l'office des prophètes. Idéal platonique de la nationalité italienne. Le roi
de la renaissance.

Les papes quittent Rome pour Avignon. Dans
cette captivité de Babylone, la papauté, séparée du
monde romain, perdait la moitié de sa grandeur.
La chrétienté était accoutumée à la voir sur ce
grand théâtre de ruines, où l'imagination allait la
chercher encore. Errante dans les rues d'Avignon,
où était son prestige? Pour que sa voix eût toute
sa puissance, il fallait l'écho de la ville éternelle.
Descendue de son piédestal, tout le monde
compta en un moment les plaies que le temps lui

avait faites. Ce fut un cri général de réformes ; un peu plus tard, le prestige tombant toujours prépara le schisme. La guerre civile entre dans la papauté; on voit deux papes se jeter mutuellement l'anathème. Dès ce moment le saint-siège est sur une pente qui ne peut s'arrêter qu'à la réformation de Luther. Supposez que Pétrarque soit un des familiers de la papauté, qu'il la voie à toute heure : nul n'en connaîtra mieux que lui la faiblesse, il mêlera sa voix à celle des précurseurs de la Réforme qui dénoncent la grande Babylone, l'*enfer des vivants* la *courtisane effrontée.* Mais il ne la prendra pas pour le sujet de ses poèmes ; **il ne l'aime ni ne la hait** assez pour cela; son mépris pour ce qu'il appelle la maison des larves, la sentine de tous les crimes, touche déjà à l'indifférence. Voilà une des sources de Dante qui lui sont fermées ; la papauté loin de Rome a perdu jusqu'à la poésie de ses vices.

La politique inspirera-t-elle Pétrarque mieux que la religion déclinante ? Mais comment, né dans l'exil, réfugié en Provence, se passionnerait-il pour les partis qui divisent l'Italie ? Son berceau a été promené de lieu en lieu, d'Arezzo à Pise, à Bologne; déjà cosmopolite, que lui font les Guelfes ou les Gibelins, les Blancs ou les Noirs? Élevé loin des passions des guerres civiles, il n'en connaît pas le langage.

D'ailleurs, sous les mêmes noms,les factions ne sont déjà plus ce qu'elles étaient au temps de la *Comédie divine*. Elles ont été si souvent infidèles à leurs drapeaux ! Ces noms ne cachent plus un système, mais seulement un héritage de haine. Dégoûtés de leurs chimères, les Italiens se retirent de la lutte ; ils cessent de combattre de leurs personnes pour des partis qui ne cachent qu'un simulacre ; ils confient à des mercenaires le soin de soutenir des passions apparentes ; et les condottieri, avec leurs bandes soldées, se livrent entre eux des combats fictifs pour de prétendus systèmes qui n'existent plus nulle part. Puisque l'Italie elle-même se retire de la mêlée, que ferait le poète nouveau au milieu de ces masques? Il faut chercher ailleurs la vie. Dante a épuisé la colère, les passions que renfermaient les vieux partis ; il ne reste que le froid combat des ombres après le combat des vivants.

Effacez de la *Comédie divine* la politique et la religion, quelle source d'inspiration gardera l'Italie ? L'amour. C'est aussi la seule qui subsiste tout entière dans le génie de Pétrarque. Continuateur des troubadours, il sert de médiateur non seulement entre les classes ; mais entre les peuples et les génies étrangers. Il semble que dans son grand compatriote, Dante, le moyen âge n'ait vu que le génie de la haine, au lieu que personne n'a résisté au joug que Pétrarque commence de porter avant de l'imposer aux autres. Toute l'Europe se soumet aux rhythmes de cet Orphée féodal qui apprivoise le moyen âge. Sa voix ardente et douce, pénétrant à travers les murailles, les frontières, commence à fondre comme une cire les dures antipathies d'origines et de races; sa passion est contagieuse, comme si l'âme de Laure avait été partagée entre le Nord et le Midi. Shakspeare, Camoëns, Ronsard, font alliance dans la poésie de Pétrarque. Il marque mieux que personne, dans l'amour, l'unité du génie des modernes.

Tout ce qu'il y avait de pur dans la flamme des troubadours, il le conserve intact ; et c'est à ce foyer qu'il allume le cœur de l'Europe. De ces chants de la Provence, de ce monde si éclatant et si passionné, de tant de châtelaines célébrées sur tant de rythmes divers, de ces tristesses, de ces espérances, de ces transports de joie et de douleurs, rien n'est destiné à une immortalité éclatante ; du moins les érudits seuls retrouveront les traces de cette société harmonieuse. Mais un poète, plus heureux, plus puissant que tous ceux qui ont brillé dans ces châteaux ruinés, deviendra l'écho de ce mélodieux passé ; son nom tiendra lieu de tous les autres ; il marchera escorté de ces fantômes qui ont été ses précurseurs, et il héritera de l'âme de toute une société morte.

Cependant l'accord n'est pas si complet qu'il n'y ait de vives différences entre les troubadours et Pétrarque. Ils ont plus de caprices ; le rire se mêle chez eux aux larmes. Fantasques et mobiles, leurs sentiments tiennent de ceux de l'enfant. Pétrarque n'a pas besoin de mystère comme eux ; il met l'univers dans sa confidence. Sa pensée a moins d'élan, mais en revanche combien elle est plus profonde ! C'est un platonicien qui fouille perpétuellement dans son cœur, pour se repaître du même souvenir. Où trouver la rêverie, que l'on dit particulière au génie du Nord, si on ne la reconnaît dans ces vers limpides et azurés, qui semblent naître d'eux-mêmes sous le ciel d'Italie ? La nature n'inspire aux troubadours qu'un sentiment de sérénité et d'allégresse ; ils ne l'ont vu qu'aux premiers jours de mai dans le verger féodal. Vous retrouvez dans Pétrarque les grands paysages de la Toscane, la plage, au bord de la mer, la vallée déserte, le rocher de Vaucluse, le nuage immobile, et, à l'extrémité de l'horizon, l'image adorée sous un pin d'Italie. Plus la nature est sereine, plus l'inquiétude de l'âme se trahit dans le miroir éternellement calme de ces lieux.

Deux choses expliquent pourquoi la passion de Pétrarque est devenue la légende de l'amour au moyen âge. Jamais âme chrétienne ne s'était montrée si volontairement subjuguée par une créature mortelle. Pour la première fois, un grand homme enferme avec éclat sa pensée dans un objet qui n'est pas Dieu. La passion de Dante avait été dominée par la politique, celle d'Abeilard par la science. Ici l'amour règne seul et sans partage : il ne se cache plus sous un idéal de théologie, de philosophie ou de patrie. Il remplit seul le vide que laisse dans le cœur tout un monde social qui disparaît. Laure occupe la place de l'Église défaillante ou souillée.

D'ailleurs le moyen âge se reconnaissait tout entier dans la légende de Pétrarque, et c'est là sa grandeur. Quand des hommes de nos jours ont voulu s'expliquer les sentiments de Pétrarque par ceux des romans modernes, ils ne se sont pas aperçus qu'ils vieillissaient de cinq siècles son génie et son temps. Ils se sont demandé si un amour sans espoir était réellement possible, si Pétrarque n'eût pas été mieux inspiré par le bonheur qu'il ne l'a été par la douleur. Ils n'ont pas vu que la macération dans l'amour était précisément, au contraire, la puissance réelle du poète, la condition de son immortalité, la marque de son alliance avec tout ce qui l'entourait, avec l'idéal ascétique qui était au fond de chaque chose, et jusque dans les pierres des cathédrales. Un monde qui poursuit une espérance qu'il sait ne pouvoir atteindre ni embrasser sur terre, c'est

l'âme du moyen âge ; c'est aussi le génie de Pétrarque, et par où ils sont l'un et l'autre d'intelligence. L'Italie en particulier était amoureuse d'une
Laure qu'elle désespérait de posséder jamais ; je
veux dire la beauté dans le réel, la vérité dans les
institutions humaines, l'union des cœurs, le mariage des factions, les conditions diverses, la fraternité promise par le christianisme, la joie, la
félicité, ou seulement la paix, toutes choses ajour-
nées par delà la mort. Chaque homme était fiancé
de cœur à un idéal qu'il savait inaccessible. Le
sacrifice, la douleur, la malédiction des sens, l'a-
nathème de toute joie temporelle, c'était la passion du monde, celle qui respire dans les peintures
comme dans le fond des lois. Si Pétrarque eût
atteint ici-bas le terme de ses désirs, ou seulement
s'il n'eût pas accepté le joug du sacrifice, s'il ne se
fût élevé, dans un âge héroïque, à l'héroïsme du
cœur, il n'eût jamais été, malgré son génie, le
personnage de la légende de l'amour au moyen
âge ; il eût été Horace, Boccace, tout, excepté la
voix et l'organe d'un monde condamné au crucifie-
ment des sens.

Ce nom de Pétrarque a volé sur toutes les bouches, parce qu'il signifiait l'amour sans espérance
ici-bas, la félicité achetée par le sacrifice, le divorce sur la terre, les fiançailles dans la mort, le
mariage dans l'éternité, en un mot, la pensée de

douleur qui s'exhale de chacune des relations humaines au moyen âge ; de tout cela se compose ce
qu'il appelle son secret. Otez-lui ce caractère,
faites de lui le personnage d'un roman de nos
jours : laissez-lui les jalousies cuisantes, les imaginations effrénées, ou seulement l'espérance, il
n'exprime plus rien qu'une fantaisie sans fond et
sans écho. Pour toucher de vos doigts la vérité
de ce qui précède, visitez Vaucluse. Ce désert
stérile, ces antres, ces rochers minés qui se perdent dans la nue, cette nature âpre et sauvage,
ce glapissement des oiseaux de proie, tout dans
ces lieux parle de sacrifice, de renoncement intérieur aux voluptés de la terre; ne cherchez pas
dans la Thébaïde de l'amour chrétien le Tibur
d'Horace.

Quand la société catholique semblait encore un
refuge assuré, Pétrarque donne le premier l'exemple de cette inquiétude intérieure qui, de ce moment, ne fera plus que s'accroître. Il ne peut
s'arrêter, se fixer nulle part; comme un malade,
il s'agite sans cesse. En religion, il n'appartient à
aucun ordre ; en politique, à aucun parti. Il est jeté
hors de toutes les voies connues ; par une révolution subite, l'homme se trouve seul dans l'humanité et son génie s'exalte de son isolement même.

Que cherchait-il dans ses voyages en France,
en Allemagne, en Italie? Il n'en sait rien ; ce pèle-

rin ne va au devant d'aucun autel. L'angoisse morale que l'auteur de René a appelée le *vague dans les passions* commence surtout avec Pétrarque. Las d'errer, il s'enferme pendant dix ans dans les rochers de Vaucluse. Vous diriez d'un anachorète des premiers temps de l'Église; il en porte le costume, il en a l'abstinence; il vient à la source de la Sorgue se laver des souillures contagieuses de la cour d'Avignon. Un paysan, Ramon Monet, et sa vieille femme, sont les seuls compagnons de sa solitude; il partage leur pain noir. C'est là dans cette vie d'expiation, de renoncement, que le génie de Pétrarque prend sa véritable forme. Chacune de ses victoires sur ses sens (1) éclate dans un poème macéré; cette poésie dans laquelle s'exhale le plus pur parfum de l'âme humaine, au moyen âge, lui est donnée en récompense de l'héroïsme intérieur; dans ce pur séjour, il a vraiment vécu pour l'immortelle gloire. Comment les écrivains de nos jours ont-ils pu tout renverser, au point de chercher au contraire l'explication de son génie dans ses heures de souillures? Le moyen âge ne s'y était pas trompé (2); à l'accent de sainteté dans l'amour, il avait reconnu l'écho d'une vie réparée et lavée dans la source de Vaucluse.

(1) De contemptu mundi vel secretum

(2) Michel Ange. — Voyez sa dissertation *Lezione* sur Pétrarque.

Cet ermite étrange murmure des *canzone* passionnées, au lieu de litanies et de prières. Il arrête des jours entiers ses yeux sur les nuages ; il ne voit plus dans les cieux la cité catholique, mais seulement les fantômes de son cœur. Cet anachorète, successeur de saint Jérôme et des Pères du désert, sorti de la pieuse enceinte du passé, idolâtre de ses rêves, est le précurseur de Saint-Preux à Meillerie, de René, de Werther, de Childe-Harold. C'est lui qui fraye le sentier à tous ces solitaires ; le temps venu, ils le suivront en s'engageant chacun plus avant dans une Vaucluse de plus en plus séparée du monde et du Dieu des ancêtres. Dans l'isolement de Pétrarque, vous sentez encore le voisinage de l'Église et de l'ancienne société ; le retour sera possible dès que le poète le voudra. Après lui, la poésie qu'il a créée prendra un caractère plus sombre, à mesure que le retour vers le passé deviendra plus impossible. Dans ce sentier de l'isolement, Saint-Preux conduit à Werther et à René. Le sentier lui-même disparaissant, l'un et l'autre touchent à Childe-Harold, dont le pèlerinage désespéré s'accomplit dans le vide.

Je trouve dans Pétrarque quelque chose de plus grand que ses poèmes ; c'est le sentiment contagieux qui s'est révélé par cette grande âme et qui s'est formé de toutes les harmonies du moyen âge.

Car il n'a pas été seulement un écrivain à la manière des modernes. Il est devenu un personnage
de légende, dans la tradition du cœur humain; il
représente, dans sa vie, la passion qu'il a chantée.
Sous ses sonnets je distingue les époques diverses
d'une longue vie intérieure, où la réalité saigne
encore. C'est d'abord une poésie brillante, radieuse
comme le matin du jour d'avril où il a rencontré
Laure. Puis l'accent devient poignant; j'entends
le cri de l'âme blessée : il faut fuir, il faut partir.
Après les impressions austères de la solitude de
Vaucluse, apparaissent les souvenirs des voyages
en France, en Flandre, en Allemagne, et toujours
l'image adorée, jusque sous les mélèzes de la forêt
des Ardennes. Du milieu de ces chants de langueur éclate à l'improviste un hymne politique,
un cri de guerre, un appel à l'Italie. Puis, comme
si cette voix s'apaisait sous sa propre harmonie,
l'âme se montre plus subjuguée que jamais.

Dans ses angoisses, on ne surprend nulle part le
poète à maudire ou envier le mariage de Laure;
et c'est encore ici un des traits les plus frappants
de la société féodale. L'époux n'inspire point de
jalousie; l'idée que le bonheur eût pu être légitime
ici-bas n'entre jamais dans le cœur des hommes
du moyen âge. Sur cette terre maudite, ils
croient (1) à l'amour, non au bonheur.

(1) In tanta solitudine, nullo prorsus ad incendium accurrante

Peu après, la passion de Pétrarque devient une œuvre d'art. Après l'avoir combattue, il la cultive il s'effraye de la paix de son cœur ; il le ranime : il l'excite par ces vers subtils qui autrefois servaient à l'apaiser. C'est là une seconde époque dans sa poésie.

Je crois en sentir une troisième après la mort de Laure, en 1348. L'imagination du poète, qui s'égarait dans le vide de ses pensées subtiles, est soudain ramenée au vrai. Il suit Laure dans le ciel chrétien qu'il avait oublié ; il la retrouve non plus impassible comme Béatrix de Dante, mais plus vivante qu'elle n'avait jamais été sur terre. Le poème de la vie intérieure s'achève par un hymne à la Madone italienne. L'histoire qui avait commencé dans l'église de Sainte-Claire se termine dans l'Église invisible ; la société des âmes, impossible sur la terre, se consomme au haut des cieux. Cela rappelle les tombeaux du moyen âge, dans lesquels est représentée toute la destinée humaine, vie, mort, résurrection. Le mort, couché sur son lit de parade, est entouré de pleureuses de marbre, plus haut, il reparaît debout dans l'éternité.

L'originalité de Pétrarque est d'avoir senti le premier que chaque instant de notre vie contient

desperatius urebar... Ilinc illa vulgaria juvenilium laborum meorum cantica. (**De reb. Familiarib. Epist.**, p. 692.)

en soi la substance d'un poëme, et qu'il n'est point
d'heure si vide qu'elle ne renferme une immortalité. Jamais homme de l'antiquité n'eût entrepris
de montrer à nu son âme à chaque moment de sa
carrière terrestre ; on saisissait l'âme humaine
dans quelque moment d'éclat et, pour ainsi dire,
dans une attitude solennelle. Le reste était aban-
donné à la prose. Sur ce principe est fondée la
poésie lyrique de l'antiquité.

Dans l'idéalisme chrétien, l'âme éveillée à l'infini
ne se rendort plus ; ennoblie par le Christ, elle se
mesure à son impression, non plus à la grandeur
des choses. Chaque moment renferme en soi un
monde, et le temps est plus précieux depuis l'É-
vangile, parce que sous chaque instant est cachée
l'éternité. Pétrarque exprime dans toute son effer-
vescence mystique ce nouvel âge de puberté du
cœur humain. Il saisit dans ses rapides poëmes
une heure, un moment fugitif ; il l'arrête, il lui fait
rendre un écho immortel. Des fleurs cueillies dans
un jardin, un voile que le vent emporte, un nuage
qui passe, cela n'est rien ; mais ce rien enferme
un univers ; et de génération en génération, les
âmes altérées, penchées sur la source de Vaucluse,
se nourriront de cette ombre, de ce leurre, sans
l'épuiser jamais.

Pétrarque est retombé sous la même fascination
que Dante ; il croit comme lui que l'empire romain

n'est pas mort, que des paroles brûlantes peuvent le relever du sépulcre. Il écrit à Charles IV les mêmes choses que Dante avait écrites à Henri VII. Peut-être son idéal politique est plutôt la république des Scipions que le règne de Justinien ; du reste, à mesure qu'il découvre les manuscrits antiques, son illusion va croissant. La société moderne n'est rien encore qu'un fantôme illégitime qui va s'évanouir au réveil de la Rome des Césars. Voilà pourquoi il compose, il écrit jour et nuit, dans la langue latine, la seule que parlera l'avenir. Le jour venu de la restauration sociale, ses œuvres en seront l'organe officiel. L'antiquité, dont Dante portait si aisément le joug, est devenue une science pesante, qui accable le génie de Pétrarque ; toujours elle s'interpose entre son siècle et lui. Au milieu du chaos de ses œuvres latines, la figure de Laure donne seule l'impression véritable de la réalité. C'est une personne vivante debout sur un monceau de ruines romaines.

Au fond de l'illusion de ces grands cœurs, il y avait néanmoins quelque chose de très réel ; ils sentaient que l'Italie était parvenue à une époque où ses destinées devaient se décider, qu'il fallait la réveiller par un prodige, sinon la voir s'assoupir de ce sommeil de néant qui dès lors a été s'appesantissant jusqu'à nos jours. Ils ont compris le danger de leur pays, ils ont jeté le cri d'alarme,

vrais prophètes, ils ont vu que tout un peuple était
en péril de mort avant d'avoir vécu, que le froid
gagnait les membres, et ils ont appelé au secours
toutes les puissances du ciel et de la terre ; mais
nul n'a répondu. Avertissement aux peuples qui
se bouchent les oreilles quand la vérité commence
à être dure à entendre.

Un jour, pourtant, Pétrarque reçoit une grande
nouvelle. Le miracle annoncé par tant de voix est
accompli. Rome vient de renaître ; le peuple enseveli s'est retrouvé comme un manuscrit sorti de
la poussière. Qui pourrait en douter? Les courriers se succèdent ; à la voix de Rienzi, le Capitole, le sénat, les armées de Scipion se sont relevés
de terre.

Avec une chevaleresque imprudence, Pétrarque
embrasse sur-le-champ cette conspiration où l'érudition est de moitié. Les lettres qu'il écrit sans
relâche au tribun marquent la sincérité de son
enthousiasme et ses alternatives d'espoir et d'a-
battement. Bientôt il veut aider la conspiration de
ses poésies ; il envoie en toute hâte au tribun une
églogue où les bergers, en paissant leurs trou-
peaux, saluent l'affranchissement du monde. Indigné contre le saint-siège, qui ose arrêter les
courriers de la république romaine, il le châtie
dans une proclamation. Enfin, comment résister
plus longtemps à son impatience? Il part, il se rap

proche du tribun. Sur le chemin de Gênes, le bruit
public lui apporte les premiers signes de la chute
de Rienzi : « J'ai été frappé d'un coup de foudre,
« écrit-il aussitôt. Je n'ai rien à ajouter ; je recon-
« nais le destin de la patrie. De quelque côté que
« je me tourne, je ne vois que des raisons de
« pleurer. »

Une si dure leçon de la réalité ne le corrigera
pas. Il continuera d'écrire et de penser pour une
postérité de théâtre que tout dément autour de lui.
Fidèle jusqu'au dernier jour au rêve de Rienzi, il
le continue dans ses traités et ses poèmes latins ;
son siècle entier est son complice.

Comme il est en dehors de toute réalité possible,
ses sentiments très vifs ne heurtent les passions
d'aucun parti. Le premier, il s'élève à l'amour pur
et platonique de l'Italie. Les factions le choisis-
sent pour arbitre. Il sert de médiateur entre le
pape et l'empereur, entre Gênes et Venise. Sur les
marches du Capitole, il est sacré roi de la renaissance, et il l'était, en effet. Au milieu de
tant de princes et de partis qui se disputaient ce
coin de terre, Pétrarque était le vrai représentant
de la société italienne. Dans un temps où tout re-
produisait l'antiquité, il ramena, pour un moment,
la royauté de ces anciens poètes, qui régissaient,
sous le sceptre d'ivoire, les villes et les sociétés
naissantes.

CHAPITRE IX

L'ART POUR L'ART. BOCCACE

L'Italie est vaincue plus que le reste de la chrétienté dans les croisades. Le parti de l'Église commence à se railler lui-même. Le parti du saint-empire pouvait être le sujet d'un Don Quichotte italien. Le *Décaméron* de Boccace, première expression de la bourgeoisie italienne; joie de l'homme qui vient d'échapper au terrorisme du moyen âge. Que l'art pour l'art a étouffé la tendance à la réforme religieuse et politique. Reproches à Boccace, l'ancêtre des indifférents. Incapacité de souffrir moralement, première cause de la décadence. Boccace amuse et enchaîne l'Italie. Le *Décaméron* et les *Nibelungen*.

Aussi longtemps que dure l'émotion des croisades, l'Orient et l'Occident luttent d'enthousiasme lyrique dans un combat de poésie. Aux chants de l'Arabie et de la Perse répondent les chants de l'Italie et de la Provence. L'amour divin, célébré par saint François d'Assise, l'est en même temps, avec le même mysticisme, par Dschelaleddin-Roumi, dans le voisinage d'Ispahan. Au moment où les deux religions se heurtent, les poètes du christianisme et de l'islamisme, sans le savoir,

se rapprochent, se confondent dans les mêmes
sentiments et presque dans le même langage. Des
deux côtés, alors que tout respire la guerre, s'é-
lève un immense écho d'amour infini. Les der-
viches de Mahomet et les prêtres du Christ se convient à embrasser la terre entière, tant chacun
est certain de la victoire. Le jour où saint Bernard lance les peuples contre l'Asie est celui où
il commente le Cantique des cantiques, pour célébrer les noces prochaines de l'Europe et de l'Asie.

Les croisades écnouées, quand il parut au contraire que ces deux religions, le christianisme et
l'islamisme, ne pouvaient rien l'une sur l'autre,
un immense désenchantement saisit la terre. Il
fallut descendre de l'orgueil lyrique par lequel
chacun avait célébré son triomphe. De l'amour
divin, les cœurs retombèrent à l'amour humain;
et Saadi fit en Perse ce que Pétrarque faisait en
Occident. L'un et l'autre oublièrent Allah et le
Christ pour idolâtrer la créature.

La chute fut plus profonde de notre côté; car,
enfin, l'ambition avait été plus entière, et c'est le
christianisme qui avait dû céder. Plus le triomphe
avait paru légitime et nécessaire sous la bannière
de l'Évangile, plus il en avait coûté de renoncer à
la domination religieuse, qui se confondait avec la
foi elle-même. Le Christ avait reculé devant Mahomet, l'Évangile devant le Coran. Quelle nou-

velle pour un croyant du treizième siècle! Les plus sincères reconnurent qu'il fallait commencer par réformer l'Europe avant de prétendre commander à l'Asie. Les autres accablèrent l'Église d'invectives. Pour la première fois, le moyen âge se vit tel qu'il était, sans prestiges, sans miracles, sans avenir dans la voie où il était entré : il venait de se heurter contre le sépulcre. Au lieu d'occuper le paradis terrestre, il fallait, comme par le passé, rentrer dans l'enceinte de l'Europe, et s'enchaîner de nouveau à la glèbe paternelle. Depuis ce moment le moyen âge cesse de vivre dans l'extase; il a senti sa limite, et il se retire; l'épée flamboyante de Mahomet l'a chassé de l'Éden.

L'échec était surtout irréparable pour l'Italie guelfe. Vaincue plus que le reste de la chrétienté, c'est chez elle que devaient se montrer d'abord les suites de la défaite de l'Église. Après avoir senti le néant de cet empire universel que la papauté promettait à l'Italie, que restait-il à faire pour achever de le détruire? S'en railler. L'homme qui, à la vue de ce monde détruit, de ces espérances tombées, au lieu de blasphémer se contentera de sourire, marquera une époque nouvelle. Ce renverseur de songes est Boccace. C'est lui qui le premier initie le moyen âge non seulement à la prose, mais aux sentiments prosaïques. Il dépouille cette société de son manteau d'emprunt;

il la surprend au milieu de ses légendes et souffle
sur tout cela une haleine de mort. Cette humanité
fascinée, ce droit fantastique de l'Église, qui donne
les couronnes et ne peut conquérir une tombe,
disparaissent dans une ombre ridicule ; c'est un
Guelfe qui renverse le rêve des Guelfes. Comme
Pétrarque ouvre le chemin aux rêveurs solitaires
depuis Camoëns jusqu'à Rousseau, Boccace ouvre la voie au monde des railleurs, depuis Rabelais jusqu'à Voltaire.

L'Italie du treizième et du quatorzième siècle
renfermait assurément le sujet d'un Don Quichotte
italien. On a vu Dante, Pétrarque et tous les esprits élevés de leur temps, plongés dans une illusion semblable à celle du chevalier de la Manche.
Comme lui, ils méprisent le présent, ou plutôt ils
ne le voient pas ; toujours ils croient rencontrer à
chaque pas la société romaine, comme Don Quichotte la chevalerie. Si Pétrarque, dans un voyage
à cheval, trouve sur son chemin une procession
de femmes de la campagne de Rome qui vont en
pèlerinage, il écrit aussitôt qu'il lui semble être
dans la société des Cécilia Metella, des Tullie, des
Lucrèce. Assurément un écrivain railleur eût
trouvé un grand sujet dans la peinture de l'illusion de toute une société, dans les aventures et
les mécomptes d'un homme moderne qui se fût
obstiné à faire revivre et à reconnaître la majesté

romaine sous la figure de l'Empire tudesque ou de l'Italie gibeline. Vous croiriez d'abord que ce sujet, qui est au fond du quatorzième siècle, saisira Boccace dans son envie de frapper par le ridicule la société du moyen âge. Il n'en va pas ainsi ; car ce hardi railleur a trop d'enthousiasme encore pour le rôle que nous voulons lui donner; il ose frapper l'Église; mais la croyance de l'érudit, survivant chez lui à toutes les autres, il laisse debout le spectre du saint-empire romain.

Sa vie n'offre plus rien des extases qui remplissent celle de Dante et de Pétrarque. Né à Florence, quatre ans après Pétrarque, son père l'amène tout jeune à Paris; il ne venait pas entendre dans les écoles les discussions des scolastiques et des théologiens, mais il apprenait dans une maison de commerce florentine à sentir la vie dans ce qu'elle a de plus réel et de moins chimérique. Quelques années plus tard, on le trouve à la cour de Naples, fêté par le roi Robert et la reine Jeanne. Les impressions de ces deux époques, de la vie triviale d'un commerçant du quatorzième siècle et de cette royauté aventurière et fantasque, forment le fond de son coloris, et des souvenirs dans lesquels il puise incessamment ; mélange d'histoires vulgaires et de couleurs royales ; l'écho de Paris au moyen âge l'accompagne au bord du golfe de Naples.

Dans un siècle où tout se brouille, l'amitié inaltérable, chaque jour plus intime, de Boccace et de Pétrarque brille davantage ; elle ne dure pas moins de quarante ans, avec un commerce continu de lettres, de messages, de bons offices. Je remarque que ces deux âmes se touchent non par ce qu'elles ont de créateur et d'inspiré, mais par le même instinct cosmopolite et la même religion de l'antiquité. Citoyens de la Rome des Scipions, ils se sentent inébranlablement unis loin des factions et des sectes dans cette patrie imaginaire. Pétrarque n'a lu que dans les dernières années de sa vie le *Décaméron*, qui avait paru vingt ans auparavant ; et l'esprit indulgent de Boccace ne fut jamais offensé de l'oubli de celui qu'il appelle son maître. Tous deux, en vieillissant, se repentaient l'un des larmes, l'autre du rire de sa jeunesse. Les remords de Boccace allaient même jusqu'à la terreur. Dans sa retraite de Certaldo, un moine lui annonce qu'il faut dire adieu aux livres et à la poésie, que sa mort est proche. Pétrarque essayo en vain de le rassurer ; Boccace renonce à tout : il prend le cilice, s'enferme dans un monastère, et ces deux hommes, si différents et si semblables, meurent presque ensemble, à quelques mois d'intervalle. Après eux, les grandes amitiés des intelligences seront chaque jour plus rares. Un temps viendra pour l'Italie où tout esprit vivra et mourra seul.

Jamais Boccace ne fût devenu le grand railleur du moyen âge, s'il n'eût commencé par en partager l'exaltation. Les œuvres qui appartiennent à la première époque de sa vie, la *Théséide*, *Filicopo*, sont guindées sur le ton des chevaliers d'Arthus. Comme il était en dehors de sa nature, il n'a rien pu que créer des formes et des moules pour la pensée d'autrui en créant la stance, que rempliront Arioste, Tasse et Camoëns. Un sentiment vrai pour la fille du roi Robert lui fait rencontrer dans *Fiammetta* le langage de la passion; il est vrai que dans son âme, nourrie de l'antiquité, l'amour redevient antique et païen au milieu du monde chevaleresque. Fiammetta est de la famille de Phèdre et de Didon, non de celle de Béatrix et de Laure; les cendres païennes recommencent à brûler dans l'urne antique, restaurée par Boccace.

L'exemple de Pétrarque dut lui montrer bientôt combien il était étranger à la poésie de l'amour chrétien; il change de manière. Entre les poèmes ambitieux de sa jeunesse et les œuvres érudites de son âge mûr, il s'accorde un moment de sérénité, de malice enfantine : il écrit *le Décaméron*, et ce moment de naturel lui vaut l'immortalité.

Le Décaméron n'est rien que l'accent de la joie expansive de l'homme qui vient d'échapper à la contrainte du moyen âge. Toutes les terreurs amassées par la religion commencent à se dissiper; les fantômes ont disparu; voici l'aube du monde moderne; le ciel et la terre recommencent à sourire; une ivresse de joie saisit les cœurs. Ce n'est pas sans raison que Boccace a fait de la description de la peste de 1348 l'introduction et le prélude de ses frivoles récits. L'imagination en est si bien saisie, qu'un reste d'épouvante se mêle à tous ces rires bruyants; le tragique est caché sous la fête, et la vipère rit sous le pied d'Eurydice. Cette légèreté effrénée au milieu de cette désolation, ces éclats de joie dans le grand cimetière, cette société qui n'a qu'un jour à vivre, et qui, dans cette villa, sous ces ombrages charmants que caresse l'haleine de la peste, au lieu de songer aux glas funèbres de l'Église, aux menaces et aux promesses de la vie future, se fait de chaque heure un plaisir, et recueille tous ses souvenirs joyeux; quelle poésie audacieuse et nouvelle! quel changement dans le cœur de l'homme! et que le moyen âge, avec ses terreurs crédules, est déjà loin de cet épicurisme chrétien! La mort a véritablement *perdu son aiguillon;* on s'en rit et on la brave.

Une révolution nouvelle est cachée dans ces pages légères, où Boccace célèbre les joyeuses funérailles du moyen âge. Tout ce qui avait effrayé le monde par une grandeur idéale reparaît dépouillé de son prestige, et l'esprit s'amuse de ce qui avait terrifié le cœur. Des souvenirs de ce monde géant il reste quelques *nouvelles* rapides, que sept jeunes femmes et trois jeunes gens se racontent à l'ombre d'une villa. Vous sentez d'une part une société qui périt et s'exhale dans l'air avec les croyances bafouées, les légendes parodiées, de l'autre, une société qui renaît dans la joie et dans le rire.

Il était naturel que l'Italie, qui avait vaincu l'aristocratie, détruisît l'exaltation chevaleresque. Le génie du *Décaméron*, c'est celui de ces républiques bourgeoises de Toscane, de ces *popolani grassi*, qui ramenaient tout aux proportions de leurs communes. Comme ils rasaient les châteaux et faisaient passer le niveau de la bourgeoisie sur la féodalité, de même Boccace abaisse les imaginations, dégrade les traditions de la poésie chevaleresque et les ramène aux proportions du conte populaire. Il ne laisse à aucun château sa bannière sans tache, à aucune famille son prestige, à aucun nom sa grandeur réelle ou chimérique. Sans le vouloir, il est véritablement révolutionnaire, puisqu'il abolit la féodalité dans les imaginations et dans la poésie. Sur les blasons orgueilleux il écrit des contes roturiers; il établit une égalité de ridicule entre les gloires de tous les ordres. Les souvenirs les plus orgueilleux de l'épopée féodale sont obligés de se courber sous la même ironie et de descendre à la prose, de même que dans la vie réelle, les nobles châtelains d'Italie étaient contraints de descendre de leurs manoirs escarpés pour venir s'inscrire sur le livre des communes avec les tisserands et les cardeurs de laine. Qui pourrait méconnaître le caractère républicain et démocratique du *Décaméron?* il y est écrit à chaque page. Cette innocente *jacquerie* met fin à la littérature féodale, et commence le règne de la littérature bourgeoise et populaire.

Si Boccace introduit l'égalité bourgeoise dans le monde féodal, que dire de la liberté avec laquelle il traite la religion catholique? Quand ce livre parut, le saint-siège dut regretter les invectives de Dante et de Pétrarque. Le génie guelfe de Florence se raille et se bafoue lui-même; c'était une réponse populaire au cri de la place publique : Vive l'Église! Mystères, sacrements, couvents, reliques, papauté, tout devient le sujet d'histoires moqueuses; c'est même par là que *le Décaméron* commence. Boccace ne se rejette sur la société laïque qu'après avoir épuisé l'ironie sur l'Église, les faux saints, les fausses reliques, les tartufes du quatorzième siècle qui vont colportant la plume de l'ange Gabriel.

Lorsque vous voyez tant de faux moines dévoilés sous le froc, tant de couvents dénoncés, vous êtes près de penser que ce livre hâtera la ré-

forme religieuse. Mais en réfléchissant au caractère du *Décaméron*, vous restez bientôt convaincu
du contraire. Avant Boccace, un cri de colère s'é-
levait contre la papauté. Dans la bouche de Joachim, de Flore, de Dante, de Pétrarque, ce cr
devenait menaçant. Mais voici un homme qui con-
vertit subitement cette colère, cette passion sé-
rieuse d'innovation, en un sourire sans fiel, en un
divertissement gracieux. La passion du siècle est
détournée par un enjouement innocent et folâtre.
La guerre de la papauté et des Gibelins, de la
cour romaine et de l'*Évangile éternel*, est à jamais
interrompue par ce rire contagieux, qui, sans aucun venin, mais aussi sans profondeur, se communique aux partis et les détend au moment où
ils allaient éclater. L'Italie, surprise dans sa
colère, semble dire, après Boccace, comme ce
personnage de comédie :

J'ai ri; me voilà désarmé.

Dé ce moment s'établit une sorte de pacte entre
l'art italien et le clergé. Le premier aura la liberté
de tout dire, l'autre de tout faire. Plus tard,
lorsque Luther viendra en Italie, que ne donne-
rait pas l'Église, pour qu'il se contentât de sourire
de ses plaies, au lieu de vouloir les brûler !

Le génie d'écrivain de Boccace se compose
d'une foule de nuances opposées qui se résu-

ment dans ce mot : la grâce. Cette langue savante, calquée sur la phrase de Cicéron, cette espèce de toge de consul romain, dont il revêt les ridicules du moyen âge, est déjà par elle-même une vive originalité, parodie naturelle et ingénue de l'Italie moderne par l'Italie antique. A cette comédie prosaïque où figurent toutes les conditions sociales, se mêlent des élans de poésie, ballades passionnées qui s'exhalent comme des bouffées d'orangers. Jamais vous ne descendez si bas dans le trivial, que vous ne rencontriez un écho lointain des sonnets et des canzoni de Dante. Puis les descriptions de l'aurore d'Italie, par lesquelles commence chaque journée, ce grand paysage toujours présent, ennoblissent le récit et semblent le purifier. L'aube de Toscane sourit sur le front du conteur.

Par un artifice de composition que Pétrarque avait remarqué, ces récits, écho de toutes les médisances du moyen âge, sont renfermés entre la la description de la peste et la plus sainte des légendes laïques, l'histoire de Grisélidis. Au moment où vous pensiez avoir traversé le moyen âge, il reparaît sous sa forme la plus angélique. Après vous êtes égaré dans le labyrinthe burlesques des cent nouvelles, vous vous retouvez dans un cercle enchanté, sous l'arbre emparadisé des légendes. Cette histoire est, au fond, celle de l'imagination italienne. Grisélidis est répudiée par son seigneur. Le mariage rompu, ses enfants lui sont arrachés; elle est renvoyée pieds nus dans sa cabane, puis ramenée pour servir sa rivale et assister aux noces. Toujours fidèle, elle accepte chacun des caprices de son époux, et ne cesse de lui sourire dans ses angoisses. A la fin, les épreuves accomplies, ses tortures se changent en joie; son seigneur attendri tombe à ses pieds. C'est ainsi que Boccace dépouille et bafoue la poésie italienne du moyen âge; il la renvoie pieds nus, après lui avoir fait subir tous les genres d'épreuves et de dégradations. A la fin, il la ramène au logis plus radieuse que jamais, comme si le divorce avec l'imagination romanesque n'avait été qu'une feinte du poète.

Dante, Pétrarque, Boccace, ces trois hommes inséparables, marquent chacun une période dans l'état politique de l'Italie; ce qui frappe est de voir combien l'inspiration nationale et patriotique a promptement déchu de l'un à l'autre. L'Italie politique remplit la pensée de Dante; elle n'apparaît plus que par intervalles à Pétrarque; elle a cessé d'exister pour Boccace.

Si j'étais Italien, je voudrais faire de durs reproches à ce génie trop indulgent, car il commence un ordre tout nouveau. La licence, la corruption élégante de ses œuvres, pourraient être rejetées sur son siècle: ce que je serais incapable de lui pardonner, c'est un mal plus profond dont il a été le premier atteint, qu'il a propagé plus que personne, auquel je ne sais point de remède, l'indifférence de l'âme.

Après les rudes passions du moyen âge, quand je vois cet homme n'avoir plus aucun des amours, aucune des haines ni des douleurs poignantes qui marquaient les pulsations de la vie dans le passé, je commence à m'inquiéter sérieusement du sort de l'Italie. Vainement je cherche dans cet ancêtre des indifférents l'ironie politique, la moquerie sublime qu'Aristophane puisait dans l'amour d'Athènes. Cette corde vient de se briser dans la poésie florentine. Boccace est le premier Italien qui se soit résigné au sort de l'Italie ; bien plus, il s'en console, il s'en distrait dans l'épicurisme.

Aucun homme n'a vendu si cher son génie; après *le Décaméron*, je suis obligé de descendre jusqu'à Machiavel pour retrouver une parole virile ; le citoyen de Florence ne paraît plus dans l'artiste. Il berce une société déjà malade, en péril de mort, quand il faudrait faire saigner les plaies et arracher un cri de douleur. C'est lui qui montre le premier cette incapacité de souffrir moralement, qui deviendra de plus en plus le trait de l'Italie et la cause permanente de son esclavage. Pendant qu'elle reste suspendue à ses récits, et qu'elle boit dans la coupe enchantée l'oubli et le plaisir, l'une après l'autre les villes libres se vendent, sans éclat, aux seigneurs; de rares émeutes, aisément réprimées, scellent la servitude; l'âme de anciennes factions disparaît; il reste la guerre civile sans le principe et sans la foi. Dans la vie insouciante de ces jeunes gens rassemblés sous les ombrages du *Décaméron*, au milieu des haleines de la peste, je vois l'idéal tracé d'avance de la société du seizième siècle, où achèvent de se flétrir les amours et les haines du moyen âge.

Depuis Boccace, la doctrine de l'art pour l'art, indépendamment de toute idée de patrie et de morale, est celle des écrivains italiens. Le pays, les passions nationales, guelfes ou gibelines, s'effacent de leurs œuvres; occupée du beau dans la parole, s'oubliant pour peindre, chanter, sculpter des objets de plus en plus éloignés d'elle, sans rien voir des dangers réels qui la menacent, l'Italie s'aveugle et s'enchaîne par son propre génie.

Connaissez-vous ce tableau de batailles où le peintre a montré les purs esprits qui combattent dans la nue, au-dessus de la mêlée des hommes? Je pourrais de même montrer, dans la lutte politique de l'Italie et de l'Allemagne, deux races d'hommes aux prises dans le monde de l'imagination. Pendant que l'une se berçait des contes de

Boccace, ses envahisseurs prêtaient aussi l'oreille
à de nobles aventures. Si l'Italie avait le *Décamé-*
ron, l'Allemagne avait les *Nibelungen*, dernier
écho des champs de bataille d'Attila : la Germanie
de Tacite à peine recouverte de la cotte de mailles
de la chevalerie ; la prophétesse dans son château entouré de brumes éternelles ; le chef de
tribu naviguant sur les fleuves et tenant lui-même
l'aviron, le barde armé d'un archet d'acier qui
sert de glaive ; un mélange des violences mé-
rovingiennes et des chastes coutumes de la famille dans les temps héroïques ; des vierges
géantes qui n'acceptent pour époux que celui
que leur bras n'a pu tuer ; l'aïeule, la mère, la
fiancée, l'enfant bercé au milieu du carnage ;
le christianisme détruisant le paganisme sans y
rien substituer encore, les dieux absents des antiques forêts ; dans tous les cœurs une épouvante
mystérieuse, un pressentiment funèbre ; l'homme,
sans Odin et sans le Christ, seul avec sa colère et
son désir de vengeance ; les héros, enivrés du
sang, où ils baignent leurs genoux dans la
salle du festin, et s'égorgeant jusqu'au dernier ;
dans ce long carnage, point de légende pieuse ni
de miracles hors ceux de l'épée et de la lance ;
çà et là de rouges étincelles qui s'allument à l'acier
des casques ; mais point de prières dans l'agonie ;
chacun occupé d'une pensée de destruction ; et la

mort sous tous les aspects devenue la seule religion des mourants : voilà de quel hydromel s'eni-
vrait l'Allemagne avant de descendre avec le
saint-empire romain dans les plaines lombardes.
Les historiens allemands, tels qu'Othon de Fri-
singen, portent eux-mêmes l'accent, la froide
ironie des Nibelungen dans leurs chroniques dès
qu'ils décrivent les plaies du Midi. Comment répondait l'Italie à ce cliquetis d'épées et de bou-
cliers? Quand un patriotisme implacable eût été
nécessaire pour résister à ces chevaliers de la
mort, quelles étaient les idées, les habitudes d'esprit que nourrissaient des républiques accoutu-
mées à vivre sous la pointe du glaive? Je le dirai
bientôt.

CHAPITRE X

LA BOURGEOISIE ET LA CHEVALERIE

Chute du parti de l'Empire. L'esprit de la bourgeoisie ruine les traditions chevaleresques. Le saint-empire romain démasqué par Pulci, Arioste. Ils raillent les nationalités. L'Italie met son génie à s'oublier elle-même. Le *Roland furieux*, image de l'esprit humain dans la Renaissance.

L'illusion du parti de l'Église vient d'être démasquée par Boccace. Comment à son tour sera ébranlée dans les imaginations le parti de l'Empire? C'est ici une des originalités les plus incontestables de l'Italie. Pour comprendre l'importance du rôle qu'elle a rempli à l'égard des traditions du moyen âge, il faut la comparer aux autres peuples modernes.

Grâce à son humeur héroïque, la France crée a légende populaire du monde féodal; la vie du moyen âge se résume chez elle en deux grandes figures. Charlemagne personnifie le saint-empire romain; autour de lui se meuvent dans les épopées chevaleresques avec un grand bruit de fer les traditions nationales du midi de l'Europe. Arthur, au contraire, est le roi de l'épopée individuelle, l'homme même au moyen âge. Sorti de l'enceinte des sociétés particulières, il poursuit, à travers monts et vaux, un idéal que l'univers entier ne peut lui montrer. Il cherche le ciel sur la terre, et ne rencontre que la douleur : épopée pleine de macération, de flagellation, on dirait un anachorète caché sous la cuirasse et le haubert. De loin à loin, le chevalier découvre un ermite dans son moustier ; il lui demande le chemin qui mène au but mystérieux, puis il se rengage dans la forêt, attiré par un mirage perpétuel de l'infini. C'est là assurément un emblème profond de la vie humaine telle que le moyen âge l'avait faite. Vous voyez la réalité s'éloigner et se dissoudre à mesure que vous essayez de la saisir. En lisant les romans de la chevalerie, il semble que le genre humain est lui-même un de ces chevaliers errants, qui de lieux en lieux, de ruines en ruines, de peuples en peuples, poursuit son chemin ténébreux. Égaré dans l'infini, il s'arrête çà et là pour demander aux révélateurs, aux prêtres des religions immuables où est le sentier qu'il a perdu. La visière baissée, sans mot dire, il continue son voyage vers la demeure enchantée qui le fuit à mesure qu'il s'en approche.

Après avoir ébauché les figures de l'épopée féodale, la France les oublie. Avec la féodalité, ces traditions s'affaissent sans éclat : il était dans le génie de ce peuple de ne pas se retourner vers le moyen âge, même pour s'en railler.

Lorsque l'Espagne a emprunté à la France ses traditions populaires, elle s'en est fait une arme de combat ; et son caractère s'est montré tout d'abord dans ses imitations. Que sont les romances les plus belles de *Bernard de Carpio*, sinon un cri de soulèvement contre les Francs, le chant des guerrilleros du moyen âge, la protestation poétique de l'Espagne contre l'intervention armée de nos ancêtres, le défi jeté du haut des Pyrénées à cette société française qui prétend dès le moyen âge tout marquer de son empreinte ? Il suffirait de lire ces petits poèmes de l'Espagne au berceau pour affirmer d'avance que le peuple qui les a inventés traversera l'histoire moderne sans se laisser entamer par ses voisins. Au milieu de cette épopée cosmopolite de la chevalerie que subissent les autres peuples, l'Espagnol se fait une tradition à part ; il change et renverse tous les rôles ; il n'exalte d'abord Charlemagne, le roi des rois, que pour l'humilier et le dégrader aux pieds du Castillan Bernard de Carpio.

Dans cette révolte de tout un peuple contre la souveraineté poétique et cosmopolite de l'empereur du moyen âge, vous trouvez déjà le peuple qui jettera le premier cri de guerre contre l'empereur du dix-neuvième siècle ; ni le prestige de Charlemagne, ni celui de Napoléon n'ont pu fasciner l'orgueil des Espagnes.

Il en a été tout autrement de l'Allemagne ; elle a adopté les traditions françaises sans y faire aucun changement profond. Les imaginations de nos rhapsodes passent de l'autre côté du Rhin, bannières déployées. A ne considérer que ces faciles communications d'intelligence entre les deux peuples, vous jugeriez qu'ils sont encore sous la domination du grand empereur frank, et que, pendant tout le moyen âge, la plus intime fraternité a régné entre le génie de la France et celui de l'Allemagne. Cette alliance est si profonde que des critiques de nos jours en ont profité pour essayer d'attribuer aux poètes tudesques les inventions de nos trouvères ; tous ces grands peuples, aujourd'hui divisés, étaient aisément d'intelligence au douzième et au treizième siècle (1).

Le chaos des imaginations au moyen âge aboutit à personnifier l'esprit des races et des nationalités dans quelques héros fantastiques. De ces époques de débrouillement, que reste-t-il dans la mémoire des peuples ? Quelques fantômes qui

(1) Voyez les *Épopées françaises.*

les représentent avec leur génie et leur caractère. La France a son Roland, l'Angleterre son Robin Hood, l'Allemagne son Siegfried ; et ne croyez pas que ces images, pour être des ombres, soient sans valeur. Si on les examinait avec attention, elles apparaîtraient comme des emblèmes persistants de la destinée de chaque peuple. La France, dans la suite de son histoire, n'a-t-elle aucune similitude avec Roland? n'a-t-elle pas sa témérité héroïque? n'a-t-elle pas appelé du cor, le ciel et la terre à son aide, quand son épée s'est brisée dans sa main? Morte pour une journée, ne l'a-t-on pas vue refleurir, comme les morts de Roncevaux? L'Angleterre ne cherche-t-elle pas son butin comme Robin Hood? L'Espagne, qui meurt pour ses rois, n'a-t-elle pas été abusée par eux, comme son Bernard de Carpio? La race germanique, candide et rusée comme Siegfried, ne court-elle aucun risque d'être immolée par Hagen, en se penchant avec trop d'avidité sur le Rhin?

Chose extraordinaire! dans cette réunion de types imaginaires, l'Italie seule n'a point de représentant. Elle n'a pas un fantôme à opposer à tous ces fantômes, pas un héros populaire qui marque sa nationalité dans le monde idéal, pas un chevalier florentin, pisan, romain, qui entre en lutte avec Ogier le Danois, Arthur de Bretagne, Renaud de Montauban, Gauthier d'Aquitaine. L'absence d'un centre de vie propre se montre ainsi en Italie, jusque dans le royaume des chimères. N'ayant pas de héros national dans les traditions du moyen âge, c'est elle qui détruira par l'ironie tous ceux qu'elle trouvera chez les autres. En bafouant les nationalités dans les personnages qui les représentent, ses poètes épiques développeront, à leur insu, cet esprit de cosmopolitisme auquel tout vient aboutir chez elle.

Jusqu'ici l'épopée héroïque avait servi, en effet, à l'apothéose d'une race d'hommes, d'une nation, d'une patrie; désormais, on la fait servir à renverser tout cela, comme autant de chimères et de fictions. Mais cette œuvre ne se fit pas en un jour; il y fallut, comme on le verra dans les pages suivantes, plusieurs générations d'hommes de génie.

Les peuples chez lesquels dominait l'aristocratie féodale prirent au sérieux les hauts faits des barons, et ils en racontèrent l'histoire en longs poèmes crédules qui portent le sceau du servage. Mais lorsque les mêmes traditions passèrent les Alpes, elles s'adressèrent à des populations démocratiques chez lesquelles il leur fut impossible de s'établir. Que faisaient à ces communes indépendantes de Florence, de Sienne, de Pise, à ces *grasses bourgeoisies*, à ces *popolani grassi*, les aventures des preux d'Arthur et de Charlemagne? La démocratie se prit à rire des traditions hautaines de l'aristocratie du Nord. Il n'y avait point là de manoirs inexpugnables pour en répéter les échos. Cette poésie de la chevalerie, dans son naïf orgueil, ne pouvait se passer de tout ce qui l'inspirait ; pour croire à son merveilleux, il fallait voir de ses yeux une terre couverte de châteaux forts, d'hommes d'armes, de barons et de serfs.

Où tout cela manquait, l'exagération devait seule frapper les esprits. Figurez-vous les types orgueilleux de la chevalerie du Nord, tout à coup livrés sans défense à la causticité, aux rancunes, au scepticisme des républiques du Midi. Ne voyez-vous pas se former une ligue ironique contre ces fantômes pompeux, surpris au grand jour, loin de leurs manoirs ? Et si de plus, ces croyances, ces traditions sont celles des vainqueurs, c'est presque faire une œuvre nationale que de les découronner. Vaincue et garrottée, l'Italie se venge en se moquant tout ensemble d'elle-même et de ses maîtres.

Au milieu de la cour naissante des Médicis, qui sous sa splendeur littéraire, ne pouvait déguiser son origine bourgeoise, Louis Pulci reçoit du chef de l'État et de sa mère, Mona Lucrezia, la mission, en quelque sorte officielle, de dégrader par la raillerie les traditions hautaines de la féodalité. Dans son poème de *Morgante*, il accomplit cette mission avec une conscience, une audace, une profondeur de malice qui respirent les vieilles rancunes des Guelfes. C'est lui qui le premier, au nom des *popolani grassi*, fait main basse sur la couronne mystique de Charlemagne, et qui le traine par sa barbe chenue, et le jette en proie à la risée des marchands de Florence. Morgante, l'ami de Roland, est un géant, aïeul de Gargantua. La verve monacale de Rabelais, relevée par les délicatesses de la bourgeoisie italienne, par les conseils d'Ange Politien, éclate déjà dans le rire de la Toscane. Que reste-t-il des pieux récits de nos trouvères, de ce grand jour de Roncevaux, de ces anges qui planent sur les batailles, de cette union jusqu'à la mort entre le prêtre et le héros? Le géant Morgante sert de mât aux vaisseaux; son fidèle compagnon meurt du rire fou des dieux; le cheval Bayard franchit d'un saut le détroit de Gibraltar et retombe de l'autre côté, *léger comme un chat*, dit le poète.

S'il ne s'adressait qu'à la chevalerie, s'il se contentait d'exciter par le rire une sorte d'émeute ardente contre les châteaux enchantés d'Arthur et de ses preux, il ne représenterait encore que la réaction du génie bourgeois contre la légende héroïque du moyen âge; mais Pulci raille avec impunité tout le ciel catholique. Dans ses prologues, qu'Arioste changera plus tard en gracieux portiques de la Renaissance, commence, sur le ton le

plus religieux, une paraphrase de saint Jean, ou
des psaumes de la pénitence, ou des litanies de la
Vierge. Au ton pieux de ces vers qui se meuvent
avec la solennité du plain-chant, vous croyez
entrer dans une cathédrale tiède encore de l'encens des croyants. A peine le seuil est-il franchi,
vous êtes au milieu de masques burlesques : des
éclats de rire se font entendre jusque sur l'autel et
dans le Saint des saints. Les anges du paradis
comparaissent et sont raillés à leur tour.

Autant de dogmes, autant de bouffonneries.
L'enfer même se déride. Les cercles de Dante se
peuplent de démons gracieux, indulgents, es-
piègles, qui, chemin faisant, chevauchant en croupe
derrière les chevaliers, exposent leur philosophie
et leur théologie barbouillée de fumée infernale.
Voulez-vous retrouver le premier type de Méphistophélès ? il est dans Astaroth de Pulci, sorte de
Candide au pied fourchu. « Car nous aussi, dit-il,
« nous avons de l'esprit en enfer, et l'on y fait des
quatrains. » Il y a même des démons qui rient
pendant l'éternité; ils conduisent, en abrégeant le
chemin par de profonds discours, les chevaliers
chrétiens à Roncevaux, où ils savent que doit
périr la fleur du christianisme. Ces démons de la
Renaissance ne connaissent pas, il est vrai, l'en-
durcissement systématique du Méphistophélès du
dix-huitième siècle; s'ils ne vont pas jusqu'au

repentir, du moins ils s'attendrissent aux pieuses interrogations de leurs compagnons ; ils sont touchés de leur candeur héroïque. Lorsque le regret de la félicité perdue, l'émotion, la mélancolie les gagnent, ils disent, en éperonnant leur monture et en essuyant une larme : *Chevaliers, changeons de conversation.*

Où sommes-nous? dans le moyen âge, ou dans le dix-huitième siècle? Ni dans l'un ni dans l'autre ; car le caractère de Pulci est d'avoir concilié les deux extrêmes. Sous son rire se montre un reste de foi : comme dans sa croyance, une ironie près d'éclore. Ce bourgeois qui commence à railler le passé chevaleresque et catholique se laisse peu à peu saisir et émouvoir par son propre récit. Il n'est pas bien sûr que ces démons qu'il vient de déchaîner n'aient aucune réalité; après avoir débuté par se moquer de tout, il finit par adresser à la Madone une prière si solennelle, qu'il est impossible de ne pas la prendre au sérieux. Le Voltaire de la fin du moyen âge est encore à genoux.

Au moment où l'Italie est frappée à coups redoublés par l'Europe, un miracle s'accomplit chez elle. Lorsque vous croyez entendre la plainte aiguë d'un peuple sous le fouet de l'étranger, vous le voyez sourire ; un homme, un écrivain lui a été envoyé pour le consoler, le charmer, l'amuser au sein même de la mort.

Toutes ces villes puissantes et qui parlaient si haut dans le moyen âge, Pise, Venise, Lucques, sont tombées ; elles se taisent ; il n'est plus un coin de terre où la langue soit libre. L'exilé de Florence ne trouve plus un abri dans une autre commune. Si Dante pouvait renaître, il bénirait comme un âge d'or les temps qu'il a maudits. C'est une de ces époques dans lesquelles trois choses seulement sont possibles ; ou le désespoir de Jérémie, ou l'héroïsme des Machabées, ou enfin, si on est résolu de vivre, les distractions de l'imagination et du génie.

On a répété souvent qu'un homme d'imagination pourrait vivre heureux dans les fers ; c'est l'histoire de l'Italie emprisonnée, bâillonnée, dès la fin du quinzième siècle. Cherchez, dans les écrivains, les poètes de ce temps-là, une allusion à tant de douleurs réelles que les hommes ont cependant dû ressentir, vous n'en trouverez pas. Il y a une sorte de conspiration naturelle entre tous les hommes pour se taire sur les calamités et l'opprobre de leur pays. Si vous laissiez de côté les historiographes de profession, vous ne pourriez vous empêcher de croire que cet art serein s'est développé dans un âge de gloire et de prospérité nationale. Arioste surtout communique à toute une génération d'hommes le sourire de la muse qui habite les sommets enchantés : malgré sa légè-

reté, je ne puis me résoudre à étendre jusqu'à lui
le reproche que j'ai adressé à Boccace. Celui-ci
a véritablement amolli et corrompu l'Italie dans
un temps où elle pouvait encore choisir entre une
liberté orageuse ou un esclavage voluptueux ; au
lieu qu'au temps d'Arioste, il ne restait qu'à mourir avec grâce, comme le gladiateur dans le cirque.
La suprême science du sourire dans l'agonie lui
est enseignée par l'auteur du *Roland furieux*.

Plus le présent est triste, plus il retient l'Italie
dans le monde de la féerie ; il l'arrache aux souvenirs des invasions, aux déprédations des Allemands, des Français, des Espagnols, pour la jeter
dans un sentier merveilleux à la poursuite de Bradamante et d'Angélique. Il l'attire, la conduit dans
la forêt des songes ; puis, quand elle y est entrée,
il la fait appeler par des voix de sirènes, jusqu'à
ce qu'elle soit si bien égarée, qu'il lui soit impossible de retrouver le chemin saignant du monde
réel. Désormais que les vainqueurs s'asseyent
lourdement sur le corps de l'Italie, elle ne sent
pas le fardeau ; son génie est ailleurs ; il s'est dé-
robé sur l'hippogriffe. Quelle clef enchantée lui a
ouvert les portes de l'idéal ? Ses membres sont
asservis, mais son esprit flotte librement de cime
en cime. A la place de ses villes investies, de ses
fleuves ensanglantés, de ses campagnes ravagées,
les sorciers ont bâti pour elle des cités aux mu-

railles d'airain ; ils ont fait couler des rivières
d'or entre des champs de roses. Le magicien
suprème qui, de sa baguette, a su endormir sous
l'arbre des fées ce peuple flagellé, est Ludovic
Arioste.

Non seulement il a charmé son peuple dans la
captivité, il l'a vengé par l'ironie ; puisque railler
dans Charlemagne le César féodal et le saint-
empire romain, c'est déchirer en riant le traité de
servitude qui lie, depuis des siècles, le Midi au
Nord. Les descendants des Francs et des Gaulois
ont beau fouler aux pieds la Toscane et y porter
l'orgueil et la poésie des légendes patriciennes, il
se trouve un Toscan plébéien qui les fait descendre
de ce piédestal tragique, où ils voulaient s'arrêter ;
il parodie leurs ancêtres, les dépouille au milieu
même de leurs triomphes, s'empare de leurs blasons pour s'en faire un jouet, et conserve dans la
ruine de son pays assez de force d'esprit pour
s'amuser de son propre vainqueur.

Quoique détournés, ses coups sont si certains, il
frappe si bien l'empire de Charles-Quint, celui de
François Iᵉʳ, qu'il renvoie les vainqueurs nus et
dépouillés de l'autre côté des Alpes. Car ils étaient
arrivés avec un reste des prestiges de ces traditions chevaleresques, ayant pour cortège les souvenirs agrandis de l'épopée féodale, les Roland,
les Ogier, les Renaud, les Charlemagne, les Ar-

thur, sur lesquels ils prétendaient appuyer une partie de leur autorité morale ; et tous sont forcés, comme des rois de théâtre, de se moquer eux-mêmes de leur gloire d'emprunt. Le vieux César du moyen âge, qui avait nourri d'illusions l'esprit de Dante, de Pétrarque et de leurs contemporains, est reconnu, trop tard, par Arioste qui le détrône et l'abandonne à la risée publique. Enchaînés, asservis pendant le songe du moyen âge, les Italiens se réveillent en riant ; c'est l'éclat de rire de Machiavel dans la torture.

L'Église et l'Empire, ainsi désarmés par le ridicule, marquent la fin des révolutions guelfes et gibelines. Tous les leurres qui ont remplacé le droit politique pendant quatre siècles sont mis en poussière ; on est forcé de reconnaître enfin que l'Italie n'a poursuivi qu'un revenant ; et ce revenant est conspué par tout un peuple. Mais à la place de ces illusions que voit-on surgir dans les esprits ? Est-ce enfin l'Italie ? Non. Ces leurres sont détruits par Pulci au profit de la maison des Médicis, par Arioste, au profit de la maison d'Este. La victoire de l'intelligence sur des fantômes ne consacre que de nouveaux fantômes ; quand toutes les illusions tombées, il semble que le temps soit venu d'évoquer une nation, le dénoûment d'un rêve séculaire est l'apothéose d'une famille de princes. On dirait qu'avec le rêve est tombée jusqu'à l'ombre même de la patrie. Quand le citoyen n'a plus de faux leurres à poursuivre, il se fait courtisan.

Les poèmes de Boiardo, de Berni, de Pulci, d'Arioste, ne sont pas seulement une moquerie; s'ils abolissent les traits nationaux dans la légende de la race romane, ils font circuler partout l'âme cosmopolite du seizième siècle, Angélique, Bradamante, ces images d'amour qui fuient à mesure qu'elles se sentent poursuivies, qui se dérobent à perte d'haleine sur leur palefroi à travers monts et vaux, cet essaim de chevaliers qui s'obstinent dans la passion de la beauté insaisissable, sans autre désir que de l'atteindre, sans autre douleur que de la perdre, n'est-ce pas là le génie même de l'Italie? Tout ce monde d'artistes, de philosophes, d'écrivains, peintres, sculpteurs, architectes de la Renaissance, épris du même amour, n'étaient-ils pas autant de chevaliers errants qui, par mille chemins et de merveilles en merveilles, se disputaient le même objet? ne sont-ils pas tous épris d'un même idéal qu'ils se consument à embrasser? ne poursuivent-ils pas dans le marbre, dans l'argile, dans l'airain, et par toutes les voies du visible et de l'invisible, un être parfait, une Angélique, qui toujours se dérobe sur des sommets où les regards humains ne peuvent la suivre? Et si l'impossibilité d'atteindre son objet a exalté l'amour de Roland jusqu'à la folie, n'y a-t-il pas aussi une sorte de délire permanent dans l'esprit de ce grand siècle qui, obsédé, tourmenté d'une seule pensée, oublie toutes les autres et confond crimes, vertus, vérité, mensonges, satisfait et souriant pourvu qu'il atteigne la beauté souveraine? Dans l'ivresse de l'Italie, je reconnais un peuple qui, comme le héros d'Arioste, a bu un philtre d'amour.

Il ne serait pas plus difficile de retrouver à d'autres égards l'inspiration d'une nationalité éperdue dans Angélique, Bradamante, Clorinde, Herminie, qui, sous la cuirasse, cachent le sein palpitant d'une femme. Ces personnages ont été inventés par l'esprit de l'Italie et lui appartiennent en propre. Ces femmes qui, la tête couverte d'un casque, soulèvent l'épée d'une main débile, ne font-elles pas penser à l'Italie poursuivie sans relâche par d'ardents chevaliers. Charles VIII, Maximilien, Charles-Quint, François Ier, le connétable de Bourbon? Quel magicien la rendra invisible, en la couvrant d'un bouclier de diamant depuis les Alpes jusqu'à la Calabre?

Je n'affirme pas que les imaginations se soient nettement figuré ces rapports, mais ils naissaient de la nature même des choses; et l'âme de l'Italie pénétrait malgré les écrivains, dans les œuvres italiennes. Ce qui fait l'immortalité d'une œuvre d'art, c'est que chaque jour elle gagne en beauté

par la multitude des rapports que la postérité y découvre, et dont les contemporains n'avaient pas la
conscience. Le genre humain pourrait dire de
chaque œuvre durable ce qu'un troubadour disait
de sa dame : *plus je la regarde, plus je la vois
s'embellir.*

Un autre trait du seizième siècle est empreint
avec éclat dans la poésie des Italiens. Le même
instinct de découvertes qui poussait les naviga-
teurs à chercher de nouvelles terres, poussait les
poètes toscans et lombards à les inventer. Tous ils
ont le pressentiment du monde que la science dé-
couvrira. Impatients dans l'enceinte de l'univers
connu et de la géographie ancienne, ils voient des
yeux de l'esprit et décrivent par avance les contrées
que les flottes vont chercher ; quelque chose du
génie de Christophe Colomb fermente dans leurs
imaginations. Avant que le vaisseau de Colomb
n'ait appareillé, Boiardo, dans son poème, aborde
sur un vaisseau imaginaire des continents enchantés ; les îles de Falérine, de Morgane, d'Alcine,
d'Armide, surgissent de l'esprit prophétique en
même temps que les deux Amériques et les Indes
surgissent du fond des mers à la proue des navires.
Dante, en plongeant dans le royaume des morts,
avait agrandi le monde invisible. C'est l'univers
visible que ses successeurs étendent sans mesure
et sans limite. Dans le temps que les Portugais et

les Espagnols cinglaient à travers l'Océan, les Italiens, sans quitter l'Italie, assis prosaïquement à leurs foyers, parcouraient en esprit des mondes fantastiques ; moins ils agissaient, plus ils rêvaient de merveilles.

De plus, ils exprimaient dans leurs épopées romanesques l'un des plus grands instincts du monde moderne. Ce même effort délirant qui éclate en toutes choses chez les hommes de la Renaissance, pour unir des civilisations opposées, réconcilier les cultes, marier l'âme de l'Occident et l'âme de l'Orient, le christianisme et la religion de la nature deviennent le sujet même du *Roland furieux*. Roland, le héros de l'Occident, poursuit d'un amour effréné Angélique, la reine de l'Orient ; le chrétien s'éprend d'idolâtrie pour la païenne. Mais c'est en vain : le temps de la réconciliation et des épousailles n'est pas encore venu. La raison du héros se brise dans la convoitise d'un hymen impossible.

Un des attraits les plus vifs du poème d'Arioste est de rappeler ainsi la vie réelle par les efforts mêmes qu'il fait pour s'y dérober. Chez Dante, dans les abîmes du monde invisible, vous touchiez perpétuellement le monde connu ; dans le *Roland furieux*, tout sur la terre est fantastique, fleuves et montagnes. Comme si l'Italie avait disparu de l'univers, le sol manque au poète ; il reste suspendu hors de toute réalité sur l'hippogriffe. Au début de

chaque chant, il entrevoit de loin, perdu dans l'espace vide, un coin de la terre asservie ; aussitôt,
pour échapper à ce spectacle, il s'élance sur les
ailes du dragon à travers un infini radieux : sorcellerie, nécromancie, incantation, il n'est pas un
moyen qui ne soit pratiqué pour dépayser les esprits et déconcerter les souvenirs.

La vraie merveille est que vous retrouvez le
génie du seizième siècle dans l'artifice même employé pour le fuir, car ce genre d'invention répond
à un sentiment très réel et à un fond de croyances
unanimes ; puisque les découvertes récentes, l'im-
primerie, la poudre à canon, la boussole, l'Amérique, les Indes sortant des eaux, inspiraient alors
à l'homme une idée prodigieuse de sa puissance
sur la nature. Où s'arrêterait la limite de cette autorité, par laquelle il arrachait chaque jour à la
terre un secret nouveau ? Personne ne pouvait le
dire. Il commandait, elle obéissait en esclave. Cette
foi dans l'omnipotence de la science créait par
elle-même une mythologie nouvelle, qui avait ses
croyants tout ensemble dans les laboratoires des savants et dans les ateliers du petit peuple industriel.
Au milieu de ces découvertes, le seizième siècle
apparaît en réalité comme un enchanteur qui commande à la nature, en lisant les pages ensorcelées
de Maugis.

A mesure que j'avance, j'entrevois plus clairement combien l'impossibilité d'accepter ses souffrances, de regarder ses plaies, coûte cher à l'Italie, puisqu'en détournant ailleurs son esprit, elle devient incapable de tirer aucun enseignement de ses douleurs. A ce moment, elle se dérobe à elle-même et se fuit par toutes les voies, avec Arioste par l'incantation et la sorcellerie, avec Marsile Ficin par le platonisme, avec Sannazar dans une Arcadie romanesque, avec les sculpteurs et les peintres dans les légendes cosmopolites de l'Église. Flagellée et crucifiée, mais suspendue à la Chimère, elle commence à ne plus rien sentir des blessures réelles.

Au milieu de ces magnifiques poètes, je découvre un pauvre aveugle que le duc de Mantoue oblige de composer, pour l'amusement de la cour, un poème de chevalerie. Au commencement de chaque chant, il débute par le désespoir, après quoi il essaye de sourire comme les autres. « Souvent, dit-il, je ne sais si je suis mort ou vivant. » Il demande grâce à son souverain, il voudrait se taire et pleurer; mais le prince inexorable exige que le divertissement se prolonge, et le misérable aveugle, plein du deuil national, travaille de nouveau à sourire.

Boiardo, plus robuste, conserve son sang-froid durant tout un volume; au dernier mot pourtant, le cœur se brise, il ne peut continuer.

« Je vois l'Arno et le Tibre rouler du sang hu-

« main. S'il arrive par grâce que je vive assez pour
« voir en paix l'Italie qui, maintenant accablée par
« les nations étrangères, a changé son rire en
« larmes, et cherche un prompt remède à ses dou-
« leurs, je chanterai sur une lyre plus sonore. »

La paix n'arrive pas ; au contraire, les calamités
redoublent et menacent de devenir mortelles. Sans
attendre inutilement de meilleurs jours, Arioste
scelle de nouveau sur ses lèvres ce sourire héroïque qui vient de se glacer sur celles de Boiardo.
Les quarante-six chants de son immense poème
se déroulent sans laisser éclater une seule plainte
émue. Durant quinze ans, les étrangers en armes
entrent par toutes les portes ; mais le poème, sans
s'interrompre, se poursuit toujours plus serein.
Rome, Florence, tombent devant les nouveaux barbares ; la même voix ne cesse de dominer le pillage et le meurtre. La mort même de l'Italie ne
put l'arrêter ; le chant continua dans un sépulcre.

CHAPITRE XI

LA BOURGEOISIE ET LE PEUPLE

Pourquoi le règne de la bourgeoisie a duré en Italie. Organisation politique du travail. Guerres sociales entre le *peuple gras* et le *peuple maigre.* Impossibilité d'associer les classes. Une terreur de trois siècles. Comparaison de la bourgeoisie italienne au moyen âge et de la bourgeoisie au dix-neuvième siècle.

Dans le temps que l'Italie s'élevait à la liberté par la démocratie, l'Angleterre y parvenait par l'aristocratie, et ces deux peuples fondaient le droit politique sur deux principes essentiellement différents. Les barons anglais, qui s'émancipaient après avoir conquis le sol, se reconnurent entre eux à la marque de la propriété. Ceux auxquels les terres avaient été arrachées finirent par voir des maîtres légitimes dans ceux qui les possédaient. L'âme se ravalant par degrés sous une conquête prolongée, la créature humaine cessa de se compter pour quelque chose dans la cité. Une lande, un rocher, un manoir, obtinrent le droit que l'homme avait perdu ; il se trouva dominé, destitué par la glèbe, et la propriété devint le signe distinctif de la vie politique. Cette idée passant de la féodalité dans le droit constitutionnel moderne, il fallut posséder un coin de terre pour être quelque chose ; et de nos jours, les peuples qui se disent les plus libres portent encore au front ce stigmate du servage.

La grandeur de l'Italie dès qu'elle s'appartint, après sa première révolution, c'est que l'homme ne descendit jamais à tant d'humilité et de misère morale que de prendre pour sa règle, sa loi, son prince, sa charte, son autorité, sa conscience infaillible, le ver de terre qui se cache dans la glèbe. Et quand cette contrée n'eût rien fait autre chose, une si éclatante désobéissance à un joug que les meilleurs convoitent ou acceptent aujourd'hui sans sourciller, rachèterait de plus grands vices que les siens. Je répète que l'homme en Italie, malgré toutes ses chutes, conserva cette fierté individuelle de ne vouloir pas être mesuré ni primé par la propriété et par la terre.

Dès le douzième siècle, la noblesse ayant été renversée, son principe de société tombe avec elle. La loi ne demanda pas à l'Italien ce qu'il possédait, mais ce qu'il faisait. Tel se trouva occuper encore de vastes domaines, qui ne fut plus rien dans le monde; c'est le travail qui fit le citoyen, non plus la propriété morte. Quiconque n'était pas inscrit sur le livre public, dans un des métiers reconnus, était un membre inutile ou nuisible, et comme tel retranché du corps de l'État, ou plutôt il était censé n'en avoir jamais fait partie. Le noble qui voulait rester citoyen dut prendre ou afficher un métier, et l'aristocratie terrienne passa sous le joug de l'industrie. Cette révolution établit ainsi dès le douzième siècle la société italienne sur un principe que l'Europe est loin d'avoir atteint au dix-neuvième. L'antiquité avait tenu le travail à déshonneur; l'Italie le réhabilite jusqu'à en faire le principe du droit social. Chaque cité devient une ébauche d'organisation politique de l'industrie, et le gouvernement n'y est que la représentation des métiers et des arts. La hiérarchie des métiers, en Italie, remonte à la plus haute antiquité; ce qui est nouveau, c'est de faire de cette hiérarchie le fondement de la vie politique et sociale. La lutte cesse de s'établir sur le terrain de l'esclave ou du serf, entre les privilèges de la naissance. Le respect de la pensée, de la science, du *dottorato*, est au fond des discussions de l'Italie dès qu'elle commence à renaître; car la hiérarchie qui s'établit entre les professions se fonde en partie sur le plus ou moins d'intelligence qu'elles supposent. Les grandes professions sont partout celles des notaires, des juges, des médecins, des docteurs, des banquiers ; plus elles sont matérielles, plus elles sont tenues éloignées de cette nouvelle aristocratie.

Chaque métier est, au reste, en quelque sorte un État dans l'État, puisqu'il a son tribun, son juge, sa bannière, sa voix dans le gouvernement et dans l'élection des magistrats de la république. A la moindre émotion, les ouvriers de la même profession descendent sur la place publique et se rangent sous leurs drapeaux au bruit de la cloche, au cri de *Vivent le peuple et les métiers !* Tous ensemble forment un grand conseil qui en choisit un petit, sorte de comité exécutif, où les affaires sont traitées en secret, et qui de ce mystère même tire son nom de *Credentia*. Les *grands métiers* combattent les armes à la main pour diminuer la part des petits dans les affaires; ils les relèguent autant qu'ils le peuvent en dehors du droit politique, ou, comme on dit, de notre temps, en dehors du *pays légal*. Malgré cela, tant qu'une commune subsiste, le principe que le travail est le fondement de la vie sociale domine sans contestations.

J'entre ici dans la partie la plus difficile et la plus neuve de mon sujet : il s'agit de marquer la part des différentes classes dans la constitution de la société italienne. Les hommes de nos jours croient volontiers que la guerre de la bourgeoisie et du peuple est une question qui vient seulement de poindre. Je vais montrer que cette question a été posée par les révolutions italiennes, il y a quatre siècles, avec une précision qu'il est impossible de dépasser.

La société romaine s'était débattue entre l'aristocratie et la démocratie, et tout avait été simple dans ce grand conflit. La cité italienne se complique d'une manière imprévue, dans les temps chrétiens; puisque la lutte s'établit entre l'aristocratie, la bourgeoisie et le peuple. Trois personnes vivantes, au lieu de deux, se disputent l'État. De cette trinité sociale, qui semble être le reflet du dogme religieux, naissent des combinaisons inconnues à l'antiquité; soit que ces conditions diverses agissent chacune isolément, soit qu'elles se liguent entre elles, il arrive qu'elles produisent une variété de factions, de partis, qui déconcertent l'esprit accoutumé à la simplicité de la cité antique. La lyre sociale s'est enrichie d'une corde; il faut une oreille attentive pour saisir l'harmonie de ce monde nouveau.

Que devient la noblesse italienne, quand la féodalité est renversée par les révolutions des communes? Tant que la foi dans leur principe les soutient, c'est-à-dire, aussi longtemps que dure chez eux, dans sa première vigueur, l'espérance de la restauration impériale, les nobles restent unis entre eux; ils tentent de rentrer violemment

en possession de la société. Mais, dans les longs
intervalles que les empereurs mettent à reparaitre,
cette aristocratie isolée, sans tête, sans chef, se
sent ébranlée et comme abandonnée. Elle s'aperçoit que son fondement s'écroule avec la foi dans
la résurrection chevaleresque du saint-empire.
Dans la mêlée des villes, les bourgeois à pied,
derrière les barricades et les chaînes dont ils fer-
maient les rues, avaient un avantage certain sur
la cavalerie des comtes. Ceux-ci, vaincus cent fois,
exilés, ruinés (2), obligés de cultiver de leurs mains
la terre dont ils ont été dépossédés, finissent par
se désespérer (1); ils se divisent. Les uns vont
s'engager au service de petits seigneurs ou ty-
rans, qui leur donnent un abri et du pain. Les
autres, oubliant de plus en plus leur passé, hon-
teux de leur misère présente, imaginent, pour
rentrer dans la société active, une chose qui n'é-
tait venue encore à l'esprit d'aucune aristocratie :
ce fut de déchirer eux-mêmes leurs titres, de
changer leurs noms, de supplier les communes
de les accepter pour plébéiens.

Dans le reste de l'Europe, la noblesse avait toujours son refuge vers le roi. En Italie, où elle se
trouva suspendue sans base, on la vit, s'avouant

____

(1) Erano si annullati ch' erano al pari d'altri meno possenti
gentili uomini... (G. Villani.)

(2) Divenuti lavoratori di terra. (G. Villani.)

vaincue, s'agenouiller devant les révolutions et mendier la roture. L'aristocratie italienne eut ainsi sa nuit du 4 août, qui dura plusieurs siècles, avec cette différence que l'obsession de la nécessité, et non l'enthousiasme de la liberté, lui fit brûler ses titres. C'était une immense faveur (1) pour elle que d'obtenir légalement sa propre dégradation. Les communes se montrèrent d'abord très avares de ce bienfait, soit rancune du passé, soit reste de jalousie, soit plutôt qu'elles craignissent d'ouvrir une voie détournée à l'ennemi pour ressaisir ce qu'il avait perdu. Quand elles firent tant que d'accorder ce bienfait, elles y joignirent cette singulière clause (2) : que si un noble admis au rang des plébéiens se rendait coupable d'un meurtre dans l'espace de dix ans, il serait condamné à être retranché du peuple, et rejeté à perpétuité parmi *les grands*. De sorte que par un renversement de tout ce qui s'était vu auparavant, le plus dur châtiment de l'homicide, chez ces hommes implacables, était d'être marqué de noblesse; ils considéraient la vieille aristocratie comme un état de mort politique et social. Vous inscrire sur son livre, c'était vous ensevelir vivant.

(1) I detti grandi e nobili recati a beneficio d'essere popolani. (*Ibid.*)

(2) E se alcuno de' detti (grandi e nobili) facesse micidio, o tagliasse membro... dee a perpetuo essere rimesso trà grandi. (*Ibid.*, lib. XXII, c. xxii.)

Tel comte de Modène, de Bologne, de Gênes, qui n'avait plus que le rocher de son manoir, se fait inscrire sur le livre des charpentiers, ou des pelletiers, ou dans le corps plus nombreux de *la laine.* Par cette ostentation de plébéianisme, les nobles dépossédés réussissent plus d'une fois à dominer leurs dominateurs (1). Cette histoire est pleine d'aristocrates qui, s'étant faits ouvriers, finissent par gagner à cet échange la principauté (2). Chacun d'eux était libre de choisir d'abord le métier auquel il voulait s'attacher. Mais le choix une fois décidé, il n'était plus libre d'en changer; il restait lié aux passions héréditaires de la classe et de la profession qu'il avait adoptées. Dès qu'elle désespère d'agir en son propre nom, la noblesse ralliée aux républiques se partage ainsi entre les grands et les petits métiers. Voilà la raison pourquoi l'histoire italienne n'est souvent que celle des discordes de deux grandes familles dont chacune représente une condition. Sous ces vengeances domestiques s'agite une guerre de classes.

Quand la résistance de la noblesse est détruite, on est disposé à croire que la société italienne se

______

(1) *Antiq. italic.*, Muratori, t. IV, p. 668.

(2) L'excellent Muratori, en reproduisant les chartes du treizième siècle, efface les noms de ces nobles devenus ouvriers. Il avoue qu'il craindrait en faisant autrement d'offenser ou de déshonorer leurs descendants.

pacifie et touche à l'unité. Mais c'est à ce moment, au contraire, que se lisent dans les chroniques ces mots extraordinaires qui résument de longues époques, et replongent l'esprit dans les cercles de l'enfer social du moyen âge.

« En ce temps-là, il y eut une bataille entre le « *peuple gras* et le *peuple maigre* (1). » Cette bataille sans nom, sans horizon connu, éclate partout ; j'en entends le bruit aussi longtemps que dure la civilisation italienne. Les deux armées en présence renaissent d'elles-mêmes, sans pouvoir s'épuiser pendant plusieurs siècles. Quand le combat cesse en Lombardie, il éclate en Toscane ; les historiens expliquent clairement (2) quel est ce *peuple gras ;* il s'agit de la grosse bourgeoisie, des *popolani grassi ;* qui parviennent à former non une condition transitoire, mais une classe distincte, laquelle a sa tradition, sa règle, ses maximes de gouvernement. Quel est de l'autre côté cette pâle armée d'hommes *maigres*, sinon le petit peuple ? Entre les deux combattants point de paix ni de trêve, dès qu'ils se sont aperçus.

A peine la bourgeoisie, grâce au concours du peuple, a-t-elle vaincu la vieille aristocratie, qu'elle se déchaîne contre le peuple avec un éclat, un

----

(1) 1257. Fuit prælium inter populum macrum et grassum.

(2) Parte popolare, parte plebea. — Divisione trà i popolani nobili e i minori artefici. (Machiavel, *Ist. Fiorentin.*)

acharnement, une puissance de haine que rien ne
lasse. L'infatuation de la classe parvenue, la dureté, l'orgueil des docteurs, des lettrés, du clergé,
la répugnance invincible qu'éprouvent les classes
nouvellement enrichies pour le peuple (l'*universale*), éclatent dès le premier moment, dans les
chroniques, en paroles injurieuses : « Qu'impor-
« tent l'opinion et les aboiements (1) de cette
« foule? que peut-il y avoir de commun entre elle
« et la justice? Il ferait beau voir qu'avec tant
« d'ignorance elle se comptât pour quelque chose ?
« que les petits marchands vendent et achètent
« leur sordide butin ! que les forgerons frappent
« l'enclume ! que des hommes adonnés à des mé-
« tiers illibéraux cherchent un misérable gain !
« Nul ne les empêche de s'occuper des travaux
« pour lesquels ils sont faits. Mais la folie serait
« de prendre conseil de gens qui n'ont fait aucune
« étude (2)? Quand il s'agit de sagesse et de pru-
« dence, qu'ils ne se mêlent pas aux hommes
« sérieux, qu'ils ne discutent pas ce qu'ils seraient
« incapables de comprendre. Mais qu'ils veuillent

(1) Nempè vesana est vulgi latrantis opinio... Fabri incudes
feriant. Non se gravibus optimisque viris stolidi inserant. (Fer-
retus Vicentinus, lib. III, *Hist.*)

(2) Qualiter enim sciret consulere popularis, qui nunquam
studuit circà consilia ?... Vacent ergo et intendant officiis aut
ministeriis quibus sunt apti. (**Frater Jacobus Genuensis,** *De
moribus hominum*, lib. II, c. I.)

« bien permettre aux classes élevées de traiter de
« la paix et de la guerre et de la direction du
« gouvernement. »

Tel est le langage invariable de la bourgeoisie
italienne à toutes les époques de l'histoire ; depuis
Malespina jusqu'à Guichardin, l'infatuation de la
science et de la richesse aboutit au mépris le plus
sincère des instincts des masses. Le républicain
Varchi va si loin, qu'il ne tolère pas même que
le peuple pense à la chose publique. Le seul Machiavel a l'esprit assez grand pour résister à ces
traditions de dédain.

De telles paroles, c'était la guerre éternelle
entre les classes. Sitôt que la noblesse a pénétré
dans la cité, la grosse bourgeoisie s'unit à elle par
des mariages ; d'où se forme le caractère unique
des *popolani grassi ;* mélange de traditions féodales, d'enthousiasme pour la science et d'instincts mercantiles. Cette bourgeoisie arme chevaliers (1) ses magistrats ; elle a le goût des aventures
comme l'ancienne noblesse ; mais elle fait accomplir ses exploits par d'autres. Elle conquiert des
territoires, sans paraître de sa personne ; c'est
surtout du fond de ses comptoirs qu'elle livre ses
batailles, excepté lorsque ce cri formidable : *Mort
au peuple gras (Muoia il popolo grasso !)* l'oblige

____

(1) Dottore e cavaliere. (Murat., *Antiq. ital.*, t. IV.)

de prévenir ou de suivre sur la place publique son irréconciliable ennemi.

Le fond de l'histoire sociale de l'Italie, ce sont des plébéiens qui, à peine sortis du peuple, réagissent avec fureur contre lui. Cela se montre partout, mais nulle part plus clairement qu'à Florence. qui présente une sorte d'idéal de la constitution démocratique de l'Italie.

Dès 1342, la grosse bourgeoisie se ligue avec la noblesse (1) pour donner la tyrannie à un *condottiere*, le duc d'Athènes, à la seule condition qu'il *annulerait totalement le peuple* (2). Le tyran, une fois établi, se retourne contre tous; après sa chute, les grands métiers sont obligés de partager le pouvoir avec les petits. Mais cet équilibre est aussitôt détruit. Poussé au désespoir, le peuple prend l'occasion d'une question de salaire, et renverse le règne de l'oligarchie bourgeoise. Cette révolution donne, pour trois ans, le gouvernement aux classes inférieures. On peut désirer savoir ce que demandaient les radicaux (3) du quatorzième siècle. L'habileté de la bourgeoisie, semblable en cela à celle de Servius Tullius, avait consisté à former une seule centurie, ou plutôt un seul corps

---

(1) E per suduzione di certi grandi di Firenze... e di certi grandi popolani per esseri signori. (G. Villani, lib. XII, c. i.)

(2) Ch' al tutto il Duca annullasse il popolo. (*Ibid.*, lib. XII, c. viii.)

(3) Caso de' Ciompi. (Murat., *Rer. ital.*, t. XVIII.)

de plusieurs petits métiers et de presque tous les prolétaires ; par où l'on avait réussi à ne donner qu'une voix au plus grand nombre, c'est-à-dire à l'exclure légalement de toute participation aux affaires publiques. Les petites professions, cardeurs, teinturiers, tailleurs, etc., et tout le petit peuple demandèrent et obtinrent par la révolution que trois nouveaux corps de métiers fussent institués, que deux magistrats sur douze fussent pris dans leur sein, que nul, pendant deux ans, ne fût poursuivi pour une dette moindre de cinquante ducats.

Cette victoire passagère fut durement payée ; le quatorzième et le quinzième siècles ne sont rien qu'une longue et violente réaction de la bourgeoisie pour se venger de ses humiliations. Elle inaugure un système de terreur contre les petits métiers. Un tribunal de quarante-six est formé contre les suspects ; le peuple, qui avait la moitié des emplois, est d'abord réduit au tiers, bientôt au quart, et à la fin dépouillé presque entièrement. Les proscriptions et les échafauds se succèdent ; le nombre d'ouvriers qui, dans cet intervalle, est chassé ou mis à mort, commence l'appauvrissement de la population florentine. De 1381 à 1400, le petit peuple disparaît, en quelque manière ; et cependant le temps vient où la bourgeoisie, de plus en plus ombrageuse et poussée par son système au delà de ce qu'elle avait prévu,

est obligée tous les cinq ans de renouveler la
terreur (1) par une crise de violence. Tout ce qui
marquait, dans les classes inférieures, quelque
trempe de caractère, est retranché de l'État : et
ainsi commence l'avilissement de la démocratie,
qui se frappait elle-même par la base. Le petit
peuple, proscrit en masse, ne trouvait aucun des
abris qui s'étaient ouverts à la noblesse ; il était
dans l'exil incomparablement plus malheureux
qu'elle. Les communes jalouses lui refusaient le
droit de cité. Après quelques tentatives violentes,
ces hommes languissaient et s'éteignaient sans que
les chroniques puissent même les suivre.

Quel historien me dira ce que devint le héros
de la révolution plébéienne, le cardeur de laine
Michel Lando, qui, pendant la domination des
prolétaires, sauva Florence de leurs rancunes ? Il
fut proscrit le premier par la bourgeoisie qu'il
avait sauvée.

Malgré cette extirpation systématique du peuple
par la bourgeoisie, celle-ci ne put jamais avoir
l'esprit tranquille ; dans cette inquiétude, le cœur
lui manqua, au point de proposer sa propre abdi-
cation, en rendant à la noblesse les honneurs et
l'autorité ; les Médicis épargnèrent cet opprobre
à la bourgeoisie, en lui enseignant une science

____

(1) Chiamavano ripigliare lo stato mettere quel terrore e quella
paura ne gli uomini. (Machiavel, *Ist. Fiorent.*)

que le moyen âge, avec ses passions effrénées, ne pouvait connaître.

Ce qui n'était jamais entré dans l'esprit du moyen âge, caresser le peuple pour le dompter, Sylvestre et Côme de Médicis l'enseignèrent et le pratiquèrent les premiers. Cherchez quel fut le fondement de leur autorité; vous verrez qu'ils régnèrent parce qu'ils apprirent aux *popolani grassi* ce secret nouveau, qu'il fallait endormir le peuple par des apparences, *addormentargli* (1), non le désespérer, s'en servir, non l'anéantir. Dès que cette idée paraît dans le gouvernement avec Côme, la démocratie est irrévocablement perdue. Plus la liberté diminuait, plus la haute bourgeoisie se couvrait de ce nom. Les magistrats, qui jusqu'alors s'appelaient les prieurs des métiers, s'appellent les prieurs de la liberté. Peu à peu ce fut un art d'envelopper une tyrannie bourgeoise (2), sous les formes des anciennes franchises. Comment atteindre le tyran derrière cette barrière? Personne n'y songea. Dans ce système, l'oligarchie des riches en vint au point que son chef, Pierre de Médicis, en fut lui-même effrayé et voulut réagir contre elle.

Ce qui, à Florence, s'accomplit par la ruse, se

____

(1) Machiavel, *Istorie Fiorentine.*
(2) La patria... in preda di pochi e alla lor superbia e avarizia sotoposta. (Machiavel, *Ist. Fiorent.*)

consomme ailleurs par la violence. Jamais on ne
put, en Italie, établir un équilibre quélconque entre
les classes. L'intolérance qui était dans le fond
des croyances religieuses éclatait dans la vie politique ; ni la bourgeoisie ne fait une concession au
peuple, ni le peuple à la bourgeoisie. Dans Rome antique, les patriciens et les plébéiens étaient contenus
les uns par les autres dans le sentiment de la patrie.
Dans l'Italie moderne, tout différend d'opinions, de
conditions est un combat à outrance. La guerre
était si bien et si nécessairement la loi de ces
sociétés, que lorsqu'elle finissait, l'État lui-même
semblait finir avec elle. Quand on essaya de rapprocher les deux partis, on ne le put jamais que
par la démission ou violente ou volontaire de l'un
et de l'autre, entre les mains d'un maître absolu ;
ce qui fait que l'on passait, en un moment, des
orages de la liberté au silence de la servitude. Le
tempérament du génie italien le poussait à l'extrême ; il fut impossible de laisser subsister dans
la même enceinte les factions ou même les classes
en face l'une de l'autre. En vain les Guelfes ma-
rient leurs fils aux filles des Gibelins ; ces épousailles n'enfantent que de plus implacables haines ;
en vain les partis haletants se jurent sur la croix
de se réconcilier ; la réconciliation ne s'accomplit
que par la mort de l'État.

Les principautés absolues qui s'établissent partout marquent un fond de désespoir dans la société italienne. La bourgeoisie et le peuple, las de se déchirer, après avoir cherché avec fureur la liberté, y renonçaient froidement, comme à un bien inaccessible sur cette terre. On se résignait à une apparence d'ordre que l'on appelait paix.

Les historiens italiens ont un mot (1) qui exprime avec une énergie naïve cette impossibilité de l'association des classes ; ils parlent du *vieux peuple* et du *peuple nouveau*, comme si, en effet, suivant la différence des temps, il s'agissait, dans les mêmes villes, de nations toutes différentes et ennemies, qui ne travaillent qu'à se détruire. La bourgeoisie commence par retrancher de l'État la noblesse, après quoi, elle retranche de l'État le peuple ; et chacune de ses amputations lui paraît le salut et la paix. Quand les étrangers s'en aperçurent, il ne restait plus que le tronc d'une nation.

La défiance des citoyens les uns envers les autres, et leur impatience étaient telles qu'un an de durée dans les magistratures leur parut une perpétuité désespérante ; on les réduisit à deux mois et même à quinze jours.

Si le sentiment de la fraternité resta inconnu dans ces révolutions, celui d'égalité le fut davantage encore. Comme aujourd'hui un paysan ne se croit

(1) Il secondo popolo che regge al presente. An 1334. (G. Villani.)

affranchi de la glèbe que s'il possède un coin de terre, de même ces républicains nouvellement enrichis ne se croyaient libres de la féodalité que s'ils pouvaient dominer et tyranniser une autre commune. Chacun mesurait sa liberté sur la dépendance d'autrui ; les prolétaires eux-mêmes voulaient avoir leurs vassaux. Les ouvriers de Sienne entrent en fureur à la nouvelle que les ouvriers de Massa prétendent s'affranchir de leur seigneurie féodale. Les luttes de ces républiques rappellent, sur de grandes proportions, celles des *compagnons* qui, de nos jours encore, disputent de la dignité des métiers.

A mesure que les classes se séparent, que l'abîme devient infranchissable entre elles, je m'aperçois que les traditions, les principes et la sève même de la société italienne disparaissent par degrés. Il arriva à la bourgeoisie, qu'en détruisant la noblesse, elle détruisit le principe de l'ancien héroïsme, et qu'en redoutant le peuple et le désarmant, elle empêcha un nouvel héroïsme de se former ; d'où il s'ensuivit que la guerre ne put plus être faite que par des étrangers. Comme un arbre qui se séparerait de ses racines, la classe des *popolani grassi*, violemment séparée des masses, perd peu à peu les instincts de nationalité et de patrie qui lui avaient donné le pouvoir. Toutes les classes, déconcertées par leur désunion, montrè-

rent au reste, le même esprit d'apostasie. Les
Guelfes se font Gibelins et réciproquement, dans
un intérêt bourgeois ou prolétaire.

Ce qui mit ces apostasies dans tout leur jour,
ce fut l'arrivée de l'empereur Charles IV, en 1352.
Cet empereur, doutant lui-même de son droit,
désarmé presque seul, s'avançait plutôt en simple
voyageur (1) qu'en souverain. L'aigle d'Allemagne
tremblait devant la vipère de Milan (2). Les jalousies des classes firent bientôt pour ce fantôme ce
que les croyances réelles avaient fait pour ses aïeux
dans les siècles précédents. Le petit peuple anti-
impérialiste de Sienne renverse chez lui l'oligarchie des riches aux cris de: *Vive l'empereur !* D'un
autre côté, la bourgeoisie de Florence, qui jusque-
là avait représenté la lutte de l'Italie contre l'empereur, se précipite au devant de l'empereur jusqu'au fond de l'Allemagne. Comme si ces hommes
avaient perdu toute tradition, ils payent l'amende
dont Henri VII avait frappé vainement leurs ancêtres, et surtout, chose inouïe, ils livrent sans
combat la souveraineté de l'État. Quand il fallut lire
cet acte d'hommage lige de la noble Florence, les
larmes interrompirent le notaire ; et si l'on veut
voir à quel point l'instinct national était déjà per-
verti, je dirai que l'historien Villani ne voit rien

(1) Como privo uomo. (M. Villani.
(2) M. Villani.

dans ces larmes qu'une flatterie envers la plèbe,
et dans le silence de la ville, que la tristesse mortelle d'être obligé de payer une somme d'argent.
Il me semble pourtant que ces larmes avaient un
sens, et que c'était quelque chose dans la vie de
l'Italie que cet abandon de la souveraineté guelfe,
pour laquelle avaient combattu les ancêtres depuis
deux siècles.

La souveraineté de droit, livrée en 1355 à
Charles IV, ne peut manquer de produire tôt ou
tard la servitude réelle ; désormais les villes qui
sont le cœur de l'Italie s'abandonnent elles-mêmes.
De Charles IV à Charles-Quint, il n'y a plus que
l'intervalle des jours. Mais, du reste, plus de rem-
part moral, plus un seul coin de terre en Italie qui
ait sauvé le droit. Les magistrats de Toscane con-
sentent à s'appeler désormais les *vicaires* de l'empire. N'est-ce pas le premier pas vers le gouvernement des archiducs et des vice-rois de
l'Autriche ? La tristesse funèbre de Florence, dans
cette nuit de 1355, enfermait tous ces pressenti-
ments.

Ce que l'on a vu en France dans la Convention
pendant quelques mois s'est produit en Italie pendant des siècles sans intervalles : une société qui
vit de terreur ; aucun effort que l'exil ou la mort,
pour se convertir, se ramener les uns les autres :
la conviction profondément enracinée par le catho-

licisme que l'homme est mauvais, qu'il faut le livrer au jugement de Dieu; une misanthropie
naïve et implacable; dans chaque État, la moitié
du peuple proscrivant l'autre, les partis se tuant
froidement (1), *comme on tue les animaux à la
boucherie*, et à la fin la terreur usant la terreur.
Le tyran dans son fort avait peur du peuple; le
peuple dans la ville avait peur du tyran. On arriva
ainsi à cet état de faiblesse mutuelle qu'avec cent
cinquante hommes résolus, il était aisé de s'emparer de la souveraineté d'une république. Dans
la rage inexprimable de ces classes déchaînées
l'une contre l'autre, toute arme était bonne; les
arts mêmes servirent plus d'une fois de supplice.
Si le criminel échappait à la colère publique, on
le peignait à fresque dans la torture, sur les murs
de sa prison, éternisant ainsi l'échafaud. C'est ce
qui arriva au duc d'Athènes. Au reste, ces peuples
se montrèrent indifférents au sang versé plutôt
encore que cruels; souvent leur haine se contenta
de proscrire.

Après que les passions sont mortes, l'habitude
de la terreur dure encore, comme une machine
montée qui continue son mouvement sans que
l'homme s'en mêle. Quand il ne resta plus rien
des anciennes colères, on imagina de payer des

---

(1) E uccideva l'uno l'altro nella città e di fuori, como s'ucci-
dono le bestie al macello. (Matteo Villani.)

hommes pour qu'ils figurassent au moins les
haines, les passions que les âmes épuisées ne pouvaient plus produire. Mais ces passions mercenaires s'alanguissaient dès le premier jour; l'Italie du moyen âge, incapable de s'élever à l'idée de
fraternité, disparaît dès que la haine s'éteint.

Au milieu de ces révolutions continues, la bourgeoisie de Florence crée, en 1345, le crédit public; elle établit un grand livre de rentes sur
l'État. La religion du commerce protégea la dette
publique contre toutes les passions. Ce grand-
livre fut la seule chose que respectèrent les partis;
il donne le secret des longues guerres que soutint
au dehors la bourgeoisie et qui affermirent son
règne au dedans. L'héroïsme du commerçant lui
resta quand elle eut perdu tous les autres.

Si quelque chose reste obscur dans ces révolutions sociales, j'ajouterai que ces ténèbres s'é-
clairent inopinément par la tentative de la bourgeoisie au dix-neuvième siècle. Tout le monde
voit la révolution française aboutir, de nos jours,
au règne de nouveaux *popolani grassi*, dont la
ressemblance avec les anciens est frappante :
même génie du parvenu, même infatuation, même
mépris des sentiments populaires (de l'*universale*),
même abandon aveugle de tout instinct de patrie.
La grosse bourgeoisie, entraînée par ses chefs,
émigre aujourd'hui sur le terrain des traités de

1815 et de la Sainte-Alliance, comme la grosse bourgeoisie toscane du quatorzième siècle émigra sous le drapeau de l'ennemi gibelin. Mais deux choses assurèrent pour longtemps, en Italie, le règne de l'oligarchie des riches. Premièrement, en s'unissant par des mariages à la noblesse de race, ils lui empruntèrent véritablement une partie de son sang et de son génie; en second lieu, ils eurent pour eux la religion, à laquelle ils croyaient, un enthousiasme désintéressé, celui du beau dans les arts, les sciences, la civilisation, en un mot, un idéal éternel qui leur prêta quelque chose de sa durée. Il me semble que les *popolani grassi* de notre temps, en ne s'appuyant sur aucun autre fond que l'argent, entreprennent une chose non seulement nouvelle dans le monde, mais téméraire; car d'abandonner à ses adversaires Dieu, la patrie, l'humanité, l'héroïsme, la beauté, la science, l'art, c'est, en vérité, se dépouiller outre mesure, et faire la part trop belle à la fortune impatiente du *peuple maigre* (1).

(1) C'est sur ces derniers mots que j'ai été interrompu, dans l'impression de cet ouvrage par la révolution du 24 février.

CHAPITRE XII

LE PRINCIPE DES RÉPUBLIQUES ITALIENNES.

La terreur.

Quand je vois les historiens modernes (1) parler du libéralisme des républiques italiennes, je crains qu'ils n'aient été dupes des temps dans lesquels ils ont vécu. Ils interprètent le moyen âge italien avec les principes des chartes anglaises, deux systèmes non seulement très différents, mais absolument contradictoires.

C'est une félicité pour l'historien que les choses qui se passent sous nos yeux depuis quelques années soient arrivées; elles lui expliquent un passé de cinq siècles. Si de nos jours, par une grâce particulière, il n'eût vu les partis changer de drapeaux et le libéralisme bourgeois épouser la servitude

____

(1) M. de Sismondi, etc.

nobiliaire; comment eût-il compris jamais que le parti guelfe, qui était au treizième siècle le parti de la démocratie, soit devenu au quatorzième le parti de l'aristocratie, et que les anciens défenseurs du peuple se soient acharnés contre le peuple sitôt qu'il a commencé à vouloir être quelque chose ?

On a remarqué que les révolutions italiennes ont été moins sanglantes que les révolutions de Marius et de Sylla. Si vous y faites attention, vous verrez qu'elles exténuèrent les populations au delà de ce qu'avaient fait les violences des gouvernements antiques. Dans le fait, leur procédé fut tout différent. Ces grosses bourgeoisies industrielles s'étaient de bonne heure aperçues d'une chose que les anciens ne paraissent pas avoir suffisamment connue. C'est le parti qu'elles pouvaient tirer de la misère exercée comme moyen politique; elles sentirent qu'elles pouvaient anéantir leurs adversaires autrement que par l'échafaud; car l'échafaud tue des individus, la misère tue des classes.

Il y avait dans l'emploi calculé de la misère, ce premier et incontestable avantage que la famille entière, non seulement le chef, était frappée du même coup. Le supplice d'Ugolin était appliqué à des multitudes; elles disparaissaient, murées dans la tour de la faim.

Voilà pourquoi ces sociétés mirent souvent sur la même échelle de pénalité la misère et la peine capitale. Dans plusieurs cas, elles offrent le choix à leurs adversaires : ou la ruine, ou la tête (1).

Un autre avantage que ces petites oligarchies trouvaient à tuer par la misère plutôt que par le fer, c'est que l'échafaud est trop retentissant, qu'il n'est pas sans danger pour celui qui l'emploie ; que le sang versé crie vengeance, que le supplice provoque la pitié et la pitié engendre la révolte. Au contraire, la détresse héréditaire de père en fils tue aussi sûrement que le fer, et elle tue sans péril. L'extermination par la détresse amène une fin silencieuse, ignorée des misérables eux-mêmes, en cela, commode par-dessus tout aux oppresseurs.

On a vu comment s'obtenaient quelques moments de répit. L'ostracisme antique fut pour la première fois appliqué à des classes. Chaque parti expulsait en masse le parti opposé ; et c'était peu de le chasser ; on croyait ne s'être *assuré de la situation* qu'après l'avoir dépouillé et mis à nu : ce qui s'accomplissait par les emprunts forcés, et par l'expropriation. Nul ne dormait tranquille que si les vestiges même des habitations de la faction renversée avaient disparu dans l'incendie. Point

______

(1) « Fiorini mille d'oro, o la testa! »

de milieu, point de concessions réciproques, point de capitulations. L'ennemi vaincu, exilé en masse, ses maisons étaient rasées; premier gage de tout changement politique.

Et ce n'étaient pas seulement les hommes considérables qui étaient ainsi expulsés, anéantis, corps et biens. Pour être plus sûrs (1) d'extirper l'avenir, les Guelfes d'Arezzo expatrient toute la population gibeline, de treize à soixante ans; les vieillards infirmes demeuraient seuls. A Lucques, l'exil, institution permanente, était décrété deux fois par an, contre un nombre déterminé de citoyens, quelles que fussent les circonstances. Cela ne suffisant pas encore à l'impuissance où étaient les partis de vivre ensemble, ils imaginèrent de donner à toutes les lois de proscription une rétroactivité illimitée. Tout homme, toute famille qui avait dans ses ancêtres un parent attaché à la faction vaincue, était voué à la proscription; car il ne servait de rien d'avoir changé de bannière. L'opinion du père, de l'aïeul poursuivait le fils, le petit-fils; il ne pouvait par aucun changement de convictions, se dérober à cette responsabilité des générations qu'il n'avait pas connues.

Pendant des siècles, cette vindicte d'un crime originel fut acceptée sans nulle contestation par

______

(1) Quod omnes Guibellini a XIII annis usque ad LX exirent de civitate. (*Annales Arretini*, 1340.)

les plus honnêtes gens du monde. L'idée ne vint
à personne qu'il pût en être autrement. Chaque
gouvernement s'inaugure par l'exil et par la mort ;
le terrorisme de l'Église passe tout entier dans la
politique.

La proscription était si bien la condition fonda-
mentale de ces sociétés, que quiconque voulut y
renoncer et accorder un droit à son adversaire, se
perdit incontinent lui et son parti.

C'est que dans les pays où le principe de la religion est l'immutabilité, on se fait de l'inertie une
sorte de dogme civil ; et le progrès social se trouve
en contradiction avec la loi des consciences. Pour
opérer un changement, dans un État fondé sur
une Église immobile, il vous faut vaincre la nature des choses ; ce qui ne peut s'accomplir que
par la contrainte ; d'où s'ensuit la nécessité de la
violence, apparente ou cachée, sitôt que ces pays
font un pas nouveau dans la justice. Le passé y a
un trop grand nombre de têtes avides de renaître ;
si vous voulez l'empêcher de revivre, il vous
faut la massue d'Hercule.

Comment passer d'un gouvernement de contrainte fondé sur le terrorisme religieux à un
gouvernement de liberté fondé sur la raison ? Les
républiques catholiques de l Italie ont toutes péri
dans cet effort.

Les hommes qui ont été accoutumés dès l'enfance

par la religion au système de la crainte, s'ils viennent à être délivrés de ce frein par un système de liberté et d'humanité, prennent aussitôt ce gouvernement nouveau en mépris. Sans pouvoir s'arrêter dans la liberté, ils commencent incontinent à dédaigner tout ce qu'ils ont cessé de craindre. Car dans ces sortes de pays, on est toujours prêt à insulter ce qui n'a pas la prétention de faire peur, et l'on ne prend guère au sérieux que ce qui opprime.

Dans la lutte entre le parti populaire et le parti bourgeois, il y avait plusieurs causes de défaites pour le premier, de victoires pour le second. La principale de ces causes est celle-ci. Les démocrates avaient peur de la démocratie ; ils n'osaient faire ce qui est pour elle la condition de la victoire. Ils appréhendaient de se servir de toutes leurs forces et de les déchaîner ; dans la crainte d'arriver à l'anarchie, ils tremblaient de lâcher les brides au petit peuple.

La bourgeoisie ou noble ou riche faisait tout le contraire ; elle ne recula jamais devant une des conditions de son triomphe. Elle poussa, quand il le fallut, son principe d'inégalité jusqu'au despotisme ; de plus, elle sut manier le fer avec un sang-froid, une raison d'État (1), une persistance que la démocratie ne connut jamais.

(1) Mach., *Ist. Fiorent.*, lib. III, p. 262.

Ceci bien considéré, je crois que **toute** faction, tout parti, tout homme qui se proposera d'extirper la plèbe, ne saurait choisir un meilleur modèle que celui de la grosse bourgeoisie des républiques catholiques d'Italie.

Au contraire, nous **verrons qu'en admettant** ses ennemis à partager son triomphe, la démocratie italienne allait directement contre le génie national. Elle voulait s'établir sur l'impartialité, sur l'équité, c'est-à-dire sur le contraire même de la tradition, qui n'était que haine irréconciliable.

Les choses étaient déjà tellement gâtées au quatorzième siècle, et tous les principes si bien renversés que celui qui prétendit s'appuyer sur des règles morales, s'appuya sur des idées qui n'existaient plus au fond de la conscience de l'Italie ; il se trouva suspendu dans le vide.

Dans les époques corrompues, si vous ne tenez compte de la perversité de vos adversaires, vous êtes nécessairement vaincus d'avance ; car vous omettez dans vos calculs un élément qui les rend illusoires. Pour que les lois philanthropiques de la démocratie pussent être appliquées et durer, il faudrait que les hommes fussent déjà améliorés et changés par les lois de la démocratie. Cette difficulté se retrouve à chacune des époques de l'Italie ; au quatorzième siècle, elle perd le gouvernement des *Ciompi;* au quinzième siècle, celui de Savonarole **et** de Soderini.

Ces derniers essayèrent de régir par les lois du pur christianisme des hommes et des temps corrompus, qui n'étaient plus accessibles qu'à l'avarice et à la peur. Ils crurent à force de douceur, de bonté, faire aimer leur république ; ils ne réussirent qu'à la faire mépriser. Ils avaient élu roi de Florence le *Christ miséricordieux ;* sitôt que les ennemis de la république virent qu'ils n'avaient rien à redouter que les larmes de leurs adversaires, ils se moquèrent de ces *pleureurs ;* la république tomba au milieu des huées.

En un mot, quand la démocratie voulut remplacer par l'esprit de clémence l'esprit de terreur, il se trouva que le gouvernement nouveau était incapable de vivre.

Florence avait vécu par la peur : elle périt par le dédain. Quand les lois effroyables contre les proscrits furent changées, les proscrits se moquèrent de la clémence des *Piagnoni ;* ils écrasèrent pour toujours ces larmoyeurs.

Venise n'a pas commis cette faute ; elle n'a pas changé le principe moral de son gouvernement. L'effroi est resté jusqu'au bout le ressort de la république. Il n'y avait pas chez elle de relâche dans la raison d'État ; par conséquent nulle nécessité, comme à Florence, d'une crise pour retremper tous les cinq ans son principe dans le sang.

En d'autres termes, Florence et Venise reposaient toutes deux sur le terrorisme. Chez l'une, le système est intermittent et la République périt dans l'un de ces intervalles d'humanité ; chez l'autre, le système est permanent ; Venise subsiste trois siècles après Florence.

Exemple unique de persévérance dans l'emploi de la force ! Pour prévaloir dans le monde, le catholicisme a eu la patience d'instituer, de pratiquer un terrorisme de dix siècles ; et véritablement, il n'y a renoncé que lorsque le fer et le feu lui ont été arrachés des mains. Mais c'est là un modèle que peu de gens ont imité dans son entier ; le plus souvent les hommes veulent une chose, et tout en la considérant comme nécessaire, ils s'effrayent des extrémités qui seules la rendent possible ; témoin la Révolution française. On était libre de la vouloir ou de ne la vouloir pas ; mais dès qu'on l'acceptait, la logique commandait d'en accepter l'implacable condition, qui était la terreur. Les révolutionnaires, qui, en rejetant le système de contrainte, rejetaient le système de la Révolution, ne pouvaient manquer de s'abîmer dans une contradiction aussi violente. Ils étaient dans la situation de catholiques qui eussent blasphémé contre le bûcher ; l'inquisition les eût tués. Amis ou ennemis, tous ceux qui voulurent ôter son arme à la Révolution, étaient d'avance frappés par le droit révolutionnaire. Cessant de faire peur à leurs adversaires, ils perdaient leur raison d'être. La même chose était arrivée aux démocrates italiens qui avaient désarmé la démocratie avant que l'ennemi ne fut à terre. A des siècles d'intervalle, Michel Lando, Savonarole, Soderini, Carducci, périssent par la même loi éternelle, ils voulaient une chose et n'en voulaient pas la condition. C'étaient les Girondins de l'Italie.

Toutes les révolutions italiennes étaient des révolutions sociales. On changeait, on bouleversait les classes : la noblesse devenait bourgeoisie, la bourgeoisie noblesse ; l'une et l'autre rentraient et se perdaient dans le prolétariat pour en sortir de nouveau par une nouvelle violence. Dans cette sorte de fureur constante qui était le droit du moyen âge italien, les conditions se brisaient l'une par l'autre, à chaque révolution. Nulle part on ne vit pareille instabilité de la propriété.

Dans ce renversement perpétuel, non seulement de gouvernements, mais de conditions sociales, les grands devenant petits et les petits devenant grands en un moment, toutes les conditions éprouvées par le même homme, noblesse, bourgeoisie, prolétariat, ont prodigieusement servi à développer, agrandir l'esprit italien.

Après tant de proscriptions, il se trouva qu'un

grand nombre d'hommes n'avaient plus de patrie.
Toutes les familles avaient passé par l'exil; elles
étaient déracinées : une partie de leurs membres
n'avaient plus de foyers ; après la seconde génération, les enfants perdaient tout sentiment de
nationalité. Des hommes sans foyers se font citoyens du genre humain. Les voilà jetés forcément dans le cosmopolitisme, qui devient le trait
dominant du génie italien.

Les historiens n'ont pas assez observé l'effet
des proscriptions en masse sur le tempérament
d'un peuple d'exilés. Sans terre, sans héritage,
sans pays, les hommes contractent quelque chose
de général, d'universel, qui finit par être le trait,
le caractère original, la grandeur du génie indigène. Exilés ou fils d'exilés, les écrivains, les
poètes, les artistes, ne sont enfermés dans les limites d'aucune nationalité. Dante, Pétrarque,
Léonard Arétin, Léonard de Vinci, Michel-Ange,
Machiavel, Christophe Colomb chassés ou repoussés de leur pays, se donnent pour patrie le monde.

Au milieu de cette prodigieuse instabilité de
conditions, le riche, devenant pauvre en une nuit,
était obligé de développer les ressources de son
intelligence pour se relever de la ruine; ces révolutions perpétuelles ne laissant personne assuré
du lendemain, obligeaient tout le monde à être
quelque chose.

D'ailleurs, ces républiques avaient trouvé un excellent moyen d'empêcher de s'accroître le nombre des oisifs. Elles ne reconnaissaient le droit de citoyens qu'à ceux qui faisaient profession publique d'un métier; en sorte que pour jouir de sa fortune il fallait autant travailler que pour la créer. Il en résulta que la distinction qu'on fait aujourd'hui d'une classe laborieuse et d'une classe oisive fut toujours inconnue. Dans ces rudes institutions, le travail était le fondement de tout. Quiconque n'exerçait pas un métier n'avait pas de droits politiques.

Que devenaient les ouvriers expulsés de la cité? L'art était le principal refuge des proscrits. Les tailleurs de pierre, de bois, se réfugiaient dans le *Campo Santo* de Pise. Un peuple entier de proscrits tient le pinceau; il crée sur les murailles la patrie idéale que la terre lui refuse.

Comme au milieu de tous les changements politiques, économiques, sociaux, la forme de la religion restait la même, il s'ensuivait qu'après des bouleversements énormes, cette société retombait toujours à son point de départ : absolutisme et servitude. Ne changeant rien à sa base, elle rentrait toujours dans son ancienne forme : après mille circuits, l'esprit de servitude, qui est le fond du catholicisme, revenait et dominait toujours. C'était le cercle éternel de Vico.

Une immense instabilité, sans nul progrès continu, voilà toute l'histoire de l'Italie républicaine. Tel a été aussi le sort de tous les États catholiques qui ont essayé de la liberté; elle a été pour eux un état violent, révolutionnaire, opposé à la nature des choses. Ces États s'agitent, se tourmentent; ils font des révolutions, ils traversent la liberté, ils reviennent à l'absolutisme comme à leur base naturelle. Comparez les républiques catholiques de l'Amérique du Sud et celles de l'Amérique du Nord; à celles-ci Washington, aux autres Rosas et le docteur Francia.

Il n'y a pas un pays dans le monde qui, par son tempérament, ait été plus opposé à l'institution d'une monarchie tempérée; seul gouvernement dont les Italiens n'aient jamais pu avoir l'idée. Filangieri répète en ceci Machiavel; du premier coup d'œil ils ont discerné tout ce qu'il y a de chimérique dans la prétendue pondération des pouvoirs.

La liberté de discussion ne pouvait s'établir entre des systèmes absolument contradictoires qui n'avaient rien de commun entre eux que la haine. Quand les choses en sont là, pour que la parole soit intelligible, il faut qu'elle se change en glaive.

Comme chaque parti vainqueur commençait par ruiner le vaincu, celui-ci ne pouvait attendre de la marche du temps le triomphe de sa cause; il y avait toujours une Italie désespérée qui n'avait d'autres ressources qu'un heureux coup de main.

Les factions triomphantes rendaient la vie si difficile à leurs adversaires, que ceux-ci n'aventuraient presque rien en la jouant dans une émeute. Perdre le pouvoir, c'était perdre tout à la fois le droit politique et le droit privé. Voilà pourquoi la patience des plébéiens dans Rome, des minorités en Angleterre ou aux États-Unis, n'entra jamais dans la tête d'un républicain de Florence ou de Gênes; la détresse d'hommes perdus, à qui la victoire doit tout rendre, éternisait les révolutions.

Recommander la longanimité à de telles gens, leur conseiller de reconquérir l'autorité par l'influence des idées, par la force de la discussion, par les sages enseignements de l'expérience, eût semblé une ironie. Il n'y avait pas ce que l'on appelle aujourd'hui une opinion publique formée des concessions mutuelles de toutes les opinions particulières; c'étaient des factions aux prises, qui, n'ayant rien de commun, ne pouvaient ni se convertir, ni transiger, ni se rien emprunter; elles ne pouvaient que se détruire l'une l'autre.

En résumé, voici, à de rares exceptions, la loi générale de formation des États d'Italie; toutes ces républiques catholiques se changent en républiques princières; de républiques princières elles deviennent des principautés absolues. Sitôt que la crainte disparaît, la servitude commence.

Nous avons vu de nos jours une république débonnaire s'établir sur l'idée qu'elle pourrait en un
jour changer en partisans ses ennemis invétérés.
Sans faire à ceux-ci aucune condition, elle a cru les
dompter en s'agenouillant devant eux. Ses adversaires ne lui ont su aucun gré d'une mansuétude
qui leur a paru cacher quelque faiblesse. N'ayant
pas su être juste, ni bonne pour ses amis, ni sévère pour ses ennemis, nous la voyons à demi
ruinée par l'indifférence des premiers, qu'elle n'a
pu récompenser, par l'audace des seconds, qu'elle
n'a pas osé châtier.

Une telle expérience ajoutée à toutes celles de
l'Italie m'autorise à tirer de ce chapitre la conclu-
sion suivante : que dans une époque corrompue.
toute démocratie qui surgira après une longue habitude de servilité, et qui se contentera du plaisir
de naître, sans prendre aucune garantie contre la
malice de ses ennemis, deviendra nécessairement
leur proie et leur risée.

CHAPITRE XIII

UNE RÉVOLUTION SOCIALE

Les Ciompi (1378).

La démocratie italienne fit en 1378 son effort
suprême. Les événements qui restaient inexplica-
bles dans cette irruption des classes laborieuses
au sein de la vie politique ont reçu, de l'expérience
des dernières années, une lumière que les livres
seuls n'auraient jamais fournie. Sortis les premiers
du servage, les ouvriers d'Italie conquièrent dès le
quatorzième siècle une place dans le gouvernement. Il faut voir comment ont été détrônés et
remis à néant ces ancêtres de tous les prolétaires
modernes.

En considérant avec attention la révolution de
1378 (1), j'y distingue les périodes suivantes : une

(1) Marchionne di Coppo Stefani, *Ist. Fiorent.*, t. XIV. Gino
Capponi, *Caso o Tumulto de' Ciompi.* Muratori, *Script. Italic.*,
t. XVIII. Machiavel, *Ist. Fior.*, lib. III.

tentative de la grosse bourgeoisie guelfe, pour brider l'arrogance de la noblesse et la renverser à son profit; les masses du peuple excitées à un soulèvement qui bientôt dépasse le but de ses auteurs; l'insurrection reniée par la bourgeoisie, tant que la lutte reste incertaine; les classes inférieures étonnées de leur victoire, incapables d'en jouir; les chefs des ouvriers, effrayés de leur bonne fortune, se hâtant de relever leurs ennemis et de partager avec eux une autorité qu'ils n'osent exercer; une partie des révolutionnaires recommençant le combat contre leurs chefs assouvis ou épuisés par le succès; les ennemis du *petit peuple* se couvrant de sa clémence; puis, à peine entrés tête basse dans le gouvernement, se redressant à l'improviste pour frapper, ruiner, chasser, anéantir leurs sauveurs; les vaincus redevenus les vainqueurs, sans combat, sans héroïsme, par la seule complaisance de leurs adversaires, et par la grâce du bourreau; enfin, la destruction de la démocratie par ses mains, le triomphe des classes riches, le *peuple maigre* remplacé et dévoré à jamais par le *peuple gras*; le prolétariat brisé pour avoir eu peur des conditions de son avènement; et la révolution la plus démocratique aboutissant, faute d'audace et de génie, à créer une dynastie, un nom, une servitude sans trêve.

Dans l'été de 1378, les nobles de Florence avaient réussi à se faire élire aux principales magistratures; pour annuler ces élections et détruire l'influence renaissante de l'aristocratie, une partie de la bourgeoisie ne craignit pas de déchaîner une révolution à laquelle les plus hardis comptaient bien mettre le frein sitôt qu'ils le voudraient. Sylvestre Médicis était alors gonfalonier de justice. Personne ne représentait mieux la classe des nouveaux enrichis, décidés à tout plutôt qu'à tolérer un jour de plus la domination restaurée de la noblesse. Il se fiait à sa prudence pour jeter à propos le peuple en avant, pour le renier pendant la lutte, le supplanter après la victoire. Avec ce mélange de calcul et de témérité, il n'hésita pas à jeter Florence dans la tourmente la plus effroyable qu'elle eût jamais essuyée, certain de rétablir la paix dès qu'elle pourrait profiter à ceux de son parti.

Le 18 juin, il exécuta à l'improviste une révolution lentement réfléchie. Il convoqua le grand conseil; avec toutes les apparences de la résignation, il y prononça ces paroles qui n'étaient attendues de personne :

« Sages du conseil, mon intention était d'arra« cher cette ville à la malice des grands et des ri« ches; les membres du collège s'y sont opposés;
« on ne m'a pas laissé faire. Mes conseils n'ont
« été ni accueillis ni même écoutés. Puisqu'il en
« est ainsi, j'estime ne plus pouvoir rester magis« trat de cette cité. Souffrez donc que je me retire

« dans ma maison. Nommez à ma place un autre
« gonfalonier de justice, et que Dieu vous soit en
« aide ! »

A ces mots, il sortit de la salle, assuré que sa
retraite ne serait jamais acceptée par le peuple.

Un violent tumulte s'éleva aussitôt. Un cordon-
nier, nommé Benoît Carlone, saisit Charles Strozzi
en pleine poitrine, et lui dit : « Charles, les choses
« iront autrement que tu ne penses ; il est temps
« que tous vos privilèges disparaissent. » Charles
se contint assez pour ne rien répondre. A cette
vue, Alberti, qui était dans le conseil, crut que le
moment était venu de donner le signal ; il se mit à
la fenêtre de la salle, et s'adressant à la foule qui
était réunie sur la place, il lui dit d'une voix que
tout le monde put entendre : « *Criez : Vive le peu-*
« *ple !* » La rumeur s'en répandit au loin dans la
ville ; les boutiques furent fermées en un moment.
Peu à peu, le silence se fit dans le palais, mais le
tumulte augmenta au dehors, à mesure que la population courait aux armes.

Dans le même temps, les chefs de la grosse
bourgeoisie avaient réuni dans l'enceinte fortifiée
de leurs palais beaucoup de citoyens de leur parti.
A la première nouvelle de l'émotion publique, ils
se décidèrent à rentrer chacun chez soi. Les portes
de leurs palais fermées et tendues de chaînes,
ils attendirent l'événement ; trop avisés pour se

commettre avant qu'un commencement de victoire leur eût appris que le moment de la recueillir était venu pour eux.

Déjà le petit peuple, lancé par des émissaires, ne pouvait plus s'arrêter. Les insurgés avaient arboré l'ancienne bannière qu'ils tenaient du duc d'Athènes, et sur laquelle était peint un ange, les ailes déployées ; les riches et les nobles avaient trouvé un nom pour les rendre ridicules ; ils les appelaient *ciompi*, corruption du mot français compères. Quant à eux, ils prenaient le titre de *peuple de Dieu*. C'étaient des hommes de tous les petits métiers, cardeurs, peigneurs de laine, laveurs, qu avaient été tenus, jusque-là, en dehors de la hié-i rarchie industrielle de Florence. Les cris répétés de : *Vivent les petits métiers et la liberté !* portant leur exaltation au comble, ils se précipitèrent çà et là, bannière en tête, torche en main, pour mettre le feu aux maisons d'un grand nombre de leurs adversaires. A la clarté de ces incendies, ils brisèrent les portes des prisons de la commune ; ils délivrèrent les prisonniers. L'enceinte des monastères et des églises qui, dans le premier moment, avaient servi de refuge ou de dépôt à un grand nombre de citoyens, ne les arrêta pas. Au couvent des Hermites des Anges, la foule pendit cinq étrangers qui avaient pillé les reliques, outre tout ce que le cloître renfermait de précieux.

L'espèce de discipline avec laquelle s'exécutaient ces incendies fit croire que le peuple avait reçu d'avance les instructions d'une partie de la bourgeoisie. Rien n'était moins nécessaire, les demeures et les quartiers condamnés aux flammes étaient assez indiqués par le ressentiment des factions. Dans toute révolution, le premier acte était de brûler et de raser les habitations du parti vaincu. Non seulement on croyait ne l'avoir réduit que si on l'avait ruiné, mais les antipathies étaient si profondes, que chacun avait besoin d'assouvir sa haine sur les choses mortes et même sur les pierres qui rappelaient l'ennemi.

Effrayés de ces apprêts de guerre civile, les membres du gouvernement voulurent du moins satisfaire la grosse bourgeoisie en frappant ses adversaires. La veille de la Saint-Jean, les prieurs, assistés des gonfaloniers, des Dix et des capitaines, décidèrent que tout homme convaincu de gibellinisme, ou seulement suspect à la bourgeoisie guelfe depuis 1357, serait exclu de toute fonction publique, lui et ses parents. C'était abolir le décret d'élection des nobles, qui avait été la première cause de la révolution. Le remède ordinaire, la proscription, fut largement employé, on fit nobles beaucoup de bourgeois, et bourgeois beaucoup de nobles. De plus, on créa un certain nombre de *grands*, titre qui, par une ironie profonde, équivalait à l'exil pour celui auquel on le décernait.

Ces satisfactions données à la haine de la grosse bourgeoisie contre la noblesse semblèrent apaiser les esprits. Nommés sous cette influence, les nouveaux prieurs entrèrent en fonction; la ville parut respirer et se réjouir; car ces nouveaux magistrats étaient tenus pour de bons Guelfes, conciliants et d'humeur libérale.

Souvent d'ailleurs, à la veille de se heurter, un grand désir de concorde, joint à une sorte d'angoisse de l'avenir, saisit les esprits. Florence jouit un moment de cette sécurité trompeuse. Mais cet instant fut court. La bourgeoisie, victorieuse jusque-là, fut réveillée par le sentiment d'un danger qu'elle n'avait jamais soupçonné. Elle s'aperçut que le petit peuple désirait autre chose que le succès de la bourgeoisie guelfe, et qu'il songeait à lui-même. Cette découverte, que les événements devaient bientôt confirmer, empoisonna la victoire; dès lors, elle ne fut acceptée que comme une trêve. Les associations ouvrières s'occupèrent de sauver leurs marchandises. Les riches, sous le prétexte de fêtes domestiques, attirèrent des paysans de leurs campagnes, et les tinrent embusqués dans les cours et les tourelles de leurs palais. Ils commencèrent à se barricader dans leurs rues, dans leurs maisons. Ainsi se passa le mois de juin, les boutiques fermées, les citoyens sur le guet, chaque parti se gardant nuit et jour, dans la ville et dans la campagne.

Contre tous les usages, les nouveaux prieurs s'abstenaient de faire sonner, en aucune circonstance, même la plus solennelle, le beffroi du palais; tant ils craignaient d'augmenter l'émotion générale. Les cérémonies, qui auparavant se célébraient en plein air, se firent dans l'intérieur : on alla même jusqu'à s'abstenir de célébrer la fête de saint Jean-Baptiste; car chacun voyait qu'il n'était besoin que d'une étincelle pour allumer l'incendie. Les prieurs rendirent un décret qui ordonnait à chacun de poser les armes, aux paysans de sortir de la ville, sous peine de mort. Cet ordre fut obéi, mais en apparence seulement; et rien n'était plus effrayant que cette volonté de concorde qui se montrait au dehors, lorsque tout, au dedans, devenait irréconciliable.

Cette paix violente durait depuis onze jours, lorsque les corporations des petits métiers, qui n'avaient reçu aucune satisfaction réelle, provoquèrent une assemblée des ouvriers sur le marché; l'histoire ne dit pas quelles plaintes se firent entendre dans cette réunion. Il semble que le désir de ne pas sortir de la justice ait d'abord contenu les passions de cette foule, puisque les chroniques de la bourgeoisie, ordinairement si implacables, si habiles à relever les moindres violences des ouvriers, n'en signalent aucune. Si l'on ignore les discussions de cette assemblée, on en connaît du moins parfaitement les résultats. Au sortir de la délibération, on voit six délégués des marchands, quatre délégués des métiers, quatre délégués des quatre-vingts du conseil, présenter une pétition aux prieurs. Les ouvriers demandaient résolument que tous les magistrats élus fussent déposés sur-le-champ, et que l'on procédât à des élections nouvelles.

Tel était déjà le sentiment de peur, que cette réclamation exorbitante ne rencontra aucun obstacle dans le conseil. On prit les mesures nécessaires pour refaire les scrutins; il y fut procédé dans les vastes cloîtres du couvent des *Servi*, à cause de l'excessive chaleur qui ne permettait pas qu'on se réunît dans le palais de la commune. On y employa huit jours. Le résultat fut encore une fois le même; il rendit les magistratures à la grosse bourgeoisie guelfe.

Ce dénoûment commença à porter le trouble dans le petit peuple. Il s'aperçut qu'il lui était impossible de remédier à ses maux par les moyens ordinaires des lois. En vain les élections avaient été renouvelées, toujours la faction des riches l'emportait. Maîtres dans la rue, les petits métiers ne pouvaient parvenir à entrer dans le gouvernement. Ayant exigé de nouveaux exils, ils les obtinrent sans que cela changeât rien à l'état des affaires. Le petit peuple touchait à ce moment où, après avoir essayé de tous les moyens réguliers, il ne lui restait plus que les ressources du désespoir.

A cela se joignait une raison de se hâter, pour les plus ardents. Ceux qui avaient incendié les palais, voyant que les décisions prises n'amenaient aucun résultat important, qu'aucune garantie ne leur était donnée, se crurent bientôt à la veille d'être châtiés s'ils restaient à moitié de leur victoire. Ils se réunirent, hors de la ville, dans un lieu nommé Ronco. Là, ils jurèrent sur le crucifix de se défendre les uns les autres ; ils promirent d'étendre cette solidarité à tous ceux de leur classe, après quoi ils nommèrent des syndics chargés de les appeler tous à la défense du premier d'entre eux qui serait menacé.

Au milieu de ces excitations, une nouvelle du dehors fit trève un moment à la révolution de plus en plus imminente. Les prieurs, comptant sur l'effet d'une réconciliation avec le pape, avaient donné l'ordre aux ambassadeurs de la république de faire à tout prix la paix avec l'Église. Un dimanche matin, on reçut la branche d'olivier, et les lettres des ambassadeurs, annonçant que la paix avait été enfin conclue au prix de 250,000 florins. Les prieurs se rendirent sur la galerie de la place; ils lurent à haute voix les lettres, qui causèrent une joie immodérée au peuple. Le soir, toute la ville s'illumina ; cette fête fut la dernière qui précéda le bouleversement de Florence

Les choses en étaient là lorsque la Seigneurie fut instruite qu'une nouvelle émeute se préparait. Un certain Simoncino était désigné comme membre de la conspiration. Les prieurs le firent immédiatement comparaître. L'un d'eux le conduisit dans la chapelle ; après l'avoir fait mettre à genoux, il l'interrogea en face du crucifix.

Simoncino révéla tout ce qu'il savait : que des réunions secrètes avaient eu lieu dans un hospice, qu'il avait été convenu d'appeler le peuple aux armes, à l'heure des vêpres. Interrogé sur le but de la conspiration, il répondit que les ouvriers voulaient désormais être affranchis de la sujétion des patrons et des fabricants, qui les frustraient de la meilleure part de leurs salaires, et leur payaient à grand'peine *huit* un travail qui valait douze. Il ajouta que les petits métiers réclamaient des consuls, une part dans le gouvernement, et, par-dessus tout, une amnistie générale pour les violences passées. Il désigna par leurs noms les chefs de la conspiration, parmi lesquels se trouvèrent plusieurs des bourgeois déclarés suspects ; le nom qui excita le plus d'attention fut celui de Sylvestre Médicis.

Dès les premiers aveux, la Seigneurie eut recours à de nouvelles précautions défensives. Des ordres furent expédiés pour faire arriver à marches forcées toutes les forces disponibles sur le territoire de la République. On écrivit particulièrement aux comtes Guidi, et, dans la montagne, aux communes de San Miniato, de San Gimigiano, de Prato, de Pistoie, d'envoyer sur-le-champ le plus de monde que l'on pourrait.

En outre, il fut décidé, que pour arracher de nouveaux aveux à Simoncino, on le soumettrait à la torture; résolution qui fut exécutée sans délai. La plupart des salles étant encombrées, les seigneurs s'avisèrent de faire subir la torture au patient en plein air, dans la cour du palais. Et voici ce qu'il arriva de cette sorte de publicité irréfléchie donnée à la torture. Dès les premiers gémissements que la douleur arracha au supplicié, ils furent entendus par un ouvrier, qui à ce moment même était occupé de raccommoder l'horloge du palais. Cet homme s'élança, se fit jour à travers les gardes. Avec la pitié furieuse qui, chez les hommes du Midi, a été presque toujours l'occasion des révolutions, il se précipita dans la rue en criant : « Aux armes! *priori fanno carne!* Les « prieurs font de la viande! Armez-vous, sinon « vous êtes morts. » Il courut dans l'église del Carmine et sonna le tocsin. En quelques moments, toutes les cloches de Florence répondirent à ce signal.

Au plus fort de la tourmente, les prieurs se décidèrent à faire interroger Sylvestre Médicis. Il savait qu'il avait été dénoncé par Simoncino. L'interrogatoire, auquel il s'attendait, ne pouvait déconcerter en rien cet homme aguerri à toutes les ruses de la bourgeoisie florentine. Il commença par déclarer que les suspects étaient venus en effet lui confier leurs projets, mais qu'il les avait repoussés comme funestes à l'État. Il était d'ailleurs certain de se faire absoudre par un mot de mépris jeté sur ceux qu'on voulait lui donner pour complices. « Je n'ignore pas, ajouta-t-il, qu'il eût « mieux valu vous révéler à l'instant même ce « que je savais. Mais le peu d'importance de ces « gens me fit dédaigner de vous parler de leurs « menées. » Les prieurs s'empressèrent d'absoudre un homme qu'ils tenaient pour le chef de la révolte. Il eût été trop dangereux de confondre dans un même châtiment la bourgeoisie encore incertaine et le peuple qui, de nouveau, prenait les armes.

Déjà la foule, réunie sur la place, lançait une pluie de pierres et de flèches contre les fenêtres du palais. Le peu de soldats que le gouvernement avait pu rassembler, pressés, intimidés par le peuple, regardaient et demeuraient immobiles.

Pas un des gonfaloniers n'était venu au secours des seigneurs, malgré ce qui avait été ordonné : l'inertie des hommes d'armes encourageait la foule; elle se mit à crier : « Rendez-nous les « hommes que vous avez arrêtés. » Le gouvernement céda encore à cette injonction, en dépit de ceux des prieurs qui répondaient : « *Rendez-les en « deux morceaux.* » Le gonfalonier insista pour que les prisonniers fussent relâchés; ils le furent.

Quand les bourgeois virent que les chefs des troupes refusaient d'obéir aux messagers de la Seigneurie, alors, qui, par amour, qui, par force, qui, par peur, tous suivirent les insurgés. Ils grossirent bientôt, d'une manière extraordinaire. Car beaucoup de gens de la classe moyenne se mêlaient à la foule du peuple et feignaient de lui obéir, espérant ainsi se faire protéger eux et leur famille. Signe certain de victoire! on voyait des chevaliers guelfes de la grosse bourgeoisie qui se faisaient casser leurs éperons d'argent sur les places et se proclamaient, après cela, chevaliers du petit peuple. Chose plus étrange! des hommes flétris du titre de *grands*, pour crimes publics ou privés, se jetaient avec fureur dans les rangs de la plèbe. Pour récompense de leur zèle, ils ne demandaient que de redevenir hommes du peuple.

Le but de tous les efforts des ouvriers fut long-temps la bannière du gonfalonier de justice, appendue à la fenêtre de l'exécuteur. Ils finirent par s'en emparer, et l'on remarqua que rien ne pût arrêter leur fièvre d'incendies, dès qu'ils furent maîtres de cette bannière. Il leur semblait qu'ils tenaient dans leur main la justice de Dieu. Ils allaient, déployant ce drapeau, sur les places, devant les palais condamnés ; et ils ne se retiraient pas avant que les toits de ces palais ne fussent tombés en cendre. Le pillage des jours précédents avait provoqué chez eux un vif sentiment de honte. A mesure que le soulèvement devenait plus politique, la discipline s'établissait dans le désordre. L'incendie se régularisait ; il devenait un moyen officiel de gouvernement : les insurgés abattaient des rangs entiers de maisons pour couper le feu et isoler les quartiers condamnés. Quand ils approchaient d'une maison pour la brûler, ils commençaient par transporter sur les places tout ce qu'on pouvait enlever, draps, tentures, argent, joyaux ; ils en formaient un monceau et ils y mettaient le feu. Deux potences avaient été élevées pour pendre les pillards ; la faim même n'était pas acceptée comme excuse. « Je vis, dit Marchione Stefani, un « homme qui avait pris un morceau de viande re- « cevoir d'un autre un coup de lance dans les « épaules, parce qu'il refusait de le jeter dans le « feu. »

Au milieu des palais incendiés sur les deux rives

de l'Arno, le fleuve, couvert de débris, charriait des flammes. Les cloches ne cessaient de résonner dans la multitude des églises et des couvents. A cela s'ajoutait un soleil brûlant qui augmentait le vertige. On entendait des voix qui ne cessaient de crier : « Feu et sang ! » Dans une ville en proie à la guerre civile, il y a des intervalles effrayants de foule et de solitude. Là où n'est pas le combat, est un silence de mort ; car les partis opposés sont mutuellement enchaînés par la terreur dans tous les lieux où ils ne sont pas aux prises. Entre les hurlements et les silences de glace de son Enfer, Dante avait eu la vision anticipée de Florence, telle qu'elle se montra le 21 juillet 1378.

A ce spectacle, il était naturel que la bourgeoisie révolutionnaire commençât de se repentir. Elle ne pouvait s'empêcher de voir que les ouvriers qu'elle avait soulevés étaient résolus à faire servir la révolution au profit du grand nombre. Les métiers ne se contentaient plus de demander des consuls, ils voulaient des prieurs, c'est-à-dire le gouvernement. Le petit peuple s'attachait chaque jour davantage à son titre de *Peuple de Dieu*. De ce moment, toutes les classes supérieures songèrent en secret à se réconcilier, même celles qui étaient le plus engagées dans la révolte. La plupart des riches avaient fui dans les campagnes ; les gros marchands avaient envoyé leurs marchandises dans

les forteresses, jusques à Pise et à Bologne. Ceux
des riches qui étaient restés dans la ville avaient
des correspondances clandestines avec ceux du dehors. Ils faisaient répandre toutes sortes de bruits
dans la campagne, pour exciter les paysans contre
les ouvriers; surtout, ils répétaient que ceux-ci
voulaient incendier et piller les champs, tuer les
vieillards et les honnêtes gens, raser une partie de
la ville, se retrancher dans le reste, puis vendre les
ruines à l'enchère, et se retirer à Sienne, pour y
jouir en paix de leurs déprédations.

Par un singulier esprit de chevalerie, qui n'était
alors étranger à aucune classe, mais qui, dans cette
occasion, avait pour motif immédiat le besoin de
se former une milice, la première chose à laquelle
pensa le petit peuple fut de créer et d'armer des
chevaliers; il voulut que le premier fût Sylvestre
Médicis. Après Médicis, les principaux de la bourgeoisie plébéienne reçurent la même dignité. Sur
soixante-huit de ces chevaliers de l'émeute, deux
seulement appartenaient aux petits métiers, tant
était grande encore leur confiance dans les chefs
des arts nobles. Au reste, quiconque se refusait à
l'élection était menacé de l'incendie ; on s'emparait
de sa personne ; on le portait sur la place ; de gré
ou de force, il recevait l'accolade du petit peuple.
Quelquefois, au milieu de cette confusion, le même
homme était, au même moment, caressé et châtié.

Tel dont la maison était brûlée, était malgré lui fait chevalier.

Pendant ce temps, la solitude augmentait autour des membres du gouvernement. Tout ce qu'ils tentaient se retournait contre eux. Dans leur désespoir, ils avaient envoyé Sylvestre Médicis, Benoist Alberti pour apaiser le tumulte ; ce sont eux qui l'excitaient. Les chefs des milices avaient reçu de nouveau l'ordre de se réunir devant le palais. Nul n'obéit, ni aux ordres, ni aux prières. Tous répondirent qu'ils soutiendraient l'assaut dans leurs maisons, mais que s'ils descendaient dans la rue, ils ne pourraient rien contre la fureur du peuple. Bientôt, il ne resta plus aux prieurs que l'enceinte du palais. Ils employèrent la nuit à s'y fortifier ; ils se fournirent de vivres pour un long siège. Ils firent amasser des pierres dans les étages supérieurs, avec l'intention de se défendre vaillamment, et de mourir plutôt que de se rendre ; résolution qu'ils furent loin de tenir, comme on verra bientôt.

Dès le matin du 21 juillet, les insurgés, partagés en associations et précédés de leurs bannières, vinrent livrer l'assaut au palais du podestat. Le combat dura plus de deux heures ; il finit par la victoire des métiers. Ce succès calma leur colère. Sitôt que le palais fut entre leurs mains, les ouvriers firent savoir à la seigneurie qu'elle eût à leur députer deux gonfaloniers et deux des douze, auxquels ils avaient l'intention d'adresser les réclamations qui leur paraissaient justes et raisonnables. Ces demandes étaient nombreuses ; en voici les points principaux :

1° Que l'art de la laine ne fût plus soumis à la juridiction de juges étrangers ;

2° Que les teinturiers, barbiers, cardeurs, serruriers, chapeliers, etc., eussent des consuls et deux prieurs ;

3° L'abolition de la rente des fonds empruntés par l'État, et le remboursement du capital en douze années ;

4° Que nul du petit peuple ne pût être poursuivi pour une dette moindre de 50 florins ;

5° La progression de l'impôt ;

6° Une amnistie générale ;

7° L'abolition de la *peine des membres*. Pour mieux en finir avec la peine de mort et la torture, ils recherchèrent le chevalier du guet, dans la retraite où il se tenait caché. Ayant fini par le découvrir, ils le pendirent sur la place des Prieurs ; après quoi ils mirent en lambeaux son cadavre. Leur plus grande cruauté s'exerça sur le bourreau. C'est à lui qu'ils firent expier tous les homicides que la loi avait commandés.

Le travail ayant cessé dès le premier jour, il fallut recourir à des moyens extraordinaires pour faire vivre le peuple. Ce furent des distributions de blé sur gages ; une remise d'un tiers de l'impôt aux campagnes ; enfin, une contribution de guerre sur les biens des ennemis de la Révolution, quelque nom qu'on leur donnât : suspects, avertis, décrétés, confinés, exilés, briseurs de bancs, rebelles ; *sospetti, ammoniti, confinati, rubelli*; car aucune langue n'est plus riche et plus souple que l'italienne, quand il s'agit d'envelopper et de frapper tous les membres d'une faction ennemie.

Au bruit des clameurs de la foule qui montaient jusqu'au ciel, ces réclamations furent portées par les syndics des arts et du petit peuple devant les membres de la Seigneurie. Étourdis par le tumulte, à demi étouffés par la chaleur, ceux-ci les admirent sans débat ; elles furent votées de même, en silence, dans le grand conseil ; ce qui fit croire un moment que les choses allaient s'apaiser et que la foule déposerait les armes.

Mais il suffit d'un bruit qui commença à circuler, pour réveiller bientôt toutes les colères. Le peuple et les métiers apprirent que des troupes à pied arrivaient de Valdinievole et de Pistoie. Ils signifièrent sur-le-champ aux Seigneurs que si ces troupes ne rebroussaient chemin, ils les brûleraient eux, le conseil et tout le pays. Ces menaces, appuyées des cris qui s'élevaient alors de tous les points de la ville, décidèrent les membres de la Seigneurie à donner aux troupes l'ordre de se retirer.

De concessions en concessions, le moment était venu où le gouvernement devait achever de disparaître. Après le vote du conseil, un des prieurs, que la terreur avait jusque-là empêché de parler, Guerriante Matteo Marignoli, se leva subitement de son siège ; sur un faux prétexte, il se hâta de sortir du palais. En le voyant passer, le peuple et les métiers se mirent à crier : « Qu'ils descendent tous ! nous ne voulons plus de seigneurs ! »

Thomas Strozzi entra alors dans l'assemblée et fit connaître les résolutions du peuple. A ce moment d'angoisse, les membres de l'assemblée pleuraient ; ils se tordaient les mains, ils se frappaient la tête sans savoir quel parti prendre. Au dehors, le tumulte ne faisait qu'augmenter ; la foule menaçait, si les seigneurs ne sortaient, d'aller prendre leurs femmes et leurs enfants pour les massacrer sous leurs yeux. Benoist Alberti annonça que le peuple et les métiers exigeaient que deux des leurs fussent introduits dans le conseil ; ce qui fut immédiatement accordé. Bientôt, la foule changea d'avis ; persuadée qu'elle ne pouvait, dans aucun cas, se fier à des gens qu'elle avait si mortellement offensés, elle exigea que tous sortissent sur-le-champ. Deux hommes seulement refusèrent d'obéir : Alamanno Acciajuoli et Nicolas Lapo del Nero. Iis eurent la fermeté de déclarer que chacun était libre

de partir ; que, pour eux, ils entendaient ne sortir
à aucun prix de l'enceinte du palais.

Le gonfalonier, cœur vil, pleurait sur sa femme
et sur son fils. Les autres seigneurs semblaient
morts et glacés, car ils se sentaient abandonnés de
tout le monde. Ceux qui pouvaient leur faire parvenir des avis leur disaient : « Au nom de Dieu,
« sortez ! sinon vous êtes morts ! Les troupes qui
« sont en bas, dans la salle, ne sont pas pour vous,
« mais contre vous. » On ne voyait plus ni mas-
siers, ni varlets, ni greffiers. Les seigneurs erraient
çà et là, éperdus, dans les salles. Le premier qui
eut l'infamie de se retirer fut le gonfalonier. Bientôt
après, Alamanno Acciajuoli et Nicolas Lapo, sortant de leurs chambres pour entrer dans la salle
d'audience, ne trouvèrent plus personne de leurs
collègues. Ils se tinrent pour morts. Ils finirent par
remettre les clefs des portes aux délégués des petits métiers.

A peine les seigneurs furent-ils sortis, que le
peuple entra en foule dans le palais. Un ouvrier
cardeur, Michel Lando, marchait en tête ; il portait
alors la bannière de justice, la même qui avait été
enlevée de la maison de l'exécuteur. Il était sans
chausses, pieds nus. Les premiers qui avaient pénétré avec lui dans la salle le proclamèrent, au nom
du peuple, gonfalonier de justice et seigneur.

Michel Lando s'empara du commandement avec

une rare présence d'esprit. Il réunit les délégués des métiers et se fit d'abord confirmer par l'élection l'autorité qu'il tenait en partie du hasard ; sa seconde pensée fut de se débarrasser de l'entourage déjà incommode des hommes qui venaient de le proclamer. Au lieu de se faire une force de leur concours, il ne songea qu'à les disperser ; il prit pour prétexte de les envoyer à la recherche de quelques hommes désignés à la haine publique. La foule saisit avidement l'amorce ; elle mit un zèle passionné à se séparer et abdiquer.

Le système par lequel l'ouvrier Michel Lando crut guérir les maux de Florence était simple jusqu'à l'ingénuité. Pour concilier tout le monde, il crut qu'il suffirait de distribuer les magistratures, par portions égales, entre les nobles, les bourgeois et le peuple. En diminuant la victoire des petits métiers, son espoir était de la faire accepter des grands ; il partit de cette idée première que plus la révolution se ferait humble devant ses adversaires, plus elle désarmerait leurs rancunes. Cette idée se trouva entièrement fausse ; elle ne satisfaisait ni les classes supérieures, ni les inférieures ; dès lors, elle eut pour résultat la ruine des Ciompi.

On croit communément que les hommes nouveaux, quand ils saisissent par hasard le pouvoir, sont enclins à tout pousser à l'extrême. Le plus souvent, ils sont étonnés de leur succès et ne songent qu'à se le faire pardonner. D'autres fois ils sont dupes d'une infatuation propre aux parvenus. Ces hommes se persuadent aisément que le monde est trop heureux de les voir surgir de la poussière; ils ne prennent d'autre précaution contre l'ordre ancien que de s'étaler dans la création et de sourire au soleil.

Michel Lando appartenait à la première de ces classes d'hommes. Son audace s'était épuisée à occuper le pouvoir; il ne lui en restait plus pour l'exercer. Au lieu d'user des ressources que la révolution avait mises en ses mains, il se fit un devoir de les désorganiser; faute de savoir s'en servir, son autorité l'effraya. Il chercha des appuis de tous côtés, principalement chez ses adversaires. Sa faiblesse lui fit croire qu'il était généreux envers ses ennemis, quand il avait peur d'eux. Plus avisés, ceux-ci ne se trompèrent pas sur le principe de sa clémence; ils en profitèrent sans lui savoir gré d'une magnanimité qui, selon eux, pouvait bien cacher quelque manque de cœur.

D'ailleurs, Michel Lando ne s'était pas oublié dans la distribution des faveurs publiques. Outre la magistrature de justice qui ne devait durer que deux mois, il s'était fait donner la charge de podestat pour un an. De plus, dans un esprit de prévision qui peut paraître sordide, il s'était attribué

une rente de cent florins, avec la dignité de chevalier, armoiries, targe et haubert. De son côté,
Sylvestre Médicis ne resta pas moins fidèle au caractère mercantile qui, dans la bourgeoisie florentine, était inséparable même de l'héroïsme. Il se
saisit d'un gage important, de la rente des loyers
des boutiques qui occupaient alors le vieux pont.
Divers autres avantages de ce genre furent accordés
à plusieurs des amis de la plèbe.

Il sembla néanmoins au peuple que Michel Lando
lui faisait une trop faible part dans les réformes, et
que la plupart s'accomplissaient au seul profit de
la grosse bourgeoisie. Les petits métiers n'eurent
pas la peine de reprendre leurs armes, ils ne les
avaient pas déposées. Ils se rassemblèrent de nouveau, bannières déployées, sur la place du palais,
exigeant que les nouveaux magistrats quittassent
immédiatement leurs fonctions.

Indigné de l'audace de ses partisans de la veille,
Michel Lando protesta d'abord contre eux ; puis,
espérant les ramener par des paroles, il les engagea
à poser les armes, sur la déclaration qu'on pourrait accorder aux prières ce qu'il serait déshono-
rant d'accorder à la force. La foule insista ; il offrit
de déposer ou sa dignité de magistrat ou celle de
chevalier ; il finit par attester qu'il se contenterait
de cette dernière.

Rien ne satisfit les insurgés, qui déjà se croyaient

trahis; ils voulurent tout lui ôter. Le petit peuple perdit un moment de vue ses ennemis naturels, grands, nobles, gros bourgeois, guelfes. Il ne vit plus, il ne poursuivit plus que l'ouvrier Michel Lando, usurpateur et traître. L'acharnement contre lui devint tel, que bientôt les petits métiers mirent toute leur victoire à détruire leur chef, sans s'inquiéter si, du même coup, ils ne risquaient pas de se détruire eux-mêmes. La riche bourgeoisie, qui se croyait perdue, respira; elle se rallia sur-le-champ derrière la bannière de Michel Lando..

Dans son désespoir, le peuple des Ciompi, de plus en plus persuadé qu'il était livré, s'éloigna du palais; il alla se retrancher dans l'enceinte de l'église de Sainte-Marie-Nouvelle, aux pieds de la madone de Cimabuë. Là, soit l'impression des lieux, soit la solennité du moment, une angoisse religieuse s'empara de lui. Près de recommencer la lutte contre son propre chef, il voulut de nouveau s'assurer du bon droit. Dans ce déchirement, cette foule ingénue demanda au prieur de Sainte-Marie qu'on lui envoyât de bons frères pour lui fournir les consolations de l'*âme* et *du corps;* elle espérait trouver en eux une lumière qui pût la guider.

Le religieux, demeurant étranger à l'exaltation politique qui inspirait ce langage, ne le comprit même pas; il répondit qu'il n'avait point de frères pour ce que la foule demandait, et qu'il fallait d'abord qu'elle se consolât elle-même. Quelques moines finirent cependant par arriver. Au lieu des lueurs célestes que la multitude implorait, ils ne lui apportèrent que des paroles vagues et vulgaires. Le peuple les interrompit, et chercha son salut en lui-même. Il se nomma huit chefs pour diriger ses mouvements. Ces chefs décidèrent qu'il y aurait, à l'avenir, huit délégués des métiers, adjoints à la Seigneurie, et que nulle délibération ne serait prise sans leur aveu.

Ces résolutions arrêtées, ils envoyèrent deux des leurs les signifier à Michel Lando, à Sylvestre Médicis et à la Seigneurie. Par un dernier effort de conciliation, les prieurs avaient arboré à la hâte les bannières de toutes les associations des métiers aux fenêtres du palais. Ils demandèrent, en signe de paix, la bannière des Ciompi ; ceux-ci la refusèrent. Leurs envoyés ne se contentèrent pas de reproduire les paroles dont ils avaient été chargés ; mais, entraînés par la colère, ils reprochèrent violemment à Michel Lando ce qu'ils appelaient sa trahison. Lui, homme du peuple, à peine avait-il touché aux honneurs, qu'il livrait ceux de sa classe au bon plaisir des hommes riches et puissants! Les prieurs ne furent pas épargnés davantage.

Michel Lando ne put entendre sans indignation ces reproches. Cependant il eut assez de sang-froid

pour n'en rien montrer d'abord. Il se retira un
moment, saisit ses armes, puis rentra en criant :
« Où sont-ils les traîtres? » Il les atteignit sur l'es-
calier. Sa fureur était telle, que ses premiers
coups tombèrent par mégarde sur un moine qui
apportait un broc de vin. Puis, reconnaissant les
envoyés, il tourna contre eux son épée ; il les blessa
grièvement, et les fit retenir prisonniers.

Ce fut le signal d'un soulèvement général. Au
bruit des cloches, le petit peuple s'élança pour forcer le palais de la Seigneurie. Mais les circonstances
avaient changé. Les classes inférieures s'étaient
divisées; déjà un grand nombre de bourgeois
guelfes, revenus de leur peur, s'étaient rangés autour de Michel Lando et l'appelaient leur sauveur.
Il monta à cheval; la bannière de la justice à la
main, il les entraîna à sa suite, au devant des insurgés. Le hasard fit que les deux partis prirent
des rues différentes; ils ne se rencontrèrent pas.
Michel ayant rebroussé chemin, arriva sur la place
au moment où ses adversaires venaient de l'occuper. Il attaqua sur-le-champ ceux qui la veille
étaient ses amis. La défaite des Ciompi fut complète.

Comme il arrive après chaque déroute, le bruit
se répandit que les vaincus s'étaient ralliés. Michel
Lando fit de nouveau sonner le tocsin. Des hommes
d'armes fouillèrent les rues. Les Ciompi profitè-

rent de la nuit pour sortir de Florence. Ceux qui les poursuivaient, affamés par plusieurs jours de disette, se répandirent dans les vignes des environs de Florence, pour se rassasier de raisins, et donnèrent ainsi à la plupart des fuyards le temps de se disperser. Il n'y eut que peu de morts; le sang qui coulait dans les révolutions n'était alors versé que par le bourreau.

Ainsi fut brisée la démocratie italienne. Le petit peuple, se retournant contre le petit peuple, détruisit sa propre victoire. Michel fut effrayé de la révolution qu'il avait faite. Il s'empressa de relever ses adversaires, de les appeler à partager avec lui le gouvernement de l'État. Il crut établir le règne de l'équité en effaçant la différence des vainqueurs et des vaincus. Mais ces naïves intentions allaient directement contre le génie national de l'Italie au moyen âge. En introduisant dans le gouvernement les ennemis de la démocratie, Michel Lando n'établit pas pour cela un gouvernement de justice; il ruina la démocratie par elle-même.

Soit manque de confiance en ses forces, soit impuissance réelle de former une société régulière, le petit peuple n'osa faire ce qu'avaient fait avant lui la bourgeoisie et la noblesse, exclure de la cité ses adversaires naturels, il imagina d'inaugurer une ère de fraternité que tout repoussait. Autant par générosité que par faiblesse, il désobéit à la loi vitale des États catholiques italiens, la proscription, l'inimitié irréconciliable, l'intolérance. Par là, s'il montra qu'il était plus près que les autres de l'idéal chrétien, il fit voir en même temps qu'il ne comprenait rien aux conditions réelles de la vie politique du moyen âge. Il conquit le ciel, il perdit la terre. Encore une fois Abel donna la massue à Caïn.

Loi qui domine toutes les révolutions sociales de l'Italie. L'ouvrier Michel Lando, une fois vainqueur, n'ose user de la victoire; il la cède à un homme des classes riches, à Sylvestre Médicis, et fonde ainsi, sur l'élévation imprévue du peuple, l'éternel asservissement du peuple. Que reste-t-il de la journée des Petits-Métiers? Un nom qu'ils font surgir et devant lequel ils s'effacent; le germe d'un pouvoir absolu; le nom des Médicis.

Dans chacune des révolutions des peuples catholiques du midi de l'Europe, ces deux hommes apparaissent à Gênes, à Pise, à Sienne; partout un Michel Lando et un Sylvestre Médicis; partout le petit peuple ingénu, et le bourgeois anobli et rusé. L'issue est toujours la même. Le peuple disparaît dans son triomphe; à sa place surgit un maître. Après 1378, les Médicis, comme après 93, Napoléon.

Les hommes du parti vaincu, c'est-à-dire de la grosse bourgeoisie, avaient soudainement repris

courage, depuis que Michel Lando avait témoigné
ne pouvoir se passer d'eux. Leur audace croissant d'heure en heure par l'impunité, ils s'assem-
blèrent, dès le 1ᵉʳ septembre, sous les fenêtres du
palais. Aux cris répétés : « Aux armes! *à bas les
Ciompi!* » ils déclarèrent qu'ils ne souffriraient
pas qu'un seul homme du peuple fît plus longtemps partie du gouvernement. La Seigneurie
s'empressa d'obéir à ces réclamations ; elle ôta la
magistrature à deux ouvriers, Tira et Baroccio. A
leur place, elle mit deux hommes de la grosse
bourgeoisie. Il fut décidé, en outre, qu'on ne
laisserait subsister que deux des associations
nouvelles, à savoir celles des teinturiers et
des tailleurs. Cette résolution excita un vif mé-
contentement dans les arts majeurs. Mais, de
crainte de provoquer un nouveau soulèvement,
ils s'en tinrent là, sentant bien que le moment
n'était pas encore venu de tout reprendre à la
fois.

D'ailleurs, sur cette pente, il était assez évident qu'on ne s'arrêterait plus. On commença
par abolir le droit de suffrage du petit peuple et
par ôter leurs offices à tous les ouvriers des arts
mineurs. Seulement, pour conserver quelque apparence, Michel Lando fut maintenu un peu de
temps encore dans sa charge. Par un reste d'illusion, il rendit aux classes supérieures l'immense

service de couvrir de son nom d'artisan les représailles de l'oligarchie.

D'abord, elle feignit de se contenter d'exclure
la plèbe, au profit des arts moyens. Bientôt il fallut en revenir simplement au système traditionnel
des États italiens, le terrorisme. Un tribunal
contre-révolutionnaire fut établi, pour châtier
d'avance le parti populaire de ses crimes à venir.
Alors la grosse bourgeoisie se chargea de donner
au peuple, à son dam, une leçon de gouvernement; et il est certain que, par l'insulte, par la
moquerie, par le mépris, par l'opprobre, par la
confiscation, par la ruine, par l'exil, par la prison,
par la misère, par la faim, par le feu, elle enseigna
à ses ennemis l'art de se délivrer d'une faction
gênante, d'une classe incommode, ou même d'un
peuple tout entier, en tarissant l'avenir dans ses
veines. Les deux délégués du peuple que Michel
Lando avait blessés furent envoyés les premiers
à l'échafaud. Ils inaugurèrent, mourants, l'ère
des supplices, que l'on prit soin, selon l'expression italienne, de *rafraîchir* à des époques mar-
quées d'avance.

En Italie, les échafauds, et surtout les proscriptions, n'eurent pas, comme en d'autres pays,
le caractère d'une violence passagère. Ils se chan-
gèrent en institutions permanentes. Le sang-froid
que mit la bourgeoisie à exténuer le petit peuple,

fut incomparable ; et ni le courage, ni même la force de corps du *peuple maigre*, ne se relevèrent de ce lit de torture, de ces proscriptions en masse, de ces effusions de sang, versé goutte à goutte, lentement, systématiquement, avec un art calculé où la passion semblait n'entrer pour rien.

De ce moment, il est telle chronique, par exemple, celle de Marchione Stephani, dont chaque chapitre n'est plus qu'une liste de proscriptions et de condamnations à mort. Tout ce qui avait trempé, de près ou de loin, dans les intérêts de la plèbe, tout ce qui lui avait donné un vote, un gage, une sympathie, un encouragement, fut purifié par l'exil ou par le fer. Georges Scali paya l'un des premiers, de sa tête, l'alliance qu'il avait formée, au nom des grands métiers, avec les petits.

L'espérance revint alors, même à ces anciens nobles qui, depuis si longtemps, avaient été privés de tout droit aux fonctions publiques. De la résignation la plus humble, ils passèrent aux plus extrêmes prétentions; ils crurent que le jour était venu de reconquérir tout ce qui leur avait été enlevé.

Au milieu de tant de partis opposés que l'on croyait détruits, et qui reparaissaient pleins de la vie qu'ils avaient ôtée au peuple, de nouvelles luttes à main armée ensanglantèrent les rues. Les classes inférieures avaient été trop humiliées, et, d'ailleurs, elles avaient la veine trop épuisée pour profiter sitôt des divisions de leurs adversaires. Maté par la noblesse et par la bourgeoisie, le petit peuple mit plus de deux siècles à panser sa plaie, que, d'ailleurs, on ne laissa plus jamais fermée.

Le moment vint enfin de frapper Michel Lando. Les partis qu'il avait sauvés ne purent souffrir qu'il restât dans Florence. C'était une humiliation trop intolérable pour eux que la vue de cet ouvrier qui avait été un jour leur maître. Tant de clémence, tant de commisération ingénue ne le protégèrent pas. Il fut exilé par ceux qu'il avait non seulement épargnés, mais relevés. Il mourut à Chiozza dans l'opprobre. Grande leçon pour ceux qui, en des temps corrompus, se hâtent de rendre à des adversaires la force que la Providence leur a ôtée. Bien souvent, se croyant magnanimes, ils ne sont que débonnaires. Honnêtes gens sans grandeur, sans génie, qui servent à perdre ce qu'ils voudraient sauver. Chargés, un jour, du fardeau des destinées humaines, ils se sentent trop faibles pour les porter, et se remettent de ce soin à l'ennemi qu'ils avaient charge de détruire. L'histoire ne sait quelle place leur donner; elle ne pourrait voir en eux des traîtres, puisqu'ils se frappent eux-mêmes, ni des héros, puisqu'ils travaillent contre leur propre cause. Dans leur vertu, il y a une faiblesse qui la déshonore, et dans leur faiblesse, une vertu qui la rachète. Quoi qu'il en soit, ils sont punis de leur médiocrité comme d'un crime; car, rien de plus immoral que de laisser croire que la vertu est un obstacle pour les bons, une commodité pour les méchants.

Une lumière terrible jaillit des palais incendiés de Florence. La révolution des Ciompi fit le tour de l'Italie. Les ouvriers de Sienne, les *Lazzares* de Naples, les *Capette* de Gênes eurent chacun aussi leur journée ; par des causes analogues, ces victoires du peuple finirent toutes par l'anéantissement du peuple.

Le premier effet de la panique qu'elles avaient produite fut de réconcilier les grands et les riches, les nobles et les bourgeois. Ces deux grands partis, qui avaient rempli de leurs luttes les temps précédents, se rapprochent et se confondent en se dénaturant. Il se fait, peu à peu, dans l'histoire de ces cités, un silence précurseur de l'asservissement et de la mort.

Second résultat qui rentre dans le premier. Les gros bourgeois guelfes, auparavant la tête du parti plébéien, changent brusquement de système. Les mêmes hommes, qui avaient visé à la popularité, deviennent les ennemis les plus ardents, les

plus obstinés du peuple ; et cette conversion subite de la bourgeoisie et du parti guelfe aux doctrines d'asservissement est le fait important de la
fin du quatorzième siècle. Depuis ce temps, tous
les mots de la langue politique prennent un autre
sens ; toutes les bannières, une autre couleur. Il
s'opère comme un grand changement de front
dans chaque parti. Pour qui n'observe pas ce renversement, l'histoire demeure une énigme indéchiffrable.

L'effet le plus apparent fut de tremper dans le
sang de la guerre civile la popularité des Médicis.
Sylvestre avait enfoui ce nom sous la cendre des
palais ; Côme l'en fit sortir avant que la rouille s'y
fût attachée. Ce qui avait été salué du peuple
comme un gage d'indépendance devint, encore
une fois, une cause d'éternelle servitude.

CHAPITRE XIV

L'impôt sur le capital dans la république de Florence.

Au milieu de son terrorisme, l'aristocratie bourgeoise était elle-même pleine d'épouvante. Le souvenir de la révolution de 1378 la poursuivait au fond de ses maisons crénelées. Toujours décimé, le peuple relevait toujours la tête. Ce qu'il n'avait pu obtenir pendant qu'il avait occupé le gouvernement, il l'obtint après sa défaite. La question de l'impôt n'avait pas été abandonnée. Parmi les luttes et les proscriptions, la passion d'égalité sociale qui travaillait les *petits métiers* finit par produire un système que les classes inférieures imposèrent à la bourgeoisie, qui venait de les écraser. Le résultat de cette capitulation de la bourgeoisie fut la révolution de l'impôt, en 1427, véritable loi agraire d'un peuple de banquiers.

Ce système est annoncé, à son origine, par les chroniqueurs, avec un véritable enthousiasme, comme le triomphe de la cause divine. Ce n'est pas seulement *justice*, disent-ils, c'est *sainteté*. En même temps qu'ils portent aux nues les inventeurs de ce système, ils en livrent les adversaires à la vengeance de Dieu. Je ne citerai que l'un de ces témoignages contemporains :

« La guerre avait continué de 1422 à 1427, et
« chacun étant écrasé sous le poids d'impôts mal
« répartis, les riches ne voulant pas les payer,
« les pauvres ne le pouvant, la ville était réduite
« à un état désespéré. Mais la cupidité des gros
« bourgeois les rendait obstinés dans leurs mau-
« vais vouloirs ; et à cause de ces iniquités, il se
« faisait des conciliabules parmi le peuple, et il
« disait : C'est nous qui semons, ce sont les grands
« bourgeois qui moissonnent ; les labeurs sont
« pour nous avec les charges. » Et tout le peuple
murmurait et répétait des paroles semblables.

« Au milieu de ces plaintes, Philippe de Dia-
« ceto, homme d'un esprit subtil, raisonneur ex-
« périmenté, se leva ; la plume à la main (*con la*
« *penna in mano*), il montra le moyen d'avoir de
« l'argent ; et ainsi fut habilement établi l'impôt
« du *catasto* ; tous les riches portèrent la charge
« avec le bât, chacun fut tenu de payer. Dans ce
« système, je ne sais ce que je dois le plus louer,

« ou sa *justice* ou sa *sainteté* (*o la sua gustizia o*
« *la sua santità*). Francisco della Luna, qui vou-
« lut s'y opposer, en fut châtié par Dieu et par
« la fortune : car il alla toujours de mal en pis ; il
« tomba dans la disgrâce de tous les hommes :
« tant il est vrai que les meilleures vengeances
« sont celles qui viennent de Dieu (1). »

Le chroniqueur montre dès l'origine la haute
bourgeoisie qui tend des pièges au peuple pour
lui enlever cette loi de salut : ne pouvant la renverser, les riches cherchent à obtenir que cette
loi dorme, *chè il catasto dormisse*. Les représentants
de la haute bourgeoisie avouent sincèrement leurs
répugnances. Ils reconnaissent que s'ils repous-
sent ce système, c'est parce qu'il leur ôte en réalité la domination et le gouvernement. « Citoyens,
« dit l'un d'eux, quelle différence y a-t-il entre
« les hommes de gouvernement et les autres, si
« ce n'est que les uns commandent et les autres
« obéissent ? Que nous sert d'être censés gou-
« verner, si nous sommes en effet gouvernés et
« dominés par ce nouveau système d'impôts ? »

Ce que regrettait l'aristocratie bourgeoise de
Florence, c'était bien moins encore l'argent, dont
elle était prodigue, que l'autorité absolue qui lui
échappait ; elle abhorrait dans cet impôt l'égalité

____

(1) Chè le maggior vendette son quelle che procedono di Dio.
(Scipione Ammirato. *Delle Famiglie nobili Fiorentine*, p. 19-20.)

qui en était le principe. Avec la franchise des passions de ce temps, elle explique très haut le motif déterminant de son opinion.

Quel était, en effet, le système du *catasto* ? Le chroniqueur que je viens de citer a montré l'enthousiasme des prolétaires, la répugnance des bourgeois. Les uns y voient le commencement de la justice d'en haut, les autres la fin de leur autotorité. L'écrivain contemporain dépeint la révolution morale qui suit le déplacement du pouvoir. Mais quel est enfin ce système dont les résultats sont annoncés avec tant d'éclat? En quoi consiste-t-il? C'est Machiavel qui le dira.

Non seulement il décrit l'impôt sur le capital, mais il résume les objections que les classes riches faisaient à cette réforme, et qui se trouvent être à peu près littéralement reproduites aujourd'hui, par exemple celles qui concernent les biens mobiliers. On comprendra aisément quelle révolution ce système apportait dans la haute bourgeoisie de Florence, en rappelant que l'aristocratie de finance possédait dans ses banques la plus grande partie de la fortune publique ; c'était une question de vie ou de mort pour l'aristocratie financière d'échapper à ce mode d'impôt, pour le peuple de l'y assujettir.

Voici les paroles de Machiavel ; chaque mot est si important, que je ne puis en retrancher aucun :

« Cette guerre avait duré de 1422 à 1427, et
« les citoyens de Florence étaient écrasés sous les
« impôts qu'ils avaient supportés jusque-là ; ils
« convinrent de les remplacer par d'autres ; et afin
« *que l'impôt fût égal pour tous, proportionnelle-*
« *ment aux richesses, on arrêta de l'établir sur la*
« *totalité des biens de chacun : en sorte que celui*
« *qui avait* 100 *florins de capital eût un demi-florin*
« *d'impôt* (1). Dans ce système, l'impôt n'étant plus
« réparti suivant le bon plaisir des hommes, mais
« suivant la loi, pesait lourdement sur les riches,
« et avant qu'on l'eût discuté, ils le repoussaient
« d'avance. Jean de Médicis seul le soutenait ou-
« vertement, si bien qu'il le fît prévaloir. Comme
« dans l'assiette de cet impôt on formait une masse
« de tous les biens de chacun, ce que les Floren-
« tins appellent *accatastare*, on l'appela *catastó*
« (cadastre). Cette innovation mit en partie un
« frein à la tyrannie des riches ; car ils ne pou-
« vaient plus frapper les faibles et leur imposer
« silence par la menace dans les assemblées et les
« conseils, comme ils le faisaient auparavant.

« Ce système d'impôt fut donc reçu avec joie
« par les masses, avec une immense répugnance
« par les riches. Mais, comme il arrive que les
« hommes ne sont jamais satisfaits, et que, sitôt

(1) Quello che aveva cento fiorini di valsente ne avesse un
mezzo di gravezza.

« qu'ils ont une chose, ils en demandent une autre,
« le peuple, non content de l'égalité de l'impôt qui
« naissait de la loi, demandait que l'on revînt sur
« le passé, que l'on estimât ce que les riches avaient
« payé de moins, selon le *catasto*, et qu'ils fissent
« la compensation pour ceux qui, afin de payer ce
« qu'ils ne devaient pas, avaient vendu leurs pro-
« priétés. Cette demande épouvanta beaucoup plus
« que le *catasto* les grands bourgeois ; pour se dé-
« fendre de l'une, ils ne cessaient d'attaquer l'autre,
« soutenant que ce système d'impôt était le comble
« de l'injustice, en ce qu'il frappait aussi les biens
« mobiliers que l'on possède aujourd'hui et que
« l'on perd demain ; qu'il y avait d'ailleurs un
« grand nombre de personnes qui avaient de l'ar-
« gent caché que le *catasto* ne peut atteindre. A
« quoi ils ajoutaient que ceux qui, pour gouverner
« la république, négligeaient leurs affaires, devaient
« supporter moins de charges que les autres ; qu'il
« fallait se contenter des fatigues qu'ils enduraient ;
« qu'il n'était pas juste que l'État profitât de leurs
« biens et de leurs talents, et se contentât de l'ar-
« gent des autres.

« Les partisans de la loi répondaient : que si les
« biens mobiliers varient, l'impôt peut varier éga-
« lement, et qu'en renouvelant souvent l'estima-
« tion, on pouvait remédier à cet inconvénient ;
« qu'à l'égard de ceux qui ont de l'argent caché,

« il n'était pas nécessaire d'en tenir compte, parce
« qu'il n'était pas raisonnable de faire payer un
« argent qui ne produit rien, et que si on le
« fait valoir, il se découvre par là même; que si
« les fatigues du gouvernement leur pesaient, ils
« n'avaient qu'à les laisser de côté, et à ne plus
« s'en embarrasser; que la république trouverait
« aisément d'autres citoyens dévoués qui ne fe-
« raient pas difficulté de l'aider de leur argent et
« de leurs conseils; que, d'ailleurs, les honneurs
« et les avantages que le gouvernement apporte à
« sa suite sont tels, qu'ils devraient leur suffire,
« sans prétendre encore ne point participer aux
« charges.

« Mais les ennemis de la loi ne disaient pas ce
« qui causait leur véritable peine : c'est qu'il leur
« était dur de ne pouvoir plus entreprendre de guer-
« res sans dommage pour eux, depuis qu'ils étaient
« réduits, comme les autres, à contribuer aux dé-
« penses. Si ce système avait été découvert plus tôt,
« on n'aurait pas fait la guerre au roi Ladislas ; on ne
« la ferait pas maintenant au duc Philippe ; car
« ces guerres n'ont été entreprises que pour en-
« richir quelques citoyens, non par nécessité.

« Jean de Médicis calmait ces humeurs violentes
« en faisant voir qu'il n'était pas bien de revenir
« sur le passé, qu'il fallait seulement s'occuper de
« l'avenir ; que si les impôts avaient été injustes

« autrefois, il fallait remercier le ciel de ce qu'on
« avait découvert le moyen de les rendre équitables;
« qu'on devait vouloir que ce système servît à réu-
« nir, non à diviser la cité, ce qui arriverait infail-
« liblement si l'on revenait sur les contributions
« passées, pour les faire servir de compensation
« dans les contributions présentes; que celui qui
« se contente d'une demi-victoire en tire toujours
« avantage, tandis que celui qui veut épuiser sa
« victoire finit toujours par tout perdre. Par ces
« paroles, Jean de Médicis apaisa les débats, et l'on
« ne parla plus de revenir sur le passé (1). »

Ce serait raconter l'histoire sociale de Florence
que de suivre les efforts de l'aristocratie bourgeoise
pour se dérober à l'égalité de l'impôt. D'abord elle
emploie la violence; dès l'année suivante, en 1428,
elle essaye de rendre l'impôt impraticable, en faisant soulever les provinces sujettes de la république.
La révolte n'ayant pas réussi, les riches tentent la
voie de la faveur et de la brigue : il font mentir la
loi à leur profit par de frauduleuses estimations.
Aussi arriva-t-il qu'en 1458, c'est-à-dire trente et
un ans après l'établissement de l'impôt sur le capital, les masses prolétaires, qui voyaient leur émancipation dans ce système fiscal, obtinrent qu'une
nouvelle estimation fût faite des fortunes tant mobilières qu'immobilières.

(1) *Ist. Fior.*, lib. IV.

La lutte entre la bourgeoisie et les prolétaires
s'engage ainsi dans le quinzième siècle, par la
question du maintien de l'impôt sur le capital. C'est
le fond de l'histoire sociale de la république de Florence pendant la fin du moyen âge. Je me sers
ici de la traduction et de l'exposé de M. de Sismondi :

« Le gouvernement cherchait à éteindre la dette
« publique, qui s'était fort accrue pendant la pré-
« cédente guerre ; et l'un des moyens auxquels il
« s'arrêta pour augmenter le revenu fut de renou-
« veler en 1458 le *cadastre* de 1427, en vertu du-
« quel toutes les propriétés *mobilières et immobi-*
« *lières de chaque citoyen avaient été estimées et*
« *soumises à une imposition de demi pour cent du*
« *capital.* Depuis cette époque, les riches avaient
« trouvé moyen de soustraire une grande partie de
« leurs biens aux impositions publiques par le cré-
« dit qu'ils exerçaient sur les magistrats; aussi une
« loi qui établissait une égalité proportionnelle
« dans les impôts fut-elle regardée comme un su-
« jet de triomphe par le peuple ; elle fut portée
« au commencement de 1458 ; dix commissaires
« furent chargés de faire dans l'année la réparti-
« tion de l'impôt d'après les fortunes. »

Ainsi se résument le fond et la forme de cette
révolution financière de 1427. Le système : c'était
l'impôt sur le capital. La quotité de l'impôt : un

demi pour cent. Les moyens d'exécution : les citoyens étaient obligés, dans un temps marqué, de
fournir la déclaration de toutes les valeurs composant leur état de fortune : c'est ce qui s'appelait
donner l'inscription de leurs biens (1).

Quant à la tentative frauduleuse de la haute
bourgeoisie, le secret en est révélé, après coup,
avec une singulière audace par les historiens du
seizième siècle, qui appartenaient presque tous à
l'aristocratie financière. Ce secret était un grand
piège tendu aux classes pauvres. Les riches, après
avoir reconnu l'impossibilité ou le péril de détruire
ouvertement la révolution accomplie, convinrent
que, pour réduire la foule, il fallait mettre dans leurs
complots les hommes à qui elle se fiait le plus (2).
Dès lors ils se retournèrent vers les Médicis, et
ils essayèrent d'*agir avec eux ;* ils les excitèrent
sans relâche, de père en fils, à profiter de leur popularité pour tromper le peuple (3) et le dépouiller,
en le caressant, de sa nouvelle conquête. Les premiers Médicis sentirent que cette perfidie les perdait. Ils refusèrent.

Si l'on demande quel a été le résultat politique
du système d'impôt sur le capital, je dirai qu'il eut

(1) Dare le scritte de' beni loro.

(2) Quanto era ciò difficile e pericoloso ad eseguire, se il favor
di coloro a' quali la plebe era cara non si procacciava prima di
guadagnare. (Scip. Amm.)

(3) Nerli, *Commentari*, p. 86.

pour première conséquence de mettre fin aux révolutions violentes et sanglantes qui avaient troublé les siècles précédents. Il est impossible de ne
pas remarquer qu'après ce changement dans la loi
fiscale, il se fait un grand calme dans la société
florentine. D'une part, la haute bourgeoisie, depuis
qu'elle concourt largement aux dépenses, devient
moins entreprenante, moins aventureuse ; de l'autre, le peuple, satisfait d'avoir conquis l'égalité
dans l'impôt, se retire de l'émeute ; il laisse à Florence cette longue paix dont profitent les arts du
quinzième siècle.

La classe ouvrière s'était tellement attachée à
cette conquête de l'égalité dans l'impôt, qu'il suffit
aux premiers Médicis de se faire les défenseurs du
catasto, pour conduire le peuple partout où ils
voulurent.

On a vu que Machiavel attribue à Jean de Médicis d'avoir le premier pris la défense de ce système. Côme, le Père de la patrie, le suivit dans cette
voie. Laurent le Magnifique y marcha à son tour.
En 1471, sous son syndicat, on renouvelle pour la
troisième fois la réforme de 1427. Ces hommes de
trois générations différentes, héritiers de la même
pensée, fondent ainsi avec leur popularité la grandeur de leur maison.

En même temps qu'ils firent établir l'impôt sur
le capital, ils s'opposèrent à ce que l'on revînt sur

le passé, et délivrèrent ainsi la bourgeoisie de la plus grande terreur qu'elle eût jamais éprouvée, qui était de se voir expropriée en masse par l'effet rétroactif de l'impôt sur le capital. Au peuple, ils garantissaient l'égalité, à la bourgeoisie la non-rétroactivité. Dans cette situation, personne ne pouvait se passer d'eux ; ils s'étaient faits les médiateurs de la révolution sociale ; ceux qui la craignaient, comme ceux qui la soutenaient, avaient également besoin de leur empire.

Qui peut dire ce qui fût arrivé si, au lieu de tenter la voie hardie de cette révolution fiscale, Jean de Médicis eût repoussé toute innovation ; si la bourgeoisie entière se fût attachée au système exécré des anciens impôts ; si l'aristocratie financière n'eût voulu capituler à aucun prix avec les doctrines économiques et sociales des temps nouveaux ; si Côme et Laurent de Médicis, au lieu de soutenir la conquête de la classe ouvrière, eussent prêté l'oreille aux seules suggestions de la classe riche ; si de grands hommes d'État ne se fussent interposés avec un profond esprit novateur entre le *peuple maigre* et le *peuple gras ?* Est-il sûr que cette société bouleversée se fût soudainement rassise, que l'on eût vu s'élever, au sein de la paix, tant de monuments des arts et des lettres qui signalent l'âge heureux de Florence, et conduisent de merveille en merveille jusqu'à la jeunesse de Michel-Ange ?

Est-il certain qu'au lieu de ces années prospères,
on n'eût pas revu les torches des *Ciompi* de 1378
se rallumer, et se promener sur les ruines, à l'ancien cri de : *Vive le petit peuple !*

LIVRE II

CHAPITRE PREMIER

LE COSMOPOLITISME

Révolution dans le tempérament du génie italien. La patrie ou le monde. Comment le chemin est frayé à l'invasion. L'Italie désarme; elle compte sur la souveraineté de l'esprit. Contraste entre la chute politique de la nation et le progrès des arts. Un concile d'artistes.

Au milieu du quinzième siècle, mon sujet m'abandonne, ou plutôt il change de nature; car c'est encore un grand spectacle de voir un peuple qui commence à se dissoudre sans blessure apparente. J'entre dans une époque qu'aucun grand nom ne remplit. Je cherche des écrivains nationaux, je ne trouve que des imitateurs des Latins. Les espérances des Guelfes comme des Gibelins sont tombées ; rien n'y a été substitué. Dès ce moment, tout est sur une pente qui doit nécessairement conduire à la mort sociale.

Jusque-là il était visible que l'Italie ne suivait pas la loi régulière de formation des autres parties de l'Europe ; que la nationalité y était plus lente à se produire que chez d'autres ; mais à partir du quinzième siècle, se révèle à toute la terre l'impossibilité de s'organiser, de former un de ces êtres vivants que l'on appelle peuple. La plaie encore cachée se découvre, et l'on s'y accoutume; c'est ce que l'on appelle aujourd'hui un fait accompli. Bien plus, cette impossibilité est acceptée par les meilleurs esprits comme une marque de grandeur; toute une race d'hommes prend glorieusement son parti de renoncer à être ; au moment où en Europe les nationalités se constituent et prennent une tête, l'absence de la nationalité italienne devint surtout flagrante.

Le principe entrevu au commencement de cette histoire s'est développé ; les yeux les plus aveugles ne peuvent s'empêcher de le voir. Rome, en devenant la tête de la chrétienté, a dû renoncer à être la tête de l'Italie. D'une part, cette puissance s'est opposée à l'établissement d'une monarchie unique ; de l'autre, comme un corps étranger garde une plaie ouverte, elle a empêché les petits États de se réunir dans un même système ; c'est-à-dire qu'elle a rendu également impossible la royauté et la fédération.

Le moment est venu où le fait d'abord latent dans les origines de la race italienne en devient la règle et la fatalité.

L'esprit des États politiques, c'était la nationalité : l'esprit de la papauté, le cosmopolitisme. Comment accorder l'une et l'autre ?

Dans l'antiquité, chaque État se faisant le centre unique de toute vie sociale, cette question n'existait pas. De nos jours, elle existe théoriquement ; mais la grandeur comme la ruine de l'Italie est d'avoir vécu sur ce problème, laissant en présence deux souverainetés, la cité et l'Église, qui représentent officiellement la patrie et le monde.

Dans ces termes, quel a été son choix ? Elle n'a pu ni les réunir ni les concilier ; elle les a tour à tour préférés ; et c'est en quoi surtout diffèrent chez elle le moyen âge et la renaissance.

Au treizième siècle, au temps de Dante, l'idéal de l'Italie est tout italien ; il est étroit, enchaîné à la commune ; mais, du moins, il est fécond dans son patriotisme ; il est passionné, il vit. Maintenant, considérez quel travail s'accomplit pendant le quinzième siècle ; cette époque si vide en apparence aboutit à un immense résultat historique ; elle change l'idéal du génie italien.

Encore une fois, l'ancienne question se présente :

la patrie ou le monde ; et la réponse est l'opposé de celle qui avait été faite dans le passé. Le génie italien met tout son effort à s'effacer lui-même, à s'ensevelir, pour ne laisser subsister en lui que le génie de l'humanité.

Voyez ces savants, ces philologues chevaleresques, un Poggio, un Jean de Ravenne, un Laurent Valla, un Filelfo, un Aurispa, ces héros de l'érudition, qui souvent, au péril de leurs corps, vont explorer la dépouille de Constantinople pour rapporter un manuscrit. De quelle nation sont-ils ? à peine s'ils s'en souviennent. Ils prennent un nom latin ; ils ne sont plus ni Vénitiens ni Lombards. Et le cortège qui entoure la dynastie naissante de Côme de Médicis, les Pic de la Mirandole, les Landini, Marsile Ficin, qui chante les hymnes d'Orphée en s'accompagnant de la lyre, à quelle nation se rattachent-ils ? Ils ne sont plus Florentins, ils sont habitants de la cité de Platon, citoyens de l'humanité.

Les œuvres de ces hommes n'ont pas une originalité frappante ; et pourtant ils aboutissent à un grand résultat qui leur est commun à tous ; ils brisent la tradition du vieux génie italien ; ils révèlent un nouvel idéal, qui, plus étendu que l'ancien, sera réalisé par les artistes et les écrivains du seizième siècle. Comme cet idéal ne représentera pas seulement la nation italienne, le cosmopolitisme y trou-

vera son expression complète ; l'art des Léonard
de Vinci, des Michel-Ange, des Raphaël ne sera
plus l'art de l'Italie, mais de l'humanité moderne.

Tout pousse l'Italie du quinzième siècle à ce cosmopolitisme prématuré. C'est le temps des conciles qui se suivent presque sans interruption, conciles de Pise, de Constance, de Ferrare, de Bâle.
Si j'essayais de faire revivre une de ces assemblées,
qui tenait tout le Midi en suspens ; si je suivais ces
délibérations, qui semblent annoncer le long par-
lement du moyen âge, ces correspondances qui ar-
rivent de tous les points de l'Europe, ces discussions tantôt pompeuses, tantôt grossières, vous ver-
riez distinctement comment l'Italie, passionnée plus
qu'un autre peuple pour un pareil spectacle, apprenait à cette école à s'occuper des affaires du
genre humain en oubliant les siennes. Les conciles
de Pise et de Ferrare, dans lesquels le nom de
l'Italie fut à peine prononcé, ce furent son Assemblée constituante et sa Convention.

Enfin, pendant que le reste de l'Europe ne vivait
que de la guerre, l'Italie, comme on le dit aujour-
d'hui, désarme. Cette opinion, que quelques esprits
ont cherché à faire prévaloir de nos jours, que la
guerre est un legs de la barbarie, que le temps en
est fini, que la pensée toute seule doit désormais
combattre, ce sentiment est embrassé prématuré-
ment par les Italiens ; ils donnent les premiers

l'exemple de la confiance dans les victoires de l'esprit ; ils convient l'Europe moderne à abandonner la lutte des corps pour la lutte des idées et des intelligences.

Ce n'est pas qu'ils n'eussent retrouvé de hardis chefs militaires. Piccinino, Sforza, Braccio, montraient assez la vérité de ce qu'avait dit Pétrarque, que l'antique valeur n'était pas encore morte dans les cœurs italiens. Mais tel était le mépris général pour la force matérielle, que le champ de bataille ne donnait pas la popularité ; ces hommes, qui ailleurs eussent été des héros, durent se contenter des ambitions de l'aventurier. Parce que l'on avait incontestablement l'autorité de la pensée, on crut que l'on dominerait aisément des peuples regardés comme barbares. Satisfaits de diriger les esprits, les Italiens abandonnèrent, comme une occupation inférieure et grossière, à des mercenaires le soin de vaincre.

Nul spectacle plus triste que la Péninsule parcourue d'un bout à l'autre par des condottieri, qui, à chaque instant, se retournant contre ceux qui les payent, sans distinction d'amis ou d'ennemis, dépouillent le pays, avant que tant de villes brillantes, savantes, lettrées, aient songé à se défendre. Comme l'Italie se sentait la reine du monde par la pensée, même abattue sous les pas de l'ennemi, elle ne sentait pas le généreux désespoir qui accom-

plit des miracles. Elle sut trop tôt que la souveraineté ne lui serait pas arrachée par la défaite ; elle
s'y accoutuma par avance.

Les incursions périodiques et pacifiques des
étrangers à la suite de l'Empereur avaient préparé
les esprits à la possibilité des invasions. Si elles
eussent éclaté tout à coup, le sol italien se serait
hérissé naturellement ; mais tant de promenades
des bandes germaniques avaient accoutumé à ce
qui partout est la dernière des infortunes, à la
langue, à la voix, au visage de l'ennemi dans le
champ, dans la maison paternelle. Pendant des siècles, l'Allemand était venu chaque année en armes
s'asseoir au foyer domestique. La place de l'étranger était toujours préparée, et pendant qu'il était là,
tout avait suivi le cours ordinaire. A peine si les
philologues avaient détourné la vue de leurs manuscrits pour regarder passer les avant-coureurs
des barbares. Les peintres de Florence, dans les
cellules des cloîtres, n'avaient pas quitté le pinceau. On n'avait pas vu là, comme en Espagne,
une succession de poètes guerriers faire leur éducation dans les batailles ! car la guerre, pour des
esprits italiens, n'avait plus même de poésie. Ces
combats mercenaires, dans lesquels chacun s'é-
pargnait en épargnant son adversaire, c'était la
barbarie sans le danger, sans le courage ; la mort
même y manquait.

Voilà comment, par la complicité des événements et du génie exclusivement cosmopolite de l'Italie au quinzième siècle, le chemin a été frayé à l'invasion. A cette cause générale de la disparition de l'esprit militaire en Italie, j'en ajouterai une seconde. Dans les guerres politiques, la force des armées est dans l'unité du drapeau; il faut qu'elles soient engagées toujours dans le même sens; car c'est une grande erreur de s'imaginer que ces masses d'hommes, qu'on appelle des armées, puissent servir, sans s'énerver, indifféremment toutes sortes de causes, royales ou républicaines; aujourd'hui l'absolutisme, demain la liberté; guelfes le matin, gibelines le soir. Dans ces violents changements de front, il n'est pas d'organisation de fer qui ne s'use, ne s'émousse ou ne se brise. La discipline n'est que l'effet de la tradition ou plutôt de la continuité d'efforts vers un même but, qui est l'âme même d'une armée. Il résulte de cette unité d'impulsion une force qui ressemble à celle de la loi de gravitation. Or il est arrivé en Italie que les mêmes troupes furent successivement employées par les partis les plus opposés; elles finirent par ne plus savoir pourquoi ni pour qui elles se faisaient la guerre.

Les mêmes hommes qui luttaient avec fureur au treizième siècle, ne tenaient plus sur aucun champ de bataille au quinzième; il n'y avait plus

d'âmes dans les armées. Dès lors, elles refusèrent
de se battre. On finirait par revoir quelque chose
de semblable en Europe, si les mêmes armées devaient continuer de servir tour à tour la révolution
et la contre-révolution, comme cela est arrivé de
nos jours.

L'Italie est, dans le monde moderne, sortie la
première de ce que quelques personnes appellent
le cercle étroit du patriotisme; elle s'est confiée
sans défense à l'esprit de la civilisation, au génie
de l'humanité. Comment l'humanité l'en a-t-elle
récompensée? En la foulant aux pieds.

Avertissement à ceux qui seraient tentés d'engager leur pays dans un système purement cosmopolite. Tout peuple doit subir l'attraction de l'humanité, mais il doit aussi réagir sur elle; et qui veut
se soustraire à l'une de ces conditions, se con-
damne lui-même à périr.

Pendant que les armées de Charles VIII, de
Léon X, de Maximilien, de François I⁰ʳ, de Charles-Quint traversent impunément le pays dans tous
les sens, il n'y a plus de patrie italienne : chose
incroyable, c'est dans ce moment que s'accomplissent les chefs-d'œuvre de Léonard de Vinci, de
Michel-Ange. Les fresques encore humides de
Raphaël sont obscurcies par la fumée des soldats
qui pillent le Vatican. Il y a une lutte entre les
envahisseurs pour détruire, entre les artistes pour

édiñer et créer. Le commencement du seizième siècle avec ses prodiges qui surgissent de tous côtés est une protestation du génie contre la mort civile et politique qui s'étend de proche en proche. A l'instant où l'Italie périt, comme si son esprit achevait de se délier des chaînes matérielles et de se révéler par ses œuvres, son art éclate avec le plus de puissance. De toutes parts sur les murailles, se soulèvent les merveilles des écoles romaines, florentines, vénitiennes; elles entourent le vainqueur comme des suppliantes; elles combattent à la place des armées.

On a revu une fois dans le monde le développement littéraire d'un pays s'accomplir sous les pas de l'invasion. La petite cour de Weimar, que l'on a comparée quelquefois à celle des Médicis, lui ressemble surtout parce que le génie de ses écrivains n'a été entravé ni étouffé sous les pas de l'ennemi. Herder, Wieland, Gœthe, Schiller, ont publié leurs meilleurs ouvrages au milieu des armées de Napoléon, de même que Raphaël, Léonard de Vinci et Michel-Ange ont exécuté les leurs à la face des armées de François Ier et de Charles-Quint. La différence, c'est que l'art allemand, de plus en plus nourri des passions nationales, a fini par servir de drapeau, quand il n'y en avait plus d'autre; la philosophie elle-même s'est jetée dans la mélée. On a vu les philosophes, à la veille de

la bataille de Leipsick, professer la légitimité de
la guerre; les poètes écrire leurs vers sur les
cartouches; et il suffirait d'envisager l'art de l'Allemagne avec un peu d'attention pour s'apercevoir
qu'il porte les traces d'une réaction passionnée et
fiévreuse.

Au contraire, considérez les œuvres de l'Italie
pendant cette période d'agonie : les poètes, depuis
Pulci, Boiardo, jusqu'è l'Arioste; les peintres, depuis Pérugin jusqu'à Raphaël, Corrége, Andréa
del Sarto, ce Florentin qui meurt l'année même de
la prise de Florence. Durant le sac de Rome, le
Parmesan peignait encore au moment où les lans-
quenets entraient dans son atelier. Quelle sérénité!
quel repos chez tous! Comme on sent que leur idéal
est au-dessus de la terre, et que les disputes des
hommes ne peuvent l'obscurcir ni le ruiner! Cherchez dans les vierges d'Andréa del Sarto, de Corrége,
de Raphaël, le triste regard de l'Italie esclave,
sans tête, violée, dépouillée, lacérée, déchirée,
comme parle Machiavel; vous trouverez le regard
du bienheureux qui monte au ciel, non pas le
désespoir d'une chute politique.

Venise est abaissée comme toutes les autres
villes; qui découvrirait le moindre signe d'afflic-
tion, de deuil profond, dans la pourpre du Titien
et du Tintoret? En voyant l'éclat oriental des artistes
de la ville aux cent îles, qui croirait que

l'Orient vient de lui être fermé et qu'elle a dû le quitter honteusement?

Fuis les orages : cette devise avait été celle de Léonard de Vinci ; elle devient celle de l'art italien lui-même. A mesure que la terre lui manque sous les pas, il plane hors de la région où se forment les tempêtes civiles ; les yeux fixés sur l'idéal universel, à peine s'il paraît s'apercevoir que le pays s'écroule, qu'il y a un peuple de moins dans le monde.

Dans le quinzième siècle qui préparait laborieusement les merveilles de la renaissance, l'originalité que nous chercherions vainement chez les écrivains se trouve chez les artistes. Jamais peutêtre le culte de l'art n'a paru d'une manière plus naïve que dans ces peintres, ces sculpteurs, ces architectes de la fin du moyen âge, qui aspirent à une forme nouvelle pour répondre à une société nouvelle ; la foi, plus puissante, plus naïve chez eux que chez les écrivains, les a longtemps prémunis contre l'imitation servile de l'antiquité.

Ils voulaient lutter avec les modèles païens, non pas les copier. Masaccio, Donatello, Brunelleschi, vont à la recherche des statues, des bas-reliefs grecs, en même temps que les Marsile Ficin, les Filelfe, les Politien vont à la recherche des manuscrits. Le plus souvent les écrivains n'apercevaient la Grèce qu'à travers les Latins ; les ar-

tistes la voyaient face à face; ils la palpaient dans
le marbre.

A cela joignez des mœurs qui faisaient de l'art
une sorte d'institution de l'État. Rappelez-vous ce
concile d'artistes réunis dans Florence de tous les
points de l'Europe, peu après le concile religieux.
Il s'agissait de décider suivant quel type devait
être achevée la cathédrale gothique de Florence :
c'était, en d'autres termes, déterminer par le consentement universel quelle forme d'art succéderait
à l'art du moyen âge. Le pape de ce concile fut
l'architecte Brunelleschi. Il imposa le modèle transformé de la coupole du Panthéon romain.

En ce moment disparut le génie du moyen âge.
Cette coupole romaine, qui après une discussion
solennelle des artistes convoqués de toute la chrétienté, s'élève pour couronner l'église gothique,
représente le génie du quinzième siècle. Chrétien
par la base, païen par le faîte, ce monument était
une révolution; c'était le génie même de la renaissance qui s'imposait au passé, et, en le couron-
nant, l'abolissait.

CHAPITRE II

Pressentiment de ruine. Savonarole comparé à Luther. Où cherchait-il le salut? Il veut relever la cité du juste. Réaction contre la renaissance. La mort mystique d'un peuple. Le Christ roi de Florence. Politique du désespoir. Le moment venu de tuer par la prière. Qu'il faut donner un autre héritier à Rome.

La lutte du génie national et du génie cosmopolite, qui disparaît du domaine de l'art, éclate de nouveau dans l'opposition politique de Savonarole et de Laurent de Médicis. Quand tout le monde souriait à cette cour élégante, Savonarole a seul le pressentiment de la chute prochaine de son pays. Loin de se laisser aveugler comme les autres par l'éclat des œuvres de la renaissance, il entrevoit la ruine de l'Italie sous ce manteau éblouissant. Au milieu de la joie universelle et d'un orgueil qui semblait si légitime, une voix convoque le peuple dans la cathédrale, sous la voûte splendide de Brunelleschi. Là, pendant que tous les esprits étaient encore infatués des œuvres accomplies par tant de sculpteurs, de peintres, d'architectes, Savonarole s'écrie :

« Florence, qu'as-tu fait? Veux-tu que je te le
« dise? Ton iniquité est comblée; prépare-toi à
« quelque grand fléau. Seigneur, tu m'es témoin
« qu'avec mes frères, je me suis efforcé de sou-
« tenir par la parole cette ruine croulante; mais
« je n'en puis plus; les forces me manquent. Ne
« t'endors-pas, ô Seigneur ! sur cette croix. Ne
« vois-tu pas que nous devenons l'opprobre du
« monde? Que de fois nous t'avons appelé! que de
« larmes! que de prières! Où est ta providence?
« où est ta bonté? où est ta fidélité? Étends donc
« ta main, ta puissance sur nous! Pour moi, je
« n'en puis plus, je ne sais plus que dire. Il ne
« me reste qu'à pleurer et qu'à me fondre en lar-
« mes dans cette chaire. Pitié, pitié, Seigneur! »

Cette voix fut d'abord entendue. On se réveilla en sursaut. Au milieu des fêtes de la renaissance, il y eut un moment d'effroi. Était-il donc vrai que ce chemin glorieux menait à l'abîme? On voulut un moment revenir en arrière.

Avec la même facilité, la terreur se dissipa. Comment croire que l'on devenait l'opprobre du monde, quand chaque jour s'illustrait par une merveille du génie humain? L'Italie brûla son pro-phète, après quoi tout fut dit. Elle avait reçu les avertissements du ciel et des hommes ; elle était restée sourde ; il ne restait plus qu'à s'aveugler sur les menaces et à s'ensevelir sous la pompe des arts.

La France lui porta la première le coup mortel dans l'expédition de Charles VIII à Naples ; cette conquête sans luttes montra à toute l'Europe l'incurable faiblesse de l'Italie. Dès ce. moment le prestige achève de tomber ; chacun arrive comme à un rendez-vous. Après Charles VIII, viennent par le chemin battu Louis XII, François Ier, les Allemands, les Suisses, les Espagnols. C'est une invasion de barbares dans l'époque moderne.

Le péril pour l'Italie change alors de nature ; il ne s'agit plus seulement de la perte de la liberté, ni de luttes sociales entre les riches et les pauvres, entre les bourgeois et les ouvriers. Un plus grand malheur la menace : elle est au moment de perdre, par les armées étrangères, le dernier simulacre de son indépendance.

En présence de ce danger, je vois deux hommes qui y cherchent des remèdes opposés. Ces hommes sont Savonarole et Machiavel.

La grandeur de Savonarole est d'avoir senti profondément que, pour sauver la nationalité italienne, il fallait porter la révolution dans la religion même. Tout son système roule sur cette

idée (1) : l'Église de Dieu a besoin d'une révolution ;
elle sera flagellée, puis renouvelée, et l'Italie
refleurira après son châtiment. Afin de se délivrer à jamais des despotes, il inaugure le Christ
roi de Florence. C'était détruire d'avance tous les
genres d'usurpation. Il mettait le crucifix à la
place du sceptre, et pensait que personne ne dé-
trônerait son Dieu.

Le caractère de Savonarole comme tribun est
de dépouiller l'homme de toute croyance en lui-
même, d'établir que la force, les armées, les forteresses, ne peuvent rien ; que le mal est trop profond ; qu'il est dans l'âme ; que c'est l'âme qu'il
faut relever, réparer, ravitailler ; qu'un miracle
seul peut sauver le pays, miracle tout intérieur
qui suivra le renouvellement de l'Église.

En d'autres termes, le seul moyen de salut est
de se résigner. L'Italie politique doit accepter les
stigmates de l'invasion, et se régler sur l'imitation
de Jésus-Christ flagellé et crucifié. De là les visions du Crucifix sanglant qu'il donne pour armoiries à Florence.

L'Italie doit mourir à elle-même, à l'espérance,
s'étendre sur la croix, depuis les Alpes jusqu'à
la Calabre, prêter le flanc aux coups de lance des
soldats étrangers ; prendre, des mains de la France

(1) Baluzi, *Miscellanea*, t. IV, p. 536.

et de l'Allemagne, le breuvage d'hysope et de fiel. Plus elle descendra volontiers dans cette mort salutaire, plus sa résurrection sera prompte.

J'ai vu aussi, de nos jours, chez des peuples à demi détruits, des hommes insatiables de douleurs, de défaites, de persécutions. Plus eux et leurs nations étaient frappés, plus ils se croyaient près de la délivrance.

Difficilement se figurerait-on l'entraînement de ce mysticisme national, qui renferme à la fois le fanatisme religieux et le fanatisme politique. La différence de Luther et de Savonarole c'est que, dans leur commune passion pour la réforme, celle du second a son application immédiate dans les lois civiles. La révolution religieuse de Savonarole entraîne à sa suite l'établissement de la république évangélique et l'égalité du riche et du pauvre.

Au milieu d'un ascétisme effréné, vous retrouvez en lui le génie pratique des peuples du Midi. Du fond de sa cellule, ce moine est instruit le premier de tous les événements, des bruits de palais, des projets formés par les princes étrangers. Le premier, il signale les dangers qui menacent ; et chacune de ses prophéties s'exécute à point nommé. Il avait annoncé d'avance l'invasion de Charles VIII. Après qu'elle est accomplie, représentez-vous l'autorité du moine prêcheur, lorsque,

montant en chaire au milieu du peuple éperdu de
Florence, il s'écrie :

« Il y a déjà six ans que je t'ai dit et répété
« sans relâche : O Italie! ô Rome! fais pénitence!
« Tu n'as pas voulu m'entendre, Italie! tu mourras!
« quoique tu ranges tes escadrons en bataille. Tu
« le sais, il y a deux ans que tu disais : Il ne
« viendra pas, il ne le peut, il n'a pas d'argent;
« il est trop jeune. Dieu t'a montré que tu t'abu-
« sais, et que sa jeunesse en savait plus que ta
« vieillesse! Tu sais maintenant qu'il est venu, et
« sans beaucoup de monde, et tu n'as pu résister.
« Il arrive; il passe; il passe, et déjà il a pris un
« royaume sans tirer l'épée, et il se retire comme
« il était venu. Mais je t'avertis, Italie, que le filet
« n'est pas encore enlevé, et bientôt reviendra
« l'oiseleur. Allez! redites-le à Rome; l'épée re-
« paraîtra bientôt; et je ne dis pas seulement une
« épée; mais de toutes les parties de l'Italie vien-
« dront des épées; et je ne dis pas dans le four-
« reau, mais cette fois l'épée sera hors du four-
« reau, et le peuple sera diminué. Le jour s'écou-
« lera silencieux, et l'on n'entendra plus alors
« autant de chansons, la nuit, dans la ville de
« Florence. »

Ébloui de l'éclat de la renaissance, il voulait surtout faire rentrer son pays dans l'esprit et l'ascétisme du moyen âge. Il essaye de réveiller les Ita-

liens de leur extase d'artistes. Un jour il fait placer sur un bûcher les tableaux, les statues, les luths, les livres des poètes, surtout le *Décaméron*. Mais ce zèle puritain ne dura qu'un moment : le bûcher glorieux renaissait de lui-même. Faire un auto-dafé de l'art, c'était faire un autodafé de l'Italie.

Le pressentiment de la ruine, a, dans Savonarole, l'évidence d'un événement déjà consommé. En 1496, il voit distinctement le néant social de l'Italie du dix-huitième siècle. Jamais on n'annonça d'une manière plus assurée, à un peuple qui se croit encore vivant, que son dernier jour est proche.

Sur quoi reposait cette vision anticipée de l'avenir? Sur l'instinct profond de ce qui manquait à la vie nationale. Savonarole vit plus clairement que personne une chose qui devait changer le tempérament de la nation : c'est que les deux soutiens de l'Italie du moyen âge, les Guelfes et les Gibelins, avaient disparu, et que rien ne s'élevait à leur place. Ces illusions tombées, ces apparences, ces ombres évanouies, aucun droit ne leur avait succédé. De là, sous le manteau de l'Italie, au seizième siècle, un vide immense, l'absence même de l'idée du droit, une société qui ne s'appuie sur rien, pas même sur ses rêves. La cité intérieure étant, pour ainsi dire, détruite, que pouvaient dès lors les murailles et les citadelles? Le peuple destitué de l'idée du droit n'était plus qu'une ombre de société ; cette ombre devait tomber d'elle-même, et se dissoudre au premier souffle de l'étranger.

Voilà ce que sentait Savonarole, et pourquoi il veut *manifester* (1) *la colère de Dieu ;* il appelle sa prompte vengeance. Que ce peuple soit détruit et renversé ; qu'il périsse aujourd'hui pour renaître demain, il le faut. La seule chose que le tribun prétende lui enseigner, est l'*art de bien mourir.* Car dans ce tombeau inévitable, la mort trouvera des enseignements que ne pourrait donner une vie mensongère. Ainsi enseveli, le peuple italien rebâtira dans son âme la cité écroulée de la justice : *civitas justi ;* il germera de nouveau dans la mort.

Les sermons de Savonarole, ses paroles entre-coupées, haletantes, pleines de larmes, sont telles que le hoquet d'un peuple à l'agonie ; la langue même se brise à chaque mot : « L'Église ne me « paraît plus l'Église... Il viendra un autre héritier « à Rome (2). »

Puis le Christ sur le crucifix prend lui-même la parole : « O Italie ! n'ai-je pas été assez misé-« ricordieux de t'attendre si longtemps ?..... O « Rome ! n'ai-je pas été trop patient de te sup-

(1) Manifestar l'ira di Dio.
(1) Verrà un altro herede a Roma.

« porter jusqu'ici, toi qui mérites que la terre
« s'entr'ouvre pour t'engloutir dans l'enfer? »

Larmes, gémissements, sourires, moqueries,
supplications, cris, défaillances d'une nation sous
les verges de l'Europe, affres de la mort, tous les
accents du désespoir éclatent, se déchaînent à la
fois avec la violence dont les hommes du Midi
semblent seuls capables; car le prophète personnifie tour à tour Florence, Rome, l'Italie, la multitude. Il les interroge, elles répondent; puis il
poursuit en son nom :

« Vous me paraissez tous pris de folie. Le palais
« du peuple est rempli de démons; mais les anges
« sont partis... Écoutez encore cette parole...
« Vous dites : La paix! la paix... Je vous ré-
« ponds : Il n'y aura point de paix.. Vos belles con-
« cubines et vos statues, et vos palais iront en per-
« dition ; et vous n'adorerez plus les œuvres de vos
« mains. Contre nous se sont élevés nos adversai-
« res, les tièdes. Apprenez à mourir. Croyez-moi,
« quand je dis qu'en Italie il n'y a pas de remè-
« des... On voit le couteau de tous côtés. Italie! tu
« porteras la colère de Dieu, car voici, voici la
« bataille. C'est le moment de combattre et de
« *tuer par la prière...* »

Le petit peuple était profondément ému à de
semblables paroles. On voit que plusieurs de ces
sermons ont été interrompus par les sanglots de

la foule. Quant aux classes riches, elles s'effor-
çaient d'en rire ; elles provoquaient des émeutes
dans l'église ; elles faisaient battre le tambour
pour couvrir la voix du Frère, quoiqu'il fût escorté
dans sa chaire par des hommes d'armes. C'était
déjà l'accent des classes élevées que le persiflage
et le ricanement. Il leur paraissait plaisant de se
lamenter sur la chute d'une nation ; elles désho-
norèrent aisément le tribun et le peuple par le
surnom de *pleureurs* (piagnoni).

L'excommunication lancée par Borgia, au milieu des orgies, n'arrêta personne ; on continuait
de communier sans se soucier de l'interdit ; et je
crois que la chute du tribun eut des causes toutes
différentes. Il avait ôté le frein de la terreur ; il
avait établi en théorie le système de la clémence
et de la liberté ; quand il voulut être sévère, sa
clémence passée le perdit ; on ne lui pardonna pas
d'avoir été clément dans la loi et rigoureux dans
l'application. Pour la première fois, la cruauté fut
un sujet de reproche dans ces républiques.

Il fit aussi une faute morale. Il avait promis des
miracles ; le peuple en voulut un, et lui imposa
l'épreuve du bûcher. Le Frère n'osa pas dire qu'il
n'était pas bien de tenter Dieu. Il compta sur l'im-
prévu, sur une subtilité, sur la lâcheté de ses adversaires. La multitude se crut jouée ; elle entra
en fureur ; en un moment elle passa de l'adoration

à la malédiction, comme Savonarole avait passé de l'inspiration à la subtilité. Que d'hommes ont péri pour avoir compté sur le hasard du soin de les débarrasser du martyre !

Savonarole voulut, il semble, jouer avec le bûcher. Ce n'est qu'une ombre dans cette vie admirable, mais où l'on reconnaît les artifices du seizième siècle. Pauvre saint qui eut son jour de comédien ! C'est bien ce jour-là qu'il mourut.

Il parlait d'un miracle moral, le peuple voulait un miracle physique. Horrible image que ce prophète conduit par ses disciples à l'épreuve d'un bûcher qu'il repousse ! Au reste, non content de le tuer, on voulut le déshonorer ; on falsifia après coup son interrogatoire, on lui forgea de lâches réponses. Mais il racheta par la vérité de sa mort la comédie terrible de l'épreuve du feu. Au milieu des flammes, il tint la main droite levée pour bénir le faible peuple qui le reniait. Les enfants lapidèrent son cadavre. Après s'être partagé ses restes, ils se répandirent dans la ville en criant : « Pleureurs, voici un os de vos frères ».

Alexandre Borgia, l'empoisonneur, chef infaillible de notre religion, couronné de la triple couronne ; Savonarole, le pieux, le saint, brûlé et lapidé, que devenait le droit dans le monde chrétien ? qui pouvait encore en parler ? Par cette lamentable tragédie, l'Italie fit un dernier pas en dehors de la justice.

Machiavel et Commines ont été frappés, dès la première vue, de la grandeur morale du tribun de l'Évangile, affamé de justice dans une époque d'iniquité. Jean de la Mirandole avait senti ses cheveux se hérisser sur sa tête en l'écoutant annoncer la venue de Charles VIII. La voix du Frère était la protestation de l'esprit chrétien contre les opprobres de la papauté, contre l'anéantissement de la nation italienne et la tyrannie de la grosse bourgeoisie. Il atteignait à la fois trois causes de mort sociale; elles lui répondirent par l'échafaud.

Ainsi la lutte du *peuple gras* et du *peuple maigre* revit dans cette histoire. Comment la bourgeoisie n'aurait-elle pas exécré un homme qui parlait de sacrifices et voulait ramener la république aux formes de l'égalité chrétienne? Les grands marchands, tous les partisans de la puissance financière des Médicis, s'associèrent pour le perdre. Auprès de tels hommes, c'était l'impiété même de découvrir les orgies et les empoisonnements de Borgia. Le moine importun qui voulait mettre fin à tant de débordements et rappeler les riches à la simplicité, passa nécessairement auprès d'eux pour hérétique (1). Il eut pour lui le petit peuple qui

(1) Fu tolto per sospetto e heretico da una parta de Fiorentini,

pleurait en l'écoutant, le défendit d'abord avec courage, et finit par le livrer.

Dès le lendemain de sa mort, la multitude repentante le vengeait par ses légendes. A peine les cendres de Savonarole avaient-elles été jetées dans l'Arno, la foule racontait que les cendres du bûcher rendaient la vue aux aveugles; on ajoutait qu'une statue de Viterbe avait montré de sa main l'âme du frère Jérôme portée par les anges au milieu de ses disciples jusqu'à la cime du paradis.

Les infortunes annoncées ont été consommées; elles ont même été dépassées par la réalité. Quand la peinture et la sculpture étalaient leurs merveilles, Savonarole, l'artiste funèbre, enseignait ce que ne savait ni Raphaël ni Michel-Ange, l'*art de bien mourir*, l'*arte del ben morire*. Après cela, trois siècles de silence, d'anéantissement social sont donnés aux Italiens pour pratiquer cet art suprême, pour écouter le travail intérieur de l'âme, rebâtir loin du monde visible les invisibles fondements du droit, creuser leurs cœurs, renouveler l'Église (1), se refaire dans le sépulcre. Et maintenant que ces temps sont passés, le malheur a-t-il enseigné ce que voulait le prophète? les Ita-

---

videlicet, da i grossi. (Diario Ferrarese, *Rer. italic.*, t. XXIV, p. 352.)

(1) Rinovare la Chiesa.

liens ont-ils profité de leur séjour au tombeau,
pour se réparer dans la ville éternelle du juste?
Quand ils tenteront de renaître, malheur à eux,
s'ils essaient de surgir de terre, le cœur vide!
Malheur surtout, s'ils font mentir leur prophète :
si, saisis de peur, ils n'osent *donner un autre
héritier à Rome!* Bientôt la vieille Église les aura
rejetés et scellés dans la mort.

CHAPITRE III.

COMMENT A PÉRI LA CONSCIENCE DU DROIT.

Histoire de la conscience de l'Italie. Pourquoi les grands jurisconsultes sont de l'époque barbare des onzième et douzième siècles, leur science une intuition, le droit romain, la religion civile de l'Italie. Opposition entre l'idée du droit et l'idée de la religion nationale. La justice perd sa sanction.

La destinée de l'Italie a voulu qu'elle arrivât, dans le quinzième siècle, à l'irréligion par le catholicisme, à la négation du droit par les écoles des jurisconsultes. C'est elle qui a maintenu, dans les époques les plus barbares, les traditions des lois romaines. Elle a conservé l'usage, l'intelligence des codes, et de tout ce qui restait de la sagesse pratique de l'antiquité. Ce grand travail, cette supériorité incontestable, où vont-ils aboutir ? A nier la justice elle-même.

En même temps que les traditions de saint Pierre, réduites à des superstitions extérieures, se perdaient dans Alexandre Borgia, les traditions

des grands jurisconsultes allaient se perdre dans
Machiavel.

Toutes les fois qu'ils ont touché à l'Italie, les
historiens modernes du droit romain se sont trou-
vés embarrassés; ils ont rencontré là des contradictions inattendues qu'il leur a été impossible
d'expliquer. Je crois voir que ces difficultés disparaissent si l'on y applique les principes que j'ai
établis et suivis jusqu'ici.

C'est d'abord un sujet d'étonnement, que le
droit romain ait été considéré en Italie, non comme
particulier aux Romains, mais comme le droit
commun des sociétés humaines. J'en ai dit la
raison. Le sentiment de l'universalité du droit
romain venait de l'idée de la monarchie universelle (monarchia del mondo), qui était propre aux
Italiens. Ce n'était rien autre chose que le fond
même de l'esprit national appliqué à la science
des lois. Rome étant la ville sacrée, inspirée par
Dieu même, il s'ensuivait naturellement que ses
édits, ses lois, dictés par la sagesse éternelle,
devaient être la règle de tout l'univers civil. Sur
cela, les jurisconsultes pensaient exactement
comme les poètes et les chroniqueurs. Je voudrais
pouvoir citer toutes les choses extraordinaires que
dit Barthole à ce sujet. On verrait avec quelle
naïveté (1) il étend, il impose la condition de citoyen

(1) Adhùc dico istos de populo romano esse... et idem dico de

romain aux rois de France, d'Angleterre, à tous les habitants du monde antique et moderne. Il absorbe l'univers dans l'idée de l'empire, l'humanité dans le peuple romain ; de gré ou de force, il y fait entrer non seulement toutes les nations, mais toutes les époques ; et quand il parle du César, c'est toujours le *maître universel* (1), de qui relève toute autorité ; nul, sur la terre, n'est soustrait à son joug que par privilège ou par prescription. Les expressions de Barthole sont presque les mêmes que celles de Dante ; le même esprit gibelin est dans l'un et dans l'autre.

Par là, on voit clairement la raison pour laquelle les glossateurs de la grande époque étaient presque tous gibelins. A la diète de Roncaglia, les quatre grands docteurs Bulgarus, Martinus, Jacobus et Hugo surnommés les *Lys des lois* (2), parce qu'ils conservaient la bonne odeur de l'antiquité, avaient tous été du parti de l'Empereur, prêts à lui abandonner l'Italie, non par servilité, mais par système. L'ambition cosmopolite des anciens Césars avait reparu avec une subtilité naïve chez ces grands jurisconsultes de l'Italie au moyen âge ; ils avaient retenu le dernier souffle de l'empire.

istis aliis regibus et principibus, qui negant se esse subditos regi Romanorum, ut rex Franciæ, Angliæ et similes. (Barthole.)

(1) Ipsum esse dominum universalem.

(2) Lilia legum.

Cela établi, la question qui se rencontre est celle-ci : Pourquoi la science du droit romain brille en Italie, dans l'époque encore barbare du douzième siècle? Pourquoi elle a son éclat, quand tout le reste est dans l'ombre? Pourquoi elle décline au quinzième siècle, quand la connaissance positive de l'antiquité s'accroît de mille découvertes? Pourquoi elle disparaît, quand le génie national atteint sa virilité dans les lettres et dans les arts? En un mot, pourquoi cette supériorité incontestable du moyen âge sur la renaissance dans la connaissance intime des lois pratiques de l'antiquité?

Une contradiction si singulière n'a pas manqué de frapper les historiens. Faute de la rattacher aux traditions fondamentales des Italiens, ils ne peuvent la résoudre. « Les véritables causes du « progrès et de la décadence de la science du « droit, il faut, dit-on (1), se résoudre à les ignorer. » Je crois, au contraire, que cette cause peut être rendue très visible; mais il faut la chercher dans l'histoire même de la conscience de l'Italie.

Sans livres, sans monuments, les glossateurs ingénus du onzième et du douzième siècle font l'admiration des jurisconsultes de nos jours. Où puisaient-ils leur critique et leur science? Ils ne

____

- (1) M. de Savigny, *Hist. du droit romain au moyen âge.*

connaissaient pas l'histoire, cela est vrai; mais l'histoire vivait en eux; car ils se regardaient eux-mêmes comme des citoyens romains; ils retrouvaient l'antiquité par une sorte d'intuition à laquelle l'érudition n'a pas toujours su atteindre dans les temps brillants qui ont suivi; ils ne se séparaient pas de la société antique, qu'ils croyaient voir ressusciter sous leurs yeux. De là, le droit romain n'était pas seulement pour eux une science, c'était la vie sociale elle-même. Du milieu de la barbarie, ils étaient comme les héritiers immédiats de la tradition des préteurs.

Ainsi leur science était une intuition; elle naissait de l'idée que l'empire romain durait toujours, et qu'ils interprétaient la justice en son nom. Ce qui a été pour les modernes le résultat d'un immense travail était, pour les glossateurs italiens, le fruit immédiat d'une inspiration naïve. Balduinus, ayant rencontré une antinomie entre deux textes du Digeste, passe la nuit en prière devant l'autel de la Madone. Il réveille, en lui-même, par la prière, la conscience assoupie du monde romain.

Quel attirail de science, de textes, de commentaires, de gloses, ne faut-il pas à un homme de nos jours, pour se rapprocher à grand'peine de l'esprit des anciens! encore n'est-ce là qu'une surprise. Pour eux, ils naissaient, ils vivaient, ils mouraient citoyens romains. La dernière conquête de la science moderne était, chez eux, le premier produit de l'instinct. Rome était pour eux un présent éternel.

C'est-à-dire que la restauration de l'empire entraînait après soi la restauration du droit romain. Ces deux idées, qui avaient éclaté ensemble, devaient aussi s'évanouir ensemble. Tant qu'a duré l'espoir de faire renaître la monarchie des Césars, l'étude du droit romain a eu pour les Italiens un intérêt non seulement civil, mais politique et social. L'espoir tombé, tombe aussi le génie des glossateurs ; et, chose singulière, qui achève d'éclairer ce qui précède, leur originalité cesse dès qu'ils commencent à s'exprimer dans une langue moderne. Dès lors ils savent qu'ils ne sont plus Romains.

Plus tard, quand ce sentiment est perdu, les hommes de la renaissance cherchent à le retrouver par artifice; la société antique devient matière de compilation. L'enthousiasme est passé. On est beaucoup plus savant, sans contredit, mais cette science n'est plus la vie elle-même. On étudie les anciens, on cherche leur trace, mais on n'est plus des leurs. Avec beaucoup plus d'érudition, se perd l'instinct ingénu qui avait été comme la dernière pulsation de la conscience antique. Quand tout le passé fut retrouvé, il arriva une chose

étrange : le côté sérieux, réel, s'était effacé des
esprits ; il ne restait que la rhétorique.

Voici quelle conséquence sociale en sortit ; elle
est grave, car il s'agit d'une de ces époques où
une nation change de tempérament. La conscience
du droit reposait sur le sentiment permanent de
l'antiquité romaine, qui, dans sa perpétuité, était
pour tous une sorte de religion civile. La justice
absolue, éternelle, c'était le droit romain. Quand
cette religion disparut, la notion même du droit
fut ébranlée ; la conscience ne sut plus à quoi se
prendre ; la justice fut déracinée des esprits, l'Italie arrachée de sa base.

A cela s'ajouta une autre cause de ruine morale
que je veux indiquer. Ce qui avait donné au droit
romain, pendant le moyen âge, son immense
popularité, c'est que la raison humaine, humiliée
par la théologie, y trouvait un terrain où elle était
souveraine. L'intelligence, courbée partout ailleurs
sous l'autorité spirituelle des papes, se relevait là
de toute sa hauteur dans son orgueil originel.
Les codes, c'est son œuvre ; à elle il appartient
de les commenter comme il lui plaît, puisqu'elle
seule les a faits. D'un côté, le règne aveugle du
bon plaisir divin, avec l'autorité de l'Eglise ; de
l'autre, le règne des lumières naturelles et laïques,
avec l'édit des préteurs. Ici le prêtre, là le jurisconsulte ; le partage se faisait de lui-même. Le

droit romain, au moyen âge, en face de l'Église, c'était la Bible de la raison.

Mais de cette opposition toujours croissante devait nécessairement sortir à la fin un divorce éclatant entre l'idée du droit et l'idée de la religion. Les anciens avaient soutenu leur équité naturelle par la philosophie païenne du stoïcisme. Cette philosophie manquait aux jurisconsultes italiens; et d'autre part, le catholicisme romain les avait, pour ainsi dire, dégoûtés d'être chrétiens. Egalement étrangers au principe vital de la philosophie et à celui de la religion, ni païens, ni chrétiens, ils devaient finir par être rejetés en dehors du monde moral. C'est ce qui arriva; et le moment vint où la science de la justice, en opposition profonde avec la religion nationale, resta destituée de toute sanction historique, morale et religieuse. Ce fut le gouffre où s'engloutit cette *cité des justes* que Savonarole avait entrepris de rebâtir.

Après avoir restauré ou commenté avec un admirable bon sens les lois civiles, les superstitions juridiques de l'antiquité, il se trouva qu'au milieu de ces textes on n'avait oublié qu'une seule chose, la notion du juste, de même qu'au milieu des superstitions des cérémonies catholiques, on n'avait perdu que la notion de Dieu.

Le parti gibelin avait entraîné avec lui dans sa chute la base historique du droit; le parti guelfe, la sanction morale. Dans cette double ruine, l'Italie perdit la conscience.

Il fallait un homme pour exprimer hautement une situation si étrange, si nouvelle dans l'histoire; ici nous touchons à Machiavel.

FIN DU TOME PREMIER.

TABLE

DU TOME PREMIER.

———

LIVRE PREMIER

Fin du monde antique. L'Italie esclave. Ses Révolutions sont des Restaurations. Pourquoi elle a une destinée unique entre les peuples chrétiens? Qui empêche la nation de se former? Renaissance barbare.

Un César féodal. Que renfermaient les luttes des Guelfes et des Gibelins? Question de la Souveraineté. L'Italie au moyen âge, inféodée à l'Italie antique, n'a pas la conscience du droit, et cherche son appui hors d'elle-même. Des républiques sans la souveraineté du peuple. Une nation vassale. Le droit nouveau ne se fonde pas. Quelle est la véritable origine de la féodalité?

venue une légende? Accord de l'amour de Pétrarque et de
l'idéal du moyen âge. Du *vague dans les passions* au quatorzième siècle. L'homme, pour la première fois séparé de l'Église
et des partis politiques, se trouve seul dans l'humanité. Pétrarque précurseur de J.-J. Rousseau. Nouvelle poétique. Les
premiers poètes italiens font l'office des prophètes. Idéal platonique de la nationalité italienne. Le roi de la renaissance.

L'Italie est vaincue plus que le reste de la chrétienté dans
les croisades. Le parti de l'Église commence à se railler lui-
même. Le parti du saint-empire pouvait être le sujet d'un
Don Quichotte italien. Le *Décaméron* de Boccace, première
expression de la bourgeoisie italienne ; joie de l'homme qui
vient d'échapper au terrorisme du moyen âge. Que l'art pour
l'art a étouffé la tendance à la réforme religieuse et politique.
Reproches à Boccace, l'ancêtre des indifférents. Incapacité de
souffrir moralement, première cause de la décadence. Boccace
amuse et enchaîne l'Italie. Le *Décameron* et les *Nibelungen*.

Chute du parti de l'Empire. L'esprit de la bourgeoisie ruine
les traditions chevaleresques. Le saint-empire romain démasqué par Pulci, Arioste. Ils raillent les nationalités. L'Italie
met son génie à s'oublier elle-même. Le *Roland furieux*,
image de l'esprit humain dans la Renaissance.

Pourquoi le règne de la bourgeoisie a duré en Italie. Organisation politique du travail. Guerres sociales entre le *peuple
gras* et le *peuple maigre*. Impossibilité d'associer les classes.
Une terreur de trois siècles. Comparaison de la bourgeoisie
italienne au moyen âge et de la bourgeoisie au dix-neuvième
siècle.

La terreur.

Les Ciompi (1378).

L'impôt sur le capital dans la république de Florence.

LIVRE II

Révolution dans le tempérament du génie italien. La patrie ou le monde. Comment le chemin est frayé à l'invasion. L'Italie désarme; elle compte sur la souveraineté de l'esprit. Contraste entre la chute politique de la nation et le progrès des arts. Un concile d'artistes.

Pressentiment de ruine. Savonarole comparé à Luther. Où cherchait-il le salut? Il veut relever la cité du juste. Réaction contre la renaissance. La mort mystique d'un peuple. Le Christ roi de Florence. Politique du désespoir. Le moment venu de tuer par la prière. Qu'il faut donner un autre héritier à Rome.

Histoire de la conscience de l'Italie. Pourquoi les grands jurisconsultes sont de l'époque barbare des onzième et douzième siècles, leur science une intuition, le droit romain, la religion civile de l'Italie. Opposition entre l'idée du droit et l'idée de la religion nationale. La justice perd sa sanction.

FIN DE LA TABLE DU TOME PREMIER

Imp. PAUL DUPONT, 4, rue du Bouloi. — Paris, 1er Arrt. — 74.6.04 (Cl.)

Librairie HACHETTE et Cie, boulevard Saint-Germain, 79, à Paris.

BIBLIOTHÈQUE VARIÉE, IN-16, A 3 FR. 50 LE VOLUME BROCHÉ
Histoire et documents historiques

ALBERT (Maurice) : *Les théâtres de la foire* (1660-1789). 1 vol.
Ouvrage couronné par l'Académie française.

BARINE (A.) : *Saint François d'Assise.* 1 vol.
— *La Jeunesse de la Grande Mademoiselle.*
Ouvrage couronné par l'Académie française.

BOISSIER, de l'Académie française : *Cicéron et ses amis* ; 12e édition. 1 vol.
— *La religion romaine d'Auguste aux Antonins* ; 5e édition. 2 vol.
— *Promenades archéologiques : Rome et Pompéi* ; 8e édition. 1 vol.
— *Nouvelles Promenades archéologiques : Horace et Virgile* ; 5e édition. 1 vol.
— *L'Afrique romaine, promenades archéologiques en Algérie et en Tunisie.* 2e éd. 1 v.
— *L'opposition sous les Césars* ; 4e édit. 1 vol.
— *La fin du paganisme* ; 4e édition. 2 vol.
— *Tacite.* 1 vol.

BOUCHÉ-LECLERCQ, de l'Institut : *Leçons d'histoire ancienne.* 1 vol.

BRUNET (L.), député : *La France à Madagascar.* 2e édition. 1 vol.

CHARMES, de l'Institut : *Études historiques et diplomatiques.* 1 vol.

COTTIN (P.) et HÉNAULT (M.) : *Mémoires du sergent Bourgogne.* 3e édit., 1 vol.

DAUDET (E.) : *Histoire des conspirations royalistes du Midi sous la Révolution* (1790-1793). 1 vol. avec 2 cartes.
— *Le roman d'un conventionnel, Hérault de Séchelles.* 1 vol.

DIEULAFOY (M.), de l'Institut : *Le roi David.*

DU CAMP (M.), de l'Académie française : *Les convulsions de Paris* ; 8e édit. 4 vol.

DURUY (V.) : *Introduction générale à l'histoire de France* ; 4e édit. 1 vol.

FUNCK-BRENTANO (Fr.) : *Légendes et archives de la Bastille.* 7e éd. 1 vol.
Ouvrage couronné par l'Académie française.
— *L'drame des poisons.* 6e éd. 1 vol.
— *L'affaire du Collier.* 5e édit. 1 vol.
— *La mort de la reine.* 4e éd. 1 vol.

FUSTEL DE COULANGES, de l'Institut : *La Cité antique* ; 18e édition. 1 vol.

GEBHART : *L'Italie mystique.*
tique.
— *Moines* [...]. 1 vol.
— *Au son* [...]. 1 vol.
— *Conteurs* [...]. 1 vol.
— *D'Ulysse à Panurge.* 1 vol.

GUIRAUD : *Fustel de Coulanges.* 1 vol.

HANOTAUX (G.) : *Études historiques sur le XVIe et le XVIIe siècle en France.* 1 vol.

JULLIAN (C.) : *Vercingétorix,* 3e édit. 1 vol.
Ouvrage couronné par l'Académie française.

JUSSERAND (J.) : *La vie nomade et l'Angleterre au XIVe siècle.* 1 vol.
Ouvrage couronné par l'Académie française.
— *L'épopée mystique de William Langland.*

LAMARTINE : *Histoire des Girondins.* 8 vol.

LANGLOIS (Ch.-V.) : *Questions d'histoire et d'enseignement.* 1 vol.
— *La société française au XIIIe siècle.* 1 vol.

LANGLOIS ET SEIGNOBOS : *Introduction aux Études historiques.* 1 vol.

LARCHEY (L.) : *Les cahiers du capitaine Coignet* (1799-1815). 1 vol.
— *Journal du canonnier Bricard* (1792-1802). 2e édition. 1 vol.

LAVISSE (E.), de l'Académie français : *Études sur l'histoire de Prusse* ; 4e édition. 1 vol.
— *Essais sur l'Allemagne impériale* ; 2e édition. 1 vol.

LEGER : *Russes et Slaves.* 3 vol.
— *Le Monde slave.* 2 vol.

LEROY-BEAULIEU (A.) : *Un homme d'État russe* (Nicolas Milutine). 1 vol.

LUCE (S.) : *Jeanne d'Arc à Domremy* ; 2e édit. 1 vol.
— *La France pendant la guerre de Cent ans* ; 2e édit. 1 vol.

MAULDE-LACLAVIÈRE (de) : *Les mille et une nuits d'une ambassadrice de Louis XIV* ; 2e édition. 1 vol.

MÉZIÈRES (A.), de l'Académie française : *Vie de Mirabeau.* 1 vol.
— *Morts et vivants.* 1 vol.

MONTÉGUT (Ed.) : *Le maréchal Davout.* — *La duchesse et le duc de Newcastle.* 1 vol.

MOUY (Ch. de) : *Discours sur l'histoire de France.* 1 vol.

PICOT (G.), de l'Institut : *Histoire des États généraux* ; 2e édition. 5 vol.
Ouvrage qui a obtenu le grand prix Gobert.

PRÉVOST-PARADOL : *Essai sur l'histoire universelle* ; 5e édition. 2 vol.

RITTER (Eugène) : *La famille et la jeunesse de J.-J. Rousseau.* 1 vol.
Ouvrage couronné par l'Académie française.

ROSEBERY (Lord) : *Napoléon, la dernière phase.* 4e édit. 1 vol.

ROUSSET (C.) : *Histoire de la guerre de Crimée.* 2e édit. 2 vol.

SAINT-SIMON : *Scènes et portraits.* 2 vol.

TAINE (H.) : *Les origines de la France contemporaine.* 12 vol.

WALLON, de l'Institut : *La Terreur* ; 2e édition. 2 vol.
— *Jeanne d'Arc* ; 7e édition. 2 vol.
Ouvrage couronné par l'Académie française.

ZURLINDEN (Général) : *La guerre de 1870-1871.* 1 vol.